Martin Lechner
Kleine Kassa

Martin Lechner

Kleine Kassa

Roman

Residenz Verlag

Bibliografische Information der Deutschen Nationalbibliothek
Die Deutsche Nationalbibliothek verzeichnet diese Publikation in der
Deutschen Nationalbibliografie; detaillierte bibliografische Daten sind
im Internet über http://dnb.dnb.de abrufbar.

www.residenzverlag.at

2. Auflage 2014

© 2014 Residenz Verlag
im Niederösterreichischen Pressehaus
Druck- und Verlagsgesellschaft mbH
St. Pölten – Salzburg – Wien

Alle Rechte, insbesondere das des auszugsweisen Abdrucks
und das der fotomechanischen Wiedergabe, vorbehalten.

Umschlaggestaltung: boutiquebrutal.com
Umschlagbild: plainpicture/Jens Müller
Typografische Gestaltung, Satz: Ekke Wolf
Lektorat: Jessica Beer
Gesamtherstellung: CPI Moravia Books

ISBN 978-3-7017-1622-7

I.

Auch wenn es falsch war, falsch, nichts als falsch, rannte er mit dem Koffer die Böschung hinab. Schon versank er in der Wiese. Er müsste sich bloß fallen lassen und kein Mensch mehr, weder von der Straße aus, noch vom Wald, der dort hinten aufragte, grün und schwarz, könnte ihn sehen. Still war es jetzt. Bis auf seine Schritte in den flüsternden Gräsern. Still und warm. Er öffnete das Jackett, prüfte das Hemd. Als würde er bluten, so dunkel waren die Flecken in den Achseln. Er fummelte die drei obersten Knöpfe auf, pustete sich auf die Brust, bis ihm schwindelig wurde. Am liebsten hätte er sich den klebrigen Lappen von der Haut gerissen. Er sah auf die Uhr. Nur dreißig Minuten noch? Er begann zu laufen, stieß die Knie durch die verbüschelten Gräser. Den Koffer zog er hinter sich her über trocken knisternde Wellen. Nach fünfzig Schritten blieb er stehen, beugte sich keuchend vornüber.

Als der Atem sich beruhigt hatte, leckte er sich über die Hand und strich den verwüsteten Scheitel wieder glatt. Wo sollte er hin? Er sah zurück. Hinter der Böschung ragte das Schild empor, die Bushaltestelle, auch das Plakat war noch zu sehen, die Werbung mit dem Mädchen und den vor lauter Sonne fast vollends verblichenen Hotels. Aber wo war die Straße? Er reckte sich, doch die Böschung versperrte den

Blick. Kurz entschlossen stellte er den Koffer auf den Boden, die niedergezwungenen Gräser ragten in alle Himmelsrichtungen unter ihm hervor. Er setzte einen Fuß neben den Griff, stemmte sich behutsam in die Höhe, setzte den anderen daneben, und da erblickte er noch einmal den Asphalt, die Strecke nach Niedergellersen und zurück nach Linderstedt. Dunkel abgehoben gegen die Felder durchlief sie in Kurven das Land. Trotz der milchigen Wolken stach ihm das Licht in die Augen. Er spürte die Sicherheitsschlösser, die durch die Schuhsohlen drückten.

Plötzlich, kaum einen Kilometer entfernt, sah er einen Wagen. Totenstill kam er herangeschossen. Ein hellblauer Kleinbus, von dessen erhöhtem Sitz man einen besonders guten, besonders weiten Blick haben musste. Er packte den Koffer und rannte. Gräser, Halme, Blumen, rot und blau und gelb, wischten ihm durchs Gesicht. Weit nach vorn gebeugt, sodass nur sein Rücken noch zu sehen war und er mit Glück als Tier durchgehen würde, jagte er in Richtung Wald. Der Atem stampfte im Hals. Blitzartig sah er auf. Vielleicht hundert Meter noch, dann hätte der Wald ihn verschluckt. Doch als die Motorengeräusche, die zunächst nur schnurrend eingedrungen waren in das Geraschel seiner Flucht, anschwollen zu einem prasselnden Lärm, da warf er sich auf die Erde, lag flach, lag still, presste seine Lider zu. Bis wieder nur das Gras zu hören war, die Wiese mit all ihren wispernden, zirpenden Wiesengeräuschen, und sein Herz, das gegen den Koffer klopfte.

Beim Aufstehen zwang er sich, ja keinen Blick auf die Kleidung zu werfen, eventuelle Flecken, schmierige Erdbrocken, zerquetschte Schnecken, alles kalt zu ignorieren und weiterzulaufen, einfach weiter, den Blick stur auf den Wald geheftet, dessen Stämme, aus der Ferne zu einer Wand verschmolzen, nun langsam auseinanderrückten und seinen Blick hineinließen in einen riesenhaften, von staubigen Lichtbahnen schräg durchfahrenen Raum.

Noch einmal sah er zurück, betete, dass ein Wind die Spur der niedergetrampelten Gräser bald verwischt haben würde, dann betrat er den Wald. Kühl strömte die Luft über seinen nassgeschwitzten Oberkörper. Um sich zu wärmen, raffte er das Jackett zusammen und stiefelte weiter, so schnell er nur konnte. Da allerdings kaum abzuschätzen war, was unter den Blättern alles auf der Lauer lag, Scherben oder Äste oder Igel womöglich, versuchte er, möglichst achtsam aufzutreten. Hatte man sich nämlich den ersten Kratzer zugezogen, konnte man die schönsten Lederschuhe, einerlei, was für wild gewordene Summen man einmal dafür hingeblättert hatte, gleich aus dem Fenster werfen. Wie durch ein Wunder hatten sie den Galopp durch die Wiese unbeschadet überstanden. Doch trotz aller Achtsamkeit, mit der er seine Schritte setzte, war es nicht zu verhindern, dass er immer wieder jählings knöcheltief im Laub versank. Als er das dritte Mal stehen geblieben war, um sich die muffigen Lappen vom Schuh zu zupfen, bemerkte er, dass, bis auf sein eigenes Geraschel, nichts zu hören war. Dabei hatte er in der Wiese noch gehofft, dass seine Schritte hier zur Gänze untergehen würden in einer Art Brandungsrauschen, das durch die Wipfel rollt, im blätterwirbelnden Gehusche der Rehe, im Spechtsgeratter und so weiter und so fort, doch sobald er sich nicht mehr bewegte, wurde es still.

Eilig ging er weiter, kletterte über vermooste, von Blitzen gefällte Riesen, griff versehentlich in bläulich gepickelte Pilze, schüttelte sich den Brei von der Hand, dass es spritzte, trat nach Efeuranken, die seine Knöchel umwickelten, als wollten sie ihm die Beine aus dem Rumpf reißen, versank erneut im Boden, einem unappetitlich schmatzenden Morast, schrie vor Wut über das zweite kotbraune Hosenbein, wienerte wie wild über den Schuh und stapfte weiter durch das langsam erstickende Licht.

Mit einer Boxbewegung ruckte er die Uhr aus dem Ärmel, schaltete die Zifferblattbeleuchtung ein. Nur neunzig Sekunden noch! Das dritte, das zweite und sogar das erste Mal, als er sich noch bewähren musste, hatte er den Koffer exakt zur richtigen Zeit übergeben. Schon beim zweiten Mal durfte er in das große grüne Sofa sacken, bevor er ihn über den Tisch schob zu Herrn Kraus, dem, wie der Chef immer wieder erklärt hatte, einzig vertrauenswürdigen Menschen, den es in Verwahrungsangelegenheiten gebe in diesem sonst so verkommenen Heidekreis. Herr Kraus, im Sessel auf der anderen Seite des Tisches, hatte den Kofferdeckel hochgeklappt, die kleine Schreibtischlampe, das einzige Licht in diesem mit altersschwach ächzenden Möbeln rammeldichtgestopften Raum, knarrend über den Inhalt gebogen und war für Sekunden unter dem glühenden Deckelrand verschwunden. Als er endlich wieder auftauchte, jetzt von unten angestrahlt und das Gesicht von Kinn- und Nasenschatten schwarz durchschnitten, zeigte er die Schneidezähne und schien hocherfreut über die von Georg herbeigeschleppte Fracht. Oder hatte er bloß die Koffergröße geprüft, weil er selbst etwas hineinlegen wollte? So schwer war der Koffer schließlich gar nicht gewesen, im Gegenteil, und auch gerüttelt hatte nichts darin. Aber wahrscheinlich war die heikle Fracht gut festgezurrt. Jetzt klappte Herr Kraus den Koffer zu, begann eine kleine Melodie zu summen und ging ins Hinterzimmer, den sogenannten Schalterraum. Beim Öffnen der Tür strahlte ein bläulich kühles Licht hervor, ein Schrank war zu sehen, der bis zu seinem Kopf aufragte, ein Tresor vielleicht, vielleicht auch ein Laborschrank, so genau war es nicht zu erkennen, in jedem Fall handelte es sich wohl um jenes Meisterwerk der Verwahrungstechnik, von dem Herr Spick so oft gesprochen hatte und das durch nichts und niemanden zu knacken sei, weder durch ein blitzartig hereingetrampeltes Polizeikommando noch durch ein im Innern versehentlich gezündetes Paket Sprengstoff. Was auch immer es sein mochte, das Georg transportiert hatte oder gleich transportieren würde, wenn sie ihm nichts darüber verraten wollten, dann wollte er auch lieber nichts darüber wissen. Komisch nur, dass Herr Kraus, trotz der Geheimniskrämerei, die Tür zum Schalterraum bloß zur Hälfte geschlossen hatte und jetzt so lautstark mit Herrn Spick telefonierte und dessen Lehrling als fleischgewordene Zuverlässigkeit und großartig zu entlohnende Hilfsperson lobte, dass es nicht zu überhören war.

Das war alles vorbei. Zuckend wanderte der Zeiger durch den Kreis. In weniger als achtunddreißig Sekunden würde er, Georg, der Lehrling von Oskar Spick, durch die Welt laufen, nichts anderes mehr als einer dieser Bettler und Verbrecher, denen der Chef die ausgestreckten Hände am liebsten an den Kopf nageln würde. Die Uhr dicht vor den Augen, rannte er durch das Dickicht. Dreißig Sekunden noch. Er preschte durch ein Gebüsch, verhakte sich, stürzte, riss sich frei und jagte über eine Lichtung wellenartig wogender Farne. Noch zehn Sekunden, noch neun, noch acht, sieben, sechs, fünf, vier. Plötzlich verlor er den Halt und rutschte auf einem Teppich öliger Blätter kreischend ins Nichts. Er krachte gegen einen Baumstamm. Benommen kam er auf die Beine, wollte weitersprinten, egal wohin, nur weg, nur fort. Da stockte er. Wenige Schritte voraus. Kalkweiß. Da guckte etwas aus dem Grün. Kalt strömte ihm die Luft den Hals hinab. Er trat näher. Vorsichtig schob er die Blätter auseinander, ließ sie erschrocken wieder los. Rücklings auf den Boden geschmettert, Blut über das Hemd gesprengt, eine dunkelbraune Wunde auf der Stirn, lag dort ein Junge, die Pupillen an die oberen Lidränder gerollt, starrte er schräg in die Höhe. Hektisch sah Georg sich um, ob vielleicht, doch nein, hier war kein Mensch. Erneut schob er die Farne auseinander. Er hatte schon tausende Tote gesehen, auf das Widerlichste in Stücke gesägte Leiber, von Maschinengewehrsalven durchlöcherte Brustkörbe, nach Jahren aus blubbernden Tümpeln geborgene Körperklumpen, die irgendein zerknitterter Fernsehkommissar sogleich fachmännisch betastete, aber er hatte noch niemals eine Leiche gesehen, einen echten Toten, geschweige denn berührt. Er streckte einen Zeigefinger aus und führte ihn, zögernd zunächst, da er nicht wusste, ob ihn im nächsten Augenblick nicht doch die Übelkeit durchzucken würde, das Grauen, die Angst, ruckartig hinab auf die fremde Stirn. Immer hatte er geglaubt, diese erste Berührung würde ihn dermaßen zusammenstauchen, dass ihm, wenn er nach dem ersten Krampf die Augen wieder aufschlug, die hochgewürgten Därme aus dem Mund baumelten. Aber er war ruhig, ganz ruhig war er jetzt. Wo schaust du hin, mein Freund? Er folgte dem Blick, der unter seiner Hand hervorstarrte bis in das lichtdurchstoßene Wipfeldach, spürte unter seiner Fingerspitze den verkrusteten Rand der Wunde. Nur ein Klopfen soll man spüren, heißt es, wenn eine Kugel in den Schädel schlägt. Da fiel sein Blick in den Mund. Im Dunkeln lag die Zunge. Ein violetter, weißlich gepunkteter Lappen. Der sich zu strecken schien!

Schreiend sprang er auf, raste los, Äste schrammten ihm durchs Gesicht, Pfützen spritzten unter seinen Schritten hoch, er hechtete über Blätterhaufen und schlingenhaftes Wurzelwerk, verhedderte sich, krachte ins Gehölz, und rannte, rannte, rannte, bis er ein letztes Gebüsch durchbrach und hinausfliehen konnte auf das knochentrockene, im späten Sonnenlicht kühl und atemlos daliegende Feld. Plötzlich stolperte er und rammte Kopf voran in eine Ackerfurche.

Als ein Motorengeräusch ihn weckte, dämmerte es schon. Im Augenwinkel sah er einen Mann, der auf einem röchelnden Mofa über den Acker herankurvte. Er wagte nicht, den Kopf zu drehen, geschweige denn davonzurennen, obwohl er es sicher geschafft hätte, wieder in den Wald zu entwischen, doch bei der geringsten Bewegung schwang ein gusseiserner Glockenklöppel durch seinen Schädel, schlug donnernd gegen die Wände. Es blieb nur zu hoffen, dass der Mann, dessen Helm in den Wolken des aufgewirbelten Staubs alarmrot leuchtete, einfach vorüberfahren würde. Doch der Mann kam geradewegs auf ihn zu. Als er schließlich stoppte, keine zehn Meter entfernt, drang der Heidefunk heran. Ein Radio war an den Lenker geschnürt. Georg schloss die Augen. Vielleicht dachte der Mann, dass er schliefe, und würde ihn einfach in Ruhe liegen lassen. Bevor das Radio verstummte, ließ der Moderator seine Stimme anschwellen wie ein Ringrichter und kündigte ein rasend unwahrscheinliches Wochenende an, Entschuldigung, ein unwahrscheinlich rasendes, ja, ein regelrechtes Hochgeschwindigkeitswochenende erwarte den Hörer hier bei uns im Heidekreis. Dann war nur noch der leise rasselnde Motor zu hören und die Schritte des Mannes, der langsam nähertrat.

Schon klopfte es an Georgs Brust, eine Hand umfasste seinen Hals, drückte gegen den Kehlkopf, eine Sekunde bloß, doch der Würgereiz war angeruckt. Verbissen versuchte er zu verhindern, dass ihm ein Erstickungskrächzer aus dem Rachen krachte, einundzwanzig, zweiundzwanzig, dreiundzwanzig, zählte er, um sich besser zu konzentrieren, doch ohne Erfolg. Ach, wie viel lieber hätte er, während die Schmerzen verpochten, reglos hinaufgeschaut in das zügig verdunkelnde Blau, statt sich jetzt durch irgendein dämliches Fragespiel zu wursteln. Aber als er die Augen aufschlug, bemerkte er, dass der Mann noch immer seinen Helm trug und ihn gar nicht gehört hatte. Mit feuchtgehecheltem Visier lauschte er an Georgs Hosenstall. Bevor er den Reißverschluss, den er bereits ergriffen hatte, herunterzerren und nach Verletzungen wühlen konnte, die es gar nicht gab, klopfte Georg gegen die rote Plastikschale. Erschrocken schnellte der Mann in die Höhe. Starr stand er da, die Finger weit gespreizt. Bis er Georg plötzlich am Kragen packte und über den Acker schleifte wie eine abzustechende Sau.

»Ich habe geschlafen!«, schrie Georg und versuchte strampelnd auf die Beine zu kommen. Aber keine Chance. Als er schon fürchtete, er würde so lang herumgeschleift, bis ihm der Kopf zerplatzte, ließ der Mann ihn fallen und blickte stumm auf ihn herab. Georg krabbelte zwischen den pfeilerdicken Beinen hervor und rappelte sich auf.

»Ich hoffe, ich habe Sie nicht erschreckt«, sagte er. Statt einer Antwort zerrte sich der Mann den Helm vom Kopf und schüttelte seine weichen, dunkel durchbluteten Wangen. Georg drückte die Brust heraus. Also gut, obwohl es in seinem Schädel weiterhin unbarmherzig klopfte, und obwohl die Schleiferei eine Unzahl fransiger Löcher in seinen Anzug geschmirgelt hatte, und obwohl er sich am liebsten in Luft aufgelöst hätte und unsichtbar davongewabert wäre, wollte er trotzdem höflich sein und sich bedanken, denn wer sich höflich bedankte, zumal bei so einem Untier in Hochwasserhosen, der hinterließ einen harmlosen Eindruck, und wer einen harmlosen Eindruck hinterließ, den hatte man schnell vergessen. Doch bevor er ein Wort herausgebracht hatte, legte ihm der Mann seine warmgeschwitzte Pranke in den Nacken.

»Na, na«, sagte er und begann zu kneten. Offenbar glaubte er, Georg würde weinen. Dabei war ihm bloß ein bisschen Staub ins Auge geweht. Aber sollte er glauben, was er wollte. Die Kneterei war so wunderbar, dass sich Georg liebend gern ein bisschen Zwiebelsaft ins Auge gespritzt hätte, wenn der Kerl nur weitermachte.

»Alles in Ordnung«, sagte er schließlich und tupfte sich die Tränen fort. Er wusste selber nicht wieso, aber jetzt musste er daran denken, wie er manchmal an dem kleinen Pult gehockt hatte, oberhalb der Treppe, wo sonst nur der Chef persönlich saß und von wo aus der schmale, sich schlauchartig bis zum Schaufenster hinziehende Laden fast vollständig zu überblicken war. Hier hatte er die Listen zu studieren, die Schraubenlisten, die Werkzeuglisten, die Messerlisten, und war gleich zu Beginn der Lehre schon tief miteinbezogen worden in die Organisation und Sicherung des Geschäftsstandes. Das war schon etwas anderes, als lediglich gähnend an der Kasse zu hocken oder im Keller die Messer zu polieren. Sobald sein Kopf vor lauter Zahlen so sehr schwirrte, dass er Gefahr lief, einen Fehler zu machen, sah er auf und betrachtete Herrn Spick. Meist marschierte sein Chef, die Arme auf den Rücken gelegt, die Reihen der Regale ab. Hin und wieder zog er die Träger seines Blaumanns stramm. Umso erstaunlicher war es jedes Mal, wie elegant und geradezu tänzerisch er sich bewegen konnte, wenn Kundschaft kam. Beispielsweise, wenn er einen widerspenstigen Käufer durch leichten Druck ins Kreuz von seinem bereits eingeschlagenen Weg nach draußen unmerklich umzulenken verstand vor das Regal mit den frisch geschliffenen Küchenmessern. Oder wenn er Handhabe und Wesen einer Axt demonstrierte, dem Kunden beiläufig ins Gedächtnis rief, dass dieses Hauwerkzeug zum Fällen, Entasten und Entrinden von Bäumen oder zum Spalten, Behauen und Zurichten von Holz, im Unterschied zum gewöhnlichen Beil, beidhändig am Stiel, auch Holm genannt, zu fassen sei.

Jetzt hatte der Mofamann jegliche Bewegung eingestellt und blickte stumm hinaus in die Landschaft, so versunken, dass Georg ihn nur ungern stören wollte. Auch wenn er leider vergessen hatte, die Hand aus seinem Nacken zu entfernen. Gerade wollte Georg zur Seite stolpern, so, als sei ihm kurz schwarz vor den Augen geworden, das kam vor, wenn man so verrückt herumgeschleift und dann abrupt in die Höhe gerissen wurde, da löste der Mann die Hand von selbst und schwang sie über das gesamte, am Horizont bereits von der Dämmerung verschlungene Land.

»Hier überall sehe ich nach dem Rechten«, sein Gesicht hob sich rot ab von der Front des eingedunkelten Waldes. Georg nickte und ließ einen Augenblick verstreichen.

»Jetzt muss ich mich verabschieden«, sagte er dann und setzte sich, indem er leise in die Hände klatschte, in Bewegung, »vielen Dank für das Wecken.«

Er war bereits einige Schritte gegangen, als der Mann mit einer kraftvollen und vermutlich bis weit über die umliegenden Äcker hin hörbaren Stimme fragte: »So eilig musst du fort?«

»Leider!«, rief Georg, und statt sich herumzudrehen und anzudeuten, dass er sich vielleicht doch zu einem Schwätzchen überreden ließe, bei dem man ihm vielleicht doch sein ganzes Leben aus der Nase ziehen könnte, blickte er, den Arm gut sichtbar zur Seite gewinkelt, damit der Kerl seine Eile auch begriff, auf die Uhr. Punkt sechs war es jetzt. Ihm schien, als verpuffe der Boden unter jedem seiner Schritte. Längst würde Herr Spick mit Herrn Kraus telefoniert haben. Vielleicht saß er schon im Wagen und raste die ganze Strecke ab. Vielleicht war er längst auf der anderen Seite des Walds, hatte seine durch die Wiese gewühlte Spur bereits entdeckt, pirschte schon durchs Unterholz, bewaffnet mit einer kräftigen Taschenlampe, deren langer weißer Finger sich tief ins Waldesdunkel bohrte. Schlagartig, als hätte er in eine Steckdose gefasst, blieb Georg stehen. Das konnte ja nicht wahr sein! Doch kaum hatte er sich herumgeworfen, um nach der Stelle zu suchen, an der er aus dem Wald gekommen war, nach seiner Spur, die zurückführte zu dem aufgerissenen Mund, der zitternden Zunge, den Farnen und, verdammt noch mal, dem Koffer, da trat ihm der Mann entgegen.

»Eine schöne Uhr hat er da«, sagte er und senkte sein Gesicht herab.

»Lassen Sie mich!«, Georg wich zur Seite.

»Wie bitte, ich soll dich fassen?«, der Mann lächelte.

»Nein, ich muss fort«, sagte Georg und marschierte, bevor der Mann ihn wieder durch den Dreck schleifte, schnurstracks davon. Das Beste würde sein, wenn er diesen Kerl möglichst schnell abhängte und erst später zurückkehrte.

»Was sind das eigentlich für Menschen«, schallte es über die Landschaft, »die tagsüber auf einem Acker schlafen?«

»Ich habe mich ausgeruht.«

»Ausgeruht hat er sich!«, rief der Mann und lief mit unvorhersehbar leichten Schritten an ihm vorbei, »ich habe schon einiges gesehen, aber dass sich einer ausruht, in einer Ackerfurche, noch dazu am Abend, wenn es langsam kalt wird und dunkel und feucht, das ist doch sonderbar, höchst sonderbar.«

»Es wird nicht wieder vorkommen«, erklärte Georg schnell und überlegte, ob es nicht vielleicht ein geschickter und selbst von Herrn Spick so schnell nicht zu durchschauender Schachzug wäre, wenn er den Koffer dort ließe, wo er ihn verloren hatte, nämlich neben der Leiche im Wald. Er nahm die Uhr vom Gelenk und reichte sie dem Mann.

»Für das Mofa«, sagte er und nickte in Richtung des leise tuckernden Gefährts. Der Mann aber war sofort so gefangen genommen vom Anblick dieser wunderbaren Uhr, dass er sich nicht mehr rührte. Gleich vom ersten Gehalt hatte Georg sie gekauft, um seinem Wunsch, immer pünktlich zu sein, sichtbaren Ausdruck zu verleihen. Und Herr Spick, auch wenn er ihn morgens meist mit einem Blick zu der stets zwei Minuten schnelleren Geschäftsuhr begrüßte, wusste das Vorhaben seines Lehrlings wohl zu schätzen.

»Für das Mofa«, wiederholte er.

»Dienstfahrzeug«, erklärte der Mann und ließ die Uhr in seine Hosentasche gleiten. Georg lächelte über den kleinen Scherz und wartete, dass er die Uhr zurückbekam. Doch der Mann hob bloß seine leeren Hände und spreizte die Finger.

»Sie geben mir augenblicklich meine Uhr zurück«, sagte Georg und trat sicherheitshalber einen Schritt nach hinten.

»Aha, und wie soll ich ohne Dienstfahrzeug meinen Dienst erfüllen?«, fragte der Mann laut, »siehst du, das weißt du nicht!«

»Ich habe Ihnen was gesagt.«

»Jetzt sage ich dir mal etwas«, erwiderte der andere mit einer sich plötzlich scharf zwischen die Augen senkenden Falte, »wenn einer halb tot in der Landschaft liegt und behauptet, er ruhe sich aus, dann fragt man sich: Hat dieser Mensch kein Bett? Hat dieser Mensch keine Wohnung? Und wovon ruht er sich eigentlich aus?«

Kurz wusste Georg keine Antwort.

»Das ist ja Blödsinn«, sagte er dann.

»Landstreicherei ist kein Blödsinn«, der Mann zeigte auf Georgs Stirn, »sondern strafbar.«

Statt noch einmal um die Uhr zu betteln, stemmte Georg die Fäuste in die Hüften und kehrte dann lächelnd seine Schokoladenseite hervor.

»Bitteschön, was sehen Sie?«, fragte er.

»Nun«, der Mann hustete und spie aus, »eine aufgerissene Schulter sehe ich, eine blutig geschrammte Stirn, ein Hemd, an dem, warte mal, drei, vier, fünf Hasenköttel kleben, eine käsebleiche Visage, einen …«

»Aber das kann man doch in Ordnung bringen!«, rief Georg und drückte das halb herausgerissene, lächerlich aufragende Schulterpolster wieder zurück in seine Höhle. Natürlich sah der Anzug augenblicklich ziemlich übel aus und natürlich müsste die Nähmaschine hier und da mal rüberrattern, aber grundsätzlich stellte er noch immer jene tüchtige Anlage dar, mit der man Eindruck machen konnte, und zwar auf die Kunden, vor allem auf die Weiber, auch dann noch, wenn man darüber den Arbeitskittel trug, meinetwegen aufgeknöpft, aber ohne den Arbeitskittel kommst du mir nicht ins Geschäft.

»Den ganzen Tag am Boden lungern, eingesaut, abgerissen, ohne Bewusstsein, vollgepumpt mit irgendeiner Schweinerei, die den Verstand zerfrisst«, murmelnd durchwühlte der Mann seine Taschen, »doch wehe, man wagt es, nachzufragen, ob alles seine Ordnung hat, dann hagelt es Lügen, Lügen, immer nur Lügen!«

»Aber nein, ich bin Lehrling, ehrlich, kaufmännischer Lehrling, in einem Eisenwarenhandel, in Linderstedt, bei …«, am liebsten hätte er sich die Zunge aus dem Mund gerissen und in Stücke gehackt! Doch der Mann, statt ihn fragend zu fixieren, fuhr bloß brummelnd fort, seine Taschen rauszuzupfen, bis lauter schmuddelige Zipfelmützen an ihm herunterbaumelten, allesamt leer, bloß eine kleine Taschenlampe hatte er hervorgekramt und sogleich wieder verstaut. Mürrisch krempelte er den linken Ärmel hoch.

»Zum Kuckuck«, sagte er, als er einen ölig schillernden Unterarm freigelegt hatte, »hast du kein Papier dabei?«

»Leider nicht«, sagte Georg, erleichtert, dass der Mann auf sein Geschwätz nicht eingegangen war, »wozu?«

»Ich habe meinen Block vergessen«, sagte er und knöpfte sein Jackett auf. Prall, als wüchse ein außerirdisches Ungeheuer darin, das jeden Augenblick ans Licht platzen wollte, so schwoll der nackte Bauch hervor. Der Mann nickte einmal, dann suchte er in seiner Innentasche. Offenbar war sie zerlöchert, sodass er sich mit der Hand bis zum Saum hinuntergraben musste. Als er sich dabei so weit zur Seite lehnte, dass es ein Wunder war, dass er nicht umkippte, setzte Georg warnend eine Fingerspitze gegen die mondweiße Bauchkugel, bereit, den Mann zu stützen, falls er stürzte, spürte den Widerstand des Körpers, die cremig glatte Haut, die Wärme dahinter und die Kälte im eigenen Leib. Ja, nach dem warmen Nachmittag war es jetzt kalt geworden, und wenn der Mann nicht so ein verschwitztes Ekel wäre, hätte Georg ihn gerne fest umarmt und sich ein wenig aufgewärmt. Mit einem Klaps entfernte der Mann den fremden Finger und zog, wohl um zu prüfen, ob der mühselig hervorgekämpfte Kugelschreiber überhaupt noch schrieb, eine Linie über seinen Bauch.

»Mann, Mann, Mann«, sagte er, als die bläuliche Spur nach wenigen Zentimetern wieder zerfloss.

»Ich möchte jetzt gehen«, erklärte Georg, aufatmend, da sich der Schmerz in den Schläfen langsam zu einem hellen Surren verdünnte.

»Eine Minute wirst du warten können«, sagte der andere und marschierte zu seinem in der Dämmerung leise bibbernden Mofa. Am liebsten wäre Georg einfach davongerannt. Doch was immer der Mann noch für Mätzchen im Sinn hatte, je weniger Widerstand er dagegen leistete, desto schneller würde er entlassen und dann vergessen sein. Also wartete er. Auch wenn es eine Schande war, dass er sich die Uhr so einfach hatte abnehmen lassen. Zumal es ihm vorkam, als ob die Zeit dadurch noch schneller liefe. Am liebsten hätte er auf sein Handy geschaut, um das Gefühl zu überprüfen. Doch die Gefahr, dass ihm der Mann auch das noch entriss, war zu hoch. Er sah zum Himmel auf. Ein kleines Weilchen noch, dann war auch das letzte Blau verflogen und er würde geradewegs in den Weltraum hinausblicken.

Ächzend hievte der Mann einen Fuß auf den Gepäckträger und zottelte das Hosenbein hinauf. Er hatte den Stift schon schreibbereit auf das gelbe, zitternde Wadenfleisch gesetzt, als er sich herumdrehte und laut fragte, ob er sich erst mit seinem nackten Hintern auf Georgs Gesicht setzen müsse oder ob er freiwillig ausspucken wolle, wie sein Name laute und warum er auf dem Acker gelungert habe und wo und bei wem und seit wann er seine sogenannte Lehre in Linderstedt absolviere.

»Wenn Sie es so genau wissen wollen«, begann Georg langsam, während er nähertrat, den Kopf gesenkt und seine widerlich zerkratzten Schuhe im Blick, »dann muss ich Ihnen erst einmal erklären, was unser Geschäft von der Vielzahl ähnlicher Geschäfte, vor allem aber von der Metallwarenabteilung des Kaufhauses, unterscheidet. Es ist nämlich so, dass ...«

»Den Namen will ich wissen!«, rief der Mann und kritzelte, bevor er das Gleichgewicht verlor, irgendwas auf seine Wade, Lehre in Linderstedt vermutlich. Sollte er doch. Den Namen des Chefs verrate ich dir im Leben nicht: Oskar Spick! Schon sah er ihn die Tür abriegeln. Das Tastfeld schützend mit der Hand umschirmt, tippte er den Alarmcode ein. Dann warf er sich in seinen Wagen und jagte los. Herr Spick war ein grimmig entschlossener Mensch. Niemals würde er die Polizei rufen und dort um Schutz und Hilfe betteln, zumal nicht in Fragen des Koffers. Derlei Dinge konnte er mit seinen eigenen zwei Händen erledigen. Einerlei, ob er noch jemanden anrief und in Gang setzte, er würde noch im Augenblick des Hörerniederlegens eben diesen angerufenen und in Gang gesetzten Personen gleich wieder misstrauen und die Sache selbst in Angriff nehmen. Diese Art, das eigene Denken und

Handeln durch niemanden infrage stellen, geschweige denn ersetzen zu lassen, erst Recht nicht durch einen Affenstall von Polizeirevier, das war, wie Georg schon früh herausgefunden hatte, eine der hervorstechendsten Eigenschaften seines Chefs. Jetzt fraßen seine Scheinwerfer die Mittelstreifen. Jetzt quietschte das frisch bezogene Lederlenkrad in seinem Griff, und neben ihm, auf dem Beifahrersitz, lag die doppelläufige Bockbüchsflinte, sein Lieblingsgewehr, das stets blank geputzt über dem kleinen Pult hing. Nach dem Wochenende erzählte er manchmal von seinem letzten Jagdausflug und dem anschließenden Verspeisen des Wildes, wie er es gelegentlich mit dem Rauchwarenhändler Zack zusammen unternahm. Aufgrund der wiederholten und detailreichen Schilderungen dieser Jagd- und Wildverspeiseunternehmung hatte Georg eine sehr klare Vorstellung von seinem Chef und Herrn Zack, wie sie, von hechelnden Hunden umstrichen, durch den Wald pirschten, vom Schuss und von der Knochensäge, vom Aufbrechen des Tieres, vom Ausdrücken der Blase, damit das Fleisch nicht verstinkert, vom Rausziehen der Gurgel mit diesen beiden Händen hier, oder wie sie später in einem Esszimmer saßen, Herr Zack und Herr Spick, vor sich auf den Tellern einen mit dunklen Soßen übergossenen, jäh aus dem Lauf geknallten Hasen.

Georg, die Gummigriffe fest umklammert, röhrte durch eine Ackerfurche. Hinter ihm schrie es. Blitzschnell sah er sich um. Wenige Meter hinter ihm fingen die Hände des Verfolgers schon das Rücklicht. Rot glühende Grabscher. Er drehte das Gas weiter auf. Kiesel spritzten gegen den Tank. Dass er Georg den Bauch aufschneiden würde! Dass er seine Gedärme zwischen Bäume spannen würde! Dass er seinen Kopf abschlagen und anzünden würde, wenn er nicht augenblicklich von der Maschine springe, brüllte der Fettsack. Als wäre diese Schrottkiste mehr wert als die Uhr. Aber wie sehr er auch brüllte und drohte und tobte, kaum dass Georg den Feldweg erreichte und endlich richtig beschleunigen konnte, war nichts mehr zu hören als nur noch das anschwellende Dröhnen des Motors. Noch einmal sah er über die Schulter. Weit hinter ihm, am Ende des Weges, riss ein daumengroßer Zwerg die Arme hoch und schien mit den Fäusten anzukämpfen gegen die Dämmerung, die ihn langsam verschluckte.

Nach einer Weile kam er auf eine Landstraße. In weit ausschwingenden Slalombögen kurvte er um die vergilbten Mittelstreifen. Als er schließlich den Blick wieder hob und die geschorenen Felder unter dem fast erloschenen Tagesblau dahinströmen sah, da war ihm, als durchfahre er diese Landschaft, in der er zu Hause war, seit er denken konnte, zum allerletzten Mal. Bis auf die Klassenfahrten, ein paar Ausflüge an die Elbe und einige schon blass gewordene Ostseeurlaube mit den Eltern hatte er den Heidekreis kaum je verlassen und, abgesehen vom letzten Halbjahr in der Schule, auch nie verlassen wollen. Nach Beginn der Lehre hatte er seine Zeit sogar noch lieber in Linderstedt verbracht als zuvor, wenn auch vor allem in seiner Wohnung und dort am liebsten glotzend in seinem Sitzsack versunken oder in der Küche auf der Küchenbank. Er wusste nicht mehr, wie und wann es angefangen hatte, aber manchmal, wenn das wochentags seit der Frühe dastehende Schmutzgeschirr sich wieder sauber in den Regalen stapelte, ließ er abschließend einen grellgrünen Klecks Spülmittel auf den Grund eines Glases fallen, stürzte Wasser hinein, bis der Schaum sich knisternd über den Rand wölbte, und sackte dann auf die geliebte Küchenbank. Bis vor wenigen Jahren hatte sie noch im Haus von Papas Mama gestanden, auch in der Küche, auch am Fenster, aber mit Blick über den sanft hangabwärts sich neigenden Garten. Dann war die Großmama gestorben und nach einigen trübe im

Keller Am Brockwinkler Weg verbrachten Jahren stand die Küchenbank nun hier. Er saß gern darauf, sah hinaus auf die Dächer und den dazwischen hervorblickenden Platz am Sande und wiegte seine Nase in den aufsteigenden Zitrusdüften. Endlich wagte er dann, den manchmal schon seit dem Mittag ersehnten Schluck zu nehmen. Es hatte Tage gegeben, an denen er über eine Viertelstunde durchgehalten hatte, mit Schaumwolken im Mund, die so scharf in seine Zunge bissen, dass er später, wenn Mama ihn nach ihrer Spätschicht anrief, um sich den Tag berichten zu lassen, nicht einmal ans Telefon ging. Und während ihre Stimme aus dem Anrufbeantworter durch den Flur geisterte, sah er weiter hinaus in die sich langsam verdunkelnde und mit aufblinkenden Lichtern wieder belebende Stadt.

Nie zuvor hatte er allein gelebt. Er war nicht einmal länger als sechs Tage von zu Hause fort gewesen. Und doch hatte er sich Wunder wie schnell daran gewöhnt, an alles, an die Stille zwischen den Wänden genauso wie an die hundertsechsundsiebzig Schritte, die er sonntags von der neuen Wohnung hinüber ins Eiscafé auf dem Sande gelaufen war. Im Schatten des großen, in leichter Schieflage in den Himmel sich reckenden Kirchturms löffelte er Spaghettieis. Stündlich schlugen die Glocken über den Platz und verschluckten die Melodie des Spielzeugdrachen, der wackelnd vor dem Café stand und die Kinder mit blinkenden Augen verlockte, auf ihm davonzufliegen, wohin sie nur wollten. Auch Georg hatte sich gelegentlich auf den grünlichen Rücken geschwungen und träge an der Waffel knabbernd die Touristen beobachtet, wie sie in Gruppen über den Sande wieselten und die Giebel der krumm und schief gewachsenen Häuser fotografierten. Oder die Freitagabende! Wie gerne war er, wenn ihn Clemens wieder einmal in die Enge getrieben und endlich lächelnd matt gesetzt hatte, noch eine Runde über den nächtlichen Marktplatz gegangen. Eine Weile stand er still auf den Pflastersteinen und ließ die Niederlage verdampfen und freute sich auf den kommenden Tag. Am Samstag hatte er nämlich weiter nichts zu tun, als sich von Mama, falls sie nicht gerade Frühschicht hatte, bekochen zu lassen, und manchmal, alle vier Wochen bloß, nachmittags zu Papa in den Schrebergarten zu schlendern. Abends sowie den ganzen Sonntag über konnte er sich dann in aller Ruhe dem stundenlangen Studium alter Schocker widmen oder wonach ihm sonst der Sinn stand. Schließlich dachte er an gar nichts mehr und glotzte bloß noch auf die bunten Lichter des Kaufhauses, das Herr Spick am liebsten in die Luft gesprengt hätte.

Wenn er nur wüsste, ob der Chef außer Herrn Kraus und ihm, dem Lehrling, über andere Vertraute verfügte. Zwar hatte Herr Spick immer wieder erklärt, wenn Frau Röhrs ihn nicht so überaus reizend darum gebeten hätte, ihren Sohn, diese faule Socke, bei sich aufzunehmen, dann würde er den Laden weiterhin alleine schmeißen, was für die rasanten und manchmal radikalen Manöver eines Kaufmanns ohnehin viel besser wäre. Aber wie so viele, wenn nicht die meisten, ja, im Grunde alle Dinge, die die Geschichte, den Umfang und den Zustand des Geschäfts betrafen, so lag auch die Zahl der zusätzlichen Vertrauten, zumindest für den Lehrling, im Dunkeln. Und das war sein Glück, sagte Herr Spick. Denn wenn der Lehrling alle diese Dinge, die als Sorgen im Kopf des Chefs glühten und brannten, kennen würde, dann ginge er vor lauter Verantwortung in Flammen auf. Nein, ein Chef durfte sein Wissen nicht mit einem großen Schwall über dem Lehrling ausschütten. Er musste ihn vielmehr mit aller Vorsicht zunächst nur an die niedrigsten Tätigkeiten heranführen und konnte ihm erst gegen Ende tiefere Einblicke gewähren in die riskante Führung und Verteidigung eines Einzelhandels mit Eisenwaren hier in Linderstedt.

Auch wenn Georg bis zum Ende der Lehre in anderthalb Jahren noch einiges hätte lernen müssen, fast alles, um genau zu sein, so hatte er doch klar vor Augen, was Herr Spick jetzt tun würde. Mögliche Fluchtrouten nachzeichnen, das würde er tun, jeden Winkel und jedes Schlupfloch markieren auf der großen Heidekreiskarte hinten im Büro, ihm nachjagen mit einer grellroten Linie, die sich schnell über die Straßen heranschlängelte bis unter die rasend sich drehenden Reifen des geraubten Mofas.

Ruckartig bremste er und zerrte, noch bevor er voll zum Stillstand gekommen war, das Handy aus der Hose. In jedem noch so stoffelig zusammengestrickten Sonntagabendkrimi wurde ein Verbrecher durch die ahnungslos abgesonderten Funkströme bis auf den Meter genau geortet, aber er gurkte hier durch die Gegend, als wäre er ganz allein auf der Welt! Er presste den Daumen auf den Off-Schalter, als wollte er das Gerät ersticken. Flimmernd erlosch das Display und spiegelte, als es endlich gänzlich schwarz geworden war, sein Gesicht. Da musste er weinen. Blind vor Tränen glitt er vom Sattel, sackte in die Hocke und saß winzig klein am Rand dieser Fläche von Feldern, über die sich die Dunkelheit heranwälzte.

Schließlich, als seine Nase nur noch leise blubberte und ihn keine weitere Tränenwoge mehr aufbäumte und zusammenstauchte, schien es ihm, als könnte er einfach aufstehen und nach Hause gehen. Da glühten am Ende der Straße zwei Autoaugen auf. Bevor das Licht ihn erfasste, den zusammengebrochenen Räuber am Straßenrand, zerrte er das störrische Mofa hinter ein Gebüsch und krallte sich am Boden fest. Was sollte er tun? Das Auto brauste vorüber. Ganz gleich, ob er in dem verwirrendsten Zickzack weiter hin und her jagte oder ob er wimmernd hier liegen bliebe, bis er aufgegriffen wurde, von Herrn Spick oder von der Polizei, seine Wohnung würde er nicht wiedersehen, nein, er würde fliehen müssen, weit über den Heidekreis hinaus, und wenn es sein musste, dann eben auf diesem müde röchelnden Mofa, wenn auch lieber in einem Zug und am liebsten in diesem Nachtzug, von dem Marlies ihm erzählt hatte, so einer dunkelblauen Rakete, die schon eine halbe Stunde, bevor sie losschoss, zischend am Bahnsteig stand, sodass, wer früh genug da wäre, sich gleich ins Abteil verdrücken und auf die Liege werfen konnte, diese schöne, schmale Bahre unter der gewölbten Decke des Waggons, um auf die Geräusche der Fahrgäste zu lauschen, die sich durch den Gang rauften, auf das Gemuffel des Schaffners und auf die ans Glas gehauchten Wiedersehenswünsche, bis endlich alle Türen auf einen Schlag ins Schloss krachen und der Zug sich langsam, so langsam, als führe der Bahnhof ab, in Bewegung setzt, schon über die Elbbrücken rattert und ganze Länder durchquert auf dem Weg zu diesen nackten, grauen Stränden, dorthin, wo niemand mehr brutzelt und kreischt, zu den winterlich leergefegten Promenaden, allein dorthin rast der Zug, das Abteil, unsere Liege, mein Lieber, auf der wir dicht beisammenliegen, mit offenen Mündern und gefalteten Händen, mit offenen Mündern und heimlich wandernden Händen, denn die Hände, sie beginnen zu wandern, hoch zur Stirn wandern sie und von der Stirn hinab in die Nacht.

Wieder auf den Beinen, wusste er nicht, wie viel Zeit vergangen war. Eine halbe Stunde vielleicht. Oder anderthalb? Was machte das für einen Unterschied. Er zog den Kamm aus der Tasche. Zwar würde der Fahrtwind den Scheitel gleich wieder zerwühlen, aber für einen Augenblick wollte er nichts anderes spüren als nur die Zinken des Kamms, die langsam über seinen Schädel fuhren und das wild gewordene Haar in schnurgeraden Linien hervorströmen ließen.

Nachdem er eine Zeit lang weitergefahren war, mal links abbiegend, dann wieder rechts, erreichte er eine kleine Ortschaft, Bieskamp. Auch wenn er nicht begreifen konnte, was für verworrene Wege und Umwege ihn hier hergeführt hatten, so war er doch augenblicklich froh. In Bieskamp würde ihn Herr Spick im Leben nicht vermuten! Denn keine sechs Kilometer weiter und er wäre in der Gellerschen Samtgemeinde, zu der auch, wenn auch als kleinster und heruntergekommenster Teil, Niedergellersen zählte. Dass er sich in einer derartig unverschämten Nähe zur Kleinen Kassa aufzuhalten wagte, in der ersten Nacht nach dem Raub, das würde ihm der Chef nicht zutrauen.

Mit abgestelltem Motor, damit das Geknatter niemanden ans Fenster lockte, rollerte er die Straße hinab. Schwarze Schlaglöcher klafften im Asphalt. Knapp dreihundert Meter voraus leuchtete ein Gaststättenschild. Vielleicht hatte er Glück und bekam noch etwas zu essen. So, wie sein Magen sich gurgelnd ausdehnte und immer wieder wütend zusammenzog, würde er nicht den kleinsten Gedanken fassen können. Die bevorstehende Nacht, ja, schon die nächste Stunde erschien ihm als ein dunkles und haariges, ins Leere sich öffnendes Loch, das ihn mit einem Happs verschlucken könnte. Zur Zerstreuung sah er sich um, studierte die Häuser, mürbe wirkten sie, zusammengestaucht von der Last ihrer Dächer. Von einem Scheunenfirst blickten zwei hölzerne Pferdeköpfe herab.

Er schob das Mofa in einen Seitenweg, der zwischen zwei Häusern zu den Feldern führte und nur erhellt wurde von dem Mond und den flackernden Sternen in dem inzwischen fast gänzlich freigefegten Himmel über seinem Kopf. Ein Weilchen stand er da und dachte an das irrsinnige Weltraumstudium, dem sein Vater, seit er vor drei oder vier Jahren die Firma verlassen hatte, verfallen war und für das er das gesamte, von Großmama erhaltene Erbe verschleuderte. Als in einem der Gärten eine Lampe aufflammte, lief er geduckt zur Straße zurück. Er rieb und knetete seine Hände, um die Kälte zu vertreiben, die ihm der verfluchte Fahrtwind in die Knöchel gepfiffen hatte. Vor ihm lag der Ginsterhof. Während er die Stufen zum Eingang hinaufstieg, stopfte er sich die verdreckte Jacketthälfte in den Hosenbund, ganz egal, wie vertrottelt es aussah, Hauptsache, er wirkte nicht wie ein arbeitsscheuer Schweinehund, der sein Leben lang am liebsten bettelnd auf der Erde lag.

Von Weitem war lautes Gerede aus den Fenstern gedrungen, Bierseligkeiten von gut und gerne fünfzig Mann, doch kaum dass er die Tür geöffnet hatte, da wehte eine Wolke jäh abgewürgter Stimmen über ihn hinweg und es wurde still im Ginsterhof. Die Männer am Tresen, die ihm die Rücken zukehrten wie Schildkrötenpanzer, kippten langsam die Köpfe in den Nacken, so, als tränken sie gleichzeitig ihre Gläser aus. Tatsächlich aber blickten sie bloß in den länglichen Spiegel über dem Flaschenregal, in dem die Gaststubentür zu sehen war, riesengroß, und er, Georg, der sie mit den Fingerspitzen wieder ins Schloss drückte. Er nickte einmal zur Begrüßung, und als die Mannschaft darauf bloß die Köpfe absenkte und auf den Tresen sah, schlängelte er sich über die peinlich knarrenden Dielen schnell bis ans Ende des Raumes. Geräuschlos setzte er sich an einen Tisch, wagte nicht, den schief stehenden Stuhl heranzurücken, und setzte ein Lächeln auf, damit die Dorftrottel gleich begriffen, dass er kein nervöser Störenfried war oder womöglich noch ein Gangster, sondern bloß ein müder, ganz und gar ungefährlicher Gast. In einer Ecke flüsterte ein ältlicher Fernseher. Eben zeigte der Heideblitz das Kaufhaus am Marktplatz. In einem rosafarbenen Streifen blinkte das Wort Untergang. Gleich neben dem Fernseher, dicht von Stühlen umstellt, befand sich ein Podest, eine tischgroße Fläche abgeschabter Platten, aus deren Mitte eine Eisenstange aufstieg in das Dunkel unter der Decke.

Als nun der Wirt, ein blauweiß gestreifter Schrank, hinter dem Tresen hervorkam und zwischen den leeren Tischen und Stühlen heranmarschierte, da dachte Georg, dass es vielleicht besser gewesen wäre, sich an irgendeiner Tankstelle einen Schokoladenriegel in den Mund zu schieben. Aber zu spät. Schon drückte der Wirt seine Schenkel gegen den Tisch, sah prüfend auf ihn herab. Georg nickte einmal kräftig, zur Begrüßung, aber auch, damit ihm der Scheitel das Gesicht verhängte, und blickte auf die Hände des Wirts, die wie zwei überfressene Seesterne auf der Platte gestrandet waren.

»Ein Bier, ein Hühnchen und für die Wärme einen Schnaps«, sagte Georg so freundlich, als spräche er mit einem besonders zugeknöpften Kunden. Kaum dass er bestellt hatte, kehrte Leben in die Männer am Tresen zurück, wispernd zunächst, doch als ihm der Wirt schließlich ein eisüberzogenes Gläschen vor die Nase stellte, schwollen die Gespräche wieder an. Eilig ließ er sich einen Schluck auf die fangbereite Zunge laufen. Vielleicht sollte er einen Brief schreiben. Er schluckte, schüttelte sich und zückte den Kugelschreiber, setzte den Druckknopf an die Stirn. Nickend stieß er die Mine heraus und herein und suchte einen ersten, am besten auf einen Schlag alles erklärenden Satz. Doch ihm kam nichts anderes in den Sinn als nur der alte Waldschrat, der sich an das Haltestellenschild geklammert hatte und seine Haare erst kürzlich in einen Morast getunkt zu haben schien, sie glänzten schwarz und kleine Stöckchen und Blätter klebten darin. Kaum dass der Bus zum Stillstand gekommen war, mit einem Ächzen und Schütteln, als liefe ihm ein Schauer übers Blech, hatte sich der Landstreicher mit einem Ruck vom Schild gelöst und den Blick freigegeben auf das offenbar schon seit Langem an der Stange hängende Plakat, das Werbung machte für Wohnungen, und zwar mit dem Gesicht von Marlies, seiner Marlies! *Urlaub zu Hause* stand in stark verblassten Buchstaben auf ihrer Stirn. Er schnellte aus dem Sitz, drängte vorbei an dem kloakig riechenden Kerl, der sich laut hicksend in den Bus geschwungen hatte, und sprang ins Freie. Kaum auf dem Boden, hatte er allerdings feststellen müssen, dass das Plakat nicht Marlies zeigte, sondern bloß ein sehr ähnliches, durch die verschmutzten Busscheiben nicht genau zu erkennendes Mädchen, das lächelnd einlud, sich *Im Urlaub zu Hause* zu fühlen. Anstatt aber sofort wieder hineinzuspringen, hatte er bloß dagestanden und registriert, wie die Türen ihre Gummifalze schmatzend aneinanderlegten und der Bus dann langsam immer kleiner geworden war auf der in Kurven verlaufenden Landstraße. Bei einem zweiten Blick auf das Plakat hatte er noch bemerkt, dass die Gebäude, die hinter dem Kopf der falschen Marlies in den Himmel stiegen, auch keine Wohnhäuser waren, sondern Hotels, ein paar südliche, vor lauter Sonne fast vollends verblichene Hotels. Aber wie sollte er das Herrn Spick erklären?

Erschöpft ließ er die Haare auf den Gaststubentisch herunterhängen und verweilte mit den Augen in der Armbeuge, folgte dem violetten, unter der Haut sich hin und her windenden Aderlauf bis zu seiner Hand. Er krümmte einen Finger und streckte ihn wieder. Ob es wohl schwierig war, einem Menschen in den Kopf zu schießen? Im Film hatte er es sicher schon über tausend Mal gesehen, fingerdicke Löcher in Schläfen, aus denen es hervorquoll, dunkle Zungen Blut, krachend weggeknallte Kinnläden, von Schrotladungen in Stücke gerissene Schädel. Aber was, wenn man selber abdrücken müsste? Oder brauchte man bloß den Finger zu krümmen und still hinzuschauen auf den zurückgeschleuderten

Körper, der durch die Zweige bricht und Kopf voran in den Farnen versinkt? Sein Finger, so stellte er fest, als er der Zeigerichtung nachpeilte, zielte geradewegs durch eine Scheibe, in der sich die Gaststube spiegelte, die gedrängten Männer am Tresen, die funkelnden Flaschen darüber, goldene Liköre und wasserhelle Schnäpse.

Er trat ans Fenster. Mit den Händen schirmte er das Licht ab und sah hinaus. Gegenüber der Gaststätte, oberhalb einer unbeleuchteten Schaufensterscheibe, flackerten einzelne Neonbuchstaben. Erst nach einer Weile, als sie für Sekunden zitternd zusammen erstrahlten, ein Zufall, der vielleicht alle paar Stunden eintrat, konnte man erkennen, dass es der Nutzwaffenhandel Görges war, der dort auf seine im Finstern liegende Geschäftsauslage hinwies.

Als jemand hustete, sah er sich um. Fast die gesamte Tresenmannschaft, zehn bis fünfzehn lilafarbene Gesichter, die im Rhythmus ihrer Atemzüge an- und abzuschwellen schienen wie Ballons, hatte sich herumgedreht und blickte ihn an. Sicher wollten sie prüfen, ob man ihn, den wortlos hereingeschlüpften Fremdling, mit einem starren Mannschaftsblick in die Enge treiben könnte.

»Kommt das Hühnchen bald?«, fragte er laut, und kaum dass die Männer sich wieder herumdrehten, gleichzeitig, als wären sie zu einer Einheit zusammengeschraubt, griff er sein Glas und schlenderte über die Dielen nach vorn. Dort, wo noch ein Plätzchen war, am äußersten Rand, schob er einen Ellbogen auf den Tresen. Zusammen mit seinem Nebenmann hob er das Glas, trank und versuchte es bewegungsgleich wieder abzusetzen, auch das fauchende Geräusch des Ausatmens machte er nach. In einem Film hatte er einmal gehört, dass Irrenärzte und Verhörspezialisten, indem sie das Verhalten besonders bockig verschwiegener Personen heimlich nachahmten, einen ersten Kontakt herzustellen wussten, der später unmerklich übergehen konnte in das freundschaftlichste und offenherzigste Verhältnis. Dazu gehörte auch die körperliche Nähe. Er zählte bis zehn, dann ließ er seinen Arm unauffällig herangleiten an den breiten, die Hemdnähte im Zickzack auseinanderspannenden Brustkorb seines Nebenmannes. Doch kaum dass er die daraus abstrahlende Wärme zu spüren begann, wohltuend strömte sie in seine Schulter hinauf, da machte sich der andere auf den Heimweg und hinterließ eine breite kalte Kluft zwischen ihm, Georg, und dem Rest der Mannschaft.

Ein Glück, dass bald zwei neue Gäste kamen. Statt sich in die Lücke zu quetschen, drängten sie ihn mit einem Begrüßungsgrunzer bis zur Tresenmitte vor, dicht heran an einen Kahlkopf in güllig müffelnder Öljacke. Mit vorgespitzten Lippen ließ er sich den letzten Schluck in den Mund rinnen, kniff sekundenlang die Augen zu. Als die Feuerspur erloschen war und seine Lider wieder aufklappten, stand vor ihm der Wirt. Um all den lästigen Fragen zuvorzukommen, die diesem Kerl auf der Zunge herumzukriechen schienen, erkundigte er sich eilig, ob man hier noch selber schlachte. Nein, nein, erwiderte der Wirt, nur für den Hausbedarf holten sie gelegentlich das Messer hervor.

»Da könnte ich gar nicht hinsehen«, erklärte Georg, obwohl er sich das in Wahrheit vielleicht doch einmal angeschaut hätte, wenn so ein Mann das Messer in den Hals einer Sau drückte. Jemand griff nach seiner Schulter. Sein Knie, flüsterte ihm ein schnurrbärtiger Bulle ins Ohr, es schmerze so sehr, dass er bald den Verstand verliere. Nebenbei krabbelte eine Hand auf Georgs anderer Schulter herum wie ein neugieriger Zangenkrebs. Gerade wollte Georg ihn bitten, das Polster, das er mühsam zurückgestopft hatte, nicht wieder hervorzuzupfen, da schüttelte der Bulle den Kopf und erklärte, dass sein Schmerz ein großes Gewitter ankündige.

»Ist das wahr?«, entfuhr es Georg und hatte sofort Herrn Spick vor Augen, der durch ein Gewirr silbriger Regenfäden stampfte, von gezackten Blitzen erhellt und brüllend vor Wut, da alle Abdrücke, mögliche Spuren des entwichenen Lehrlings, vor seiner Nase im Schlamm verwischten.

Plötzlich umgriff der Wirt, indem er sich weit nach vorne beugte, Georgs Nacken und zog ihn an die Tresenkante. Ob er da nicht eine Schramme habe, fragte er und hob mit einem abgespreizten Finger prüfend Georgs Scheitel an.

»Na, so was«, bemerkte er und begann mit einem roten Geschirrtuch konzentriert über Georgs Stirn zu tupfen. Im Grunde genommen eine freundliche Geste. Zumal man die Auffälligkeit einer blutig geschrammten Stirn, die man ahnungslos spazieren trug, kaum noch übertreffen konnte. Allerdings war der Stoff mit derart vielen, ranzig gelben Flecken gesprenkelt, dass er vermutlich eine ganze Hundertschaft von Keimen beherbergte, die jetzt gierig in die Wunde hinüberwimmelten. Kaum aber, dass Georg sich den Rachen freigeräuspert hatte, um sich einmal zu erkundigen, wann dieser Lappen das letzte Mal in etwas anderem gebadet hatte als in einer biergetränkten Abspüllauge, da spürte er etwas Warmes im Rücken. Vermutlich die Wampe des Bauern mit dem Gewitter im Knie, der sie trinkend nach vorne wölbte. Er schloss die Augen und lehnte sich probeweise gegen den weichen Ball. Nach der gekrümmten Raserei über die Landstraßen, noch dazu ohne Handschuhe, Helm und Nierengurt, hatte er sich zwei Sekunden Wärme wohl verdient. Vor seinen Augen tanzte noch immer das Tuch, und rechts und links spürte er die fremden Schultern, und ihm war, als erhalte er nach diesem Tag, an dem er so viel verloren hatte, diese warme und geschützte Stellung, in der man sich ein bisschen zurücklehnen konnte, als Trostgeschenk.

»Schluss!«, rief er dann und stieß die Hand von seiner Stirn. Mit einem Schlag war ihm eingefallen, was Herr Spick immer gesagt hatte, dass nämlich kein Mensch auf Erden eine Stellung, geschweige denn eine warme und geschützte Stellung, in der man sich zurücklehnen konnte, geschenkt bekam. Bloß, weil du ein von Angst zerfressenes Gesicht aufsetzt. Bloß, weil du wimmernd die Hand aufhältst. Bloß, weil du zappelnd den Bach runtergehst. Nein, eine Stellung, und erst recht eine Weltstellung, die muss erkämpft werden, selbst der geringste Geschäftsmann unter der Sonne, er muss sein Geschäft führen als Tag und Nacht blitzwachen Gefechtsstand gegen die ihn immerzu belauernde, immerzu mit Angriff, mit der totalen Zerstörung, der totalen Vernichtung bedrohende Konkurrenz.

Stumm schenkte der Wirt noch einmal nach. Obwohl ihm schon ein wenig duselig war, leerte Georg das Glas in einem Zug. Wenn er nicht in das Unwetter geraten wolle, erklärte nun der Wirt, während er das Glas erneut auffüllte, dann könne Georg gern ein günstiges Zimmer haben. Seine Tochter Nore, die äußerst fingerfertig sei, flicke über Nacht auch seine Kleidung, sodass er morgen frisch zurechtgeschneidert in den Tag treten könne.

»Vielen Dank, aber ich muss gleich weiterreisen zu einem lebenswichtigen Termin«, erwiderte Georg und wühlte sich aus der Mannschaft ins Freie. Zurück an seinem Tisch, spürte er das feucht geschwitzte Hemd auf der Haut. Er fächelte sich Luft auf die Brust, saß eine Weile reglos da. Dann riss ihm ein gigantisches Gähnen das Gebiss auseinander. Statt mit dem Mofa durch die Nacht zu jagen, bis die Maschine stotternd verreckte und er dumm über die Felder stapfen musste, durch das Dunkel, durch den Sturm, stattdessen läge er lieber in einer kuschelweichen Bettlandschaft, am liebsten in dieser Küstensuite, von der ihm Marlies früher vorgeschwärmt hatte, hinter der Turnhalle, irgendwo im Süden, vielleicht in Portugal, wo im Winter die Hotels verwaisen, dort, mein Lieber, könnten wir leben, bis zum Frühjahr, nur wir zwei, im höchsten Stock, sodass morgens weiß die Sonne einfällt, so eine Wintersonne, die Decken, das Laken, das ganze Zimmer licht, und was draußen ist, das ist einerlei, nur hell muss es sein, noch hell in der Nacht, wenn alle Lichter brennen, denn wir lassen alle Lichter brennen, und wer dabei nicht schlafen kann, der muss sein Zahnputzwasser aus dem Fenster prusten, hast du denn dein weißes, blasiges Zahnputzwasser noch nie hinausgespritzt in eine sturmdurchheulte Winternacht?

Plötzlich stand das Hühnchen da. Bevor er etwas sagen konnte, fuhr die Kellnerin, ein Mädchen, das eine widerlich rot und gelb bekleckste Schürze trug, mit dem Finger um den Tellerrand, fing einen Tropfen Soße auf. Stumm beobachtete er, wie sie den Finger zwischen die Lippen schob und mit einem feuchten Geräusch wieder herausploppen ließ.

»Darf ich dir die Zimmer zeigen?«

»Vielen Dank«, er klopfte zweimal auf den Tisch, »aber ich muss noch heute Nacht zu einem wichtigen Termin.«

»Wo musst du denn hin?«

»Nach Schneverdingen, ich muss nach Schneverdingen.«

»Da hast du was vor«, sagte sie, eine Hand in der Hüfte, die Finger in den Bauch gekrallt, »willst du dich vorher nicht ausruhen?«

»Nichts lieber als das«, er lehnte sich lächelnd zurück, »nur leider darf ich nicht. Sonst komme ich zu spät.«

»Du Armer, tust du nur, was man dir sagt?«

»Manchmal geht es nicht anders.«

»Manchmal schon«, sie beschrieb einen Kreis in der Luft und stach hinein.

»Beim nächsten Mal«, erklärte er mit Blick auf den dampfenden Teller. Aber sie hatte sich schon abgewandt. Erst in der Küchentür sah sie noch einmal zurück, sie streckte ihren Zeigefinger aus und krümmte ihn zurück in die Faust. Lächelnd begann er, die glänzenden Hautlappen von dem weißen Hühnerfleisch zu ziehen. Als er die ersten drei Bissen verschlungen hatte, kam sie erneut aus der Küche. Mit weit ausschwingenden Beinen, die die Schürze flattern ließen, durchquerte sie die Gaststube. Bevor sie ins Treppenhaus verschwand, glitt sie einmal mit dem Blick an ihm herab. Sollte sie nur. Sie konnte auch gerne fünfzigmal mit dem Blick an ihm herauf- und herabgleiten. Er aß genüsslich weiter. Er wollte sie noch ein Weilchen zappeln lassen, wie einen aufs Land geworfenen Fisch, sonst dachte sie noch, sie könnte mit ihm umspringen, wie es ihr gefiel. Erst fünf Bissen später schlenderte er die Reihe der Rücken entlang, überprüfte, damit ihn niemand ansprach, konzentriert die Zeit auf seinem splitternackten Armgelenk. Diese verlorene Uhr sollte ihm eine Lehre sein! Nie wieder würde man ihn so leicht überlisten. Lautlos huschte er hinaus.

Nore stand am oberen Ende der Treppe, wippte auf und ab. Na, was hast du vor mit mir? Mit gesenktem Gesicht, um sein Grinsen zu verbergen, stieg er ihr entgegen. Schweigend liefen sie den Gang hinab. Als sie schließlich an eine Tür gelangten, blickte sie kurz in beide Richtungen des langen, sich im Dunkel verlierenden Ganges. Dann schloss sie auf und wies ihn hinein. Er sah es sofort. Warm stieg ihm das Blut in den Kopf. Sie hatte ihn nicht, wie angekündigt, in ein Gästezimmer geführt, sondern in ihr eigenes kleines Schlafgemach. Ein Kuschelhai, der seine Schnauze unter der Bettdecke vorstreckte, starrte ihn an. Er wandte sich ab, erblickte einen Wochenplan über der Kommode und daneben ein paar Fotos, auf denen sie zu sehen war, Nore, die sich rücklings in die Wellen warf, Nore im Arm eines aus dem Bild geschnittenen, wandweißen Gespensts, Nore als roter Jackenfleck im Wald.

»Warm hier«, bemerkte er.

»Schau mal, ob das Bad in Ordnung ist«, sie schnappte sich ein Schulheft, das aufgeschlagen auf dem Kissen lag, und wies damit auf ein pappiges Falttürchen neben der Kommode. Froh über die Möglichkeit, seinen glühenden Kopf kurz kühl abtupfen zu können, trat er ins Bad, ein Räumchen, das mit einer gewaltigen, auf Eisenfüßen stehenden Badewanne, einem verprügelten Schmutzwäschepuff einem pinken Handtuchregal so vollgestopft war, dass kaum Platz für zwei Füße blieb. Immerhin, man konnte einmal durchatmen. Was hatte sie nur vor mit ihm? Er drehte sich zu dem fleckenweise erblindeten Spiegelschränkchen über dem Waschbecken, hatte eben den Scheitel angehoben und erschrocken den faustgroßen, rostbraunen Krater erblickt, der seine Stirn entstellte, da drang ein metallisches Schnappgeräusch an seine Ohren. Eine schreckliche Vorstellung blitzte in ihm auf. Wehe dir! Mit einem Satz war er zurück im Zimmer. Doch sie hatte sich gar nicht rausgeschlichen und ihn heimlich eingesperrt. Sie hatte sie beide eingesperrt. Die Hände links und rechts des Kopfes, drückte sie ein Ohr an die Zimmertür.

»Schsch!«, machte sie, bevor er nach dem Grund fragen konnte, und horchte weiter. Aber bestimmt wollte sie bloß sichergehen, dass ihr Vater nicht unerwartet ins Zimmer platzte. Georg nutzte die Gelegenheit und roch an seinen Achselhöhlen. Im Laufe der Lehre war er ja leider gezwungen worden, die Menge des Parfüms, das er sich von seiner Mutter regelmäßig schenken ließ, nahezu auf null zu senken. Ein Mann, der Werkzeuge verkauft, Hämmer, Sägen, Bohrer, der durfte nicht als Duftwolke durch den Laden wabern. Dummerweise war die Wirkung dieser winzigen Tröpfchen, die er sich seitdem mit der Spitze des kleinen Fingers in die Achseln tupfte, um nicht vollends zu verstinkern, längst verflogen.

»Am besten wärst du gar nicht hergekommen«, sagte sie leise, weiterhin zur Tür gewandt.

»Du hast mich doch hochgelockt.«

»Nein, in den Ginsterhof«, sie hatte sich herumgedreht und trat lächelnd an ihn heran, so dicht, dass er die Küche roch, das Fett auf ihrer Haut und die Hähnchen im Haar, »weißt du eigentlich, wie man ein Schwein tötet?«

Schweigend tippte er gegen ihre Stirn.

»Du kennst dich aus«, sie blinzelte, »und dann?«

»Was meinst du?«

»Dann knicken die Beine weg.«

»Ach so, na klar.«

»Dann sinkt der Körper auf die Kacheln. Dann wird die Klinge reingestoßen. Dann springt ein roter Strahl aus dem Hals.«

»Weiß ich, weiß ich doch.«

»Gut«, sie trat ans Bett, setzte sich steif auf die Kante, »es ist ja ein Vorteil, zu wissen, was einen erwartet.«

Am liebsten hätte er ihr eine Ohrfeige gegeben, zur Strafe für dieses verflixte Spielchen, stattdessen fragte er so tödlich angeödet, wie er nur irgend konnte: »Und was, bitte, soll mich erwarten?«

»Folgendes: Einer drückt dich auf den Boden, zieht deine Arme auf den Rücken. Ein anderer stellt sich auf deine Beine, packt die Füße, dass du nicht mehr zappeln kannst. Ein Dritter dreht dir den Kopf zur Seite. Jetzt spürst du die Kacheln an der Wange, weiß und kalt. Der Letzte bückt sich, setzt den Lauf an deine Stirn, ein kleines Fingerkrümmen nur und dann ...«

»Dann ist es aus«, zwei, allerhöchstens drei Sekunden lang sah er sich auf einem Schlachtblock liegen, während über ihm ein Mann, der sein Gesicht hinter einer Maske aus Menschenhaut verbarg, die Motorsäge anwarf. Dann lehnte sich Georg mit einem nilpferdartigen Gähnen aus dem Fenster.

»Willst du gar nicht wissen, wie es weitergeht?«, fragte sie.

»Wie soll es weitergehen, wenn es aus ist?«, fragte er zurück. Im Dunkeln knurrte ein Hund. Dann war es still. Warum sagte sie nicht einfach, was sie wollte?

»Darf ich dir zumindest erzählen, was vorhin passiert ist?«, fragte sie flüsternd. Mit einer eisig starren Miene, von der sie nichts, gar nichts ablesen konnte, wandte er sich um und schob die Ellenbogen auf das Fensterbrett wie ein Privatdetektiv.

»Ich höre«, meinte er.

»Also, ich war gerade im Hof gewesen, um Sandro zu füttern, und als ich wiederkam, stand Dietmar in der Küche. Beim Stürzenholz, erklärte er meinem Vater, hat einer auf dem Feld gelegen, ein Verletzter, wie es schien, doch als er ihm zu Hilfe kam, hat der ihn plötzlich angefallen, hat ihn zu Boden geboxt, nachgetreten und dann sein Mofa geraubt.«

»Dietmar?«, fragte Georg langsam, »kenne ich nicht.«

»Aber das warst du auf dem Feld!«, sie blickte ihn fest an.

»Kann gar nicht sein«, er schüttelte den Kopf, »ich bin doch mit dem Bus gekommen.«

»Welchem Bus?«

»Vor einer Stunde.«

»Aber Rike hat dich auch gesehen. Ein Fremder, sagte sie, sei mit einem Mofa durch ihre Gasse gerollt und dann geduckt zurückgelaufen. Sie hat nachgesehen«, Nore erhob sich, »es war Dietmars.«

»Das beweist doch nichts«, er betastete mit allen zehn Fingern seine Stirn, das Mofa konnte er vergessen, sicher schmiegte der Fettsack schon seine violetten Wangen an den Tank.

»Es geht noch weiter«, sagte sie, »kaum warst du fort, hat Dietmar sich berappelt. Deine Schritte sind quer über den Acker gelaufen, sagte er, geradewegs ins Stürzenholz. Ein Pfad von niedergedrückten Sträuchern führte hinein. Er wollte schon umkehren, weil seine Lampe kaum noch durch das Dunkel drang, da blieb er stehen. Ein paar Meter voraus, unter den Farnwedeln, guckte etwas vor. Er trat näher, schob die Blätter auseinander. Da lag einer, mit einer Kugel in der Stirn, mit Blut auf dem Hemd und himmelweit aufgesperrten Augen.«

»Ich kann nicht«, begann er, fieberhaft bemüht, nicht aufgeregt zu wirken.

»Eins musst du mir erklären«, sie schnippte mit den Fingern, »wieso hast du den Koffer nicht mitgenommen?«

Fast hätte er geschrien, dass er sie aus dem Fenster werfen würde, wenn sie das Wort Koffer noch einmal in den Mund nähme.

»Das Mofa«, murmelte er stattdessen, »das stimmt, das gebe ich zu, aber einen Koffer habe ich nie gesehen.«

»Ach komm«, sie wedelte die Lüge beiseite, »hast du noch vor Augen, wie die Kugel ihn nach vorne reißt?«

»Die Kugel, aber nein, ich …«

»Lass mich raten, dann hast du ihn herumgedreht, weil du einmal wissen wolltest, ob man die Lider wirklich so zudrücken kann wie bei einer Fernsehleiche, und als das nicht ging, da hat es dich verjagt, nicht wahr, da bist du plötzlich fortgerannt, fort, nur fort von diesen Augen, habe ich recht?«

Erschöpft glotzte er auf die spitzen Hügelchen unter ihrem Hemd. Noch vor einer halben Stunde war er in Sicherheit gewesen, unerkannt, frei. Jetzt saß er in der Falle.

»Der Koffer«, begann er, »von mir aus, ja, aber mit dem Toten, damit habe ich nichts zu tun.«

»Na also«, sagte sie sanft.

»Wer weiß unten Bescheid, alle?«

»Nur mein Vater und seine zwei Männer.«

»In Ordnung«, noch konnte er fliehen, »ich lasse euch den Koffer.«

»Aber den haben wir doch längst«, an ihrem schmalen, glatten Hals spannte sich eine Sehne.

»Dann kann ich ja gehen.«

»Nein, kannst du nicht.«

»Aber warum denn nicht?«

»Schau dich an! Mir gestehst du alles in drei Minuten. Wie lange wird es dauern, bis du dich der Polizei in die Arme wirfst? Nein, wenn wir den Koffer behalten wollen, dann darf es niemanden geben, dessen Schritte eine Ermittlung nach Bieskamp zurückführen könnten, verstehst du?«

»Und wie!«, sagte er und stieß sie nieder auf das Bett, mit einem solchen Schwung, dass sie eine halbe Rückwärtsrolle machte, und er, bevor sie wieder auf den Beinen war, die Zimmertür auf- und von außen wieder zugeschlossen hatte. Er wartete, ob sie an der Klinke reißen und kreischen, trommeln, toben würde, doch nein, sie blieb still. Er schaute durch das Schlüsselloch. Dunkel. Plötzlich strömte ihr Atem gegen sein Auge.

»Du brauchst meine Hilfe«, flüsterte sie. Ruckartig drückte er die Öffnung mit dem Daumen zu. Von unten drang Gelächter herauf. Er löste den Daumen. Stille. Bevor sie ihn noch so weit bequatschte, dass er nach dem Mofa und dem Koffer auch noch einen Mord gestand, lief er schnell zur Treppe vor. Gott noch mal, wie gerne würde er jetzt einfach ein Bad nehmen, ein heißes, diesen ganzen durchgedrehten Affentag in Dampf und Hitze auflösendes Bad, und sich später ins Bett legen, mit rot glühender Haut, fest eingewickelt in ein strahlend weißes Handtuch, um dann hinüberzugleiten in einen felsenfesten, am besten tagelangen und meerestiefen Schlaf. Statt sich mit dieser hirnverbrannten Zwickmühle zu befassen, in die sie ihn gelockt hatte!

Vorsichtig setzte er einen Fuß auf die oberste Stufe. Es knarrte, dass ihm der Nacken gefror. Das sterngleich in der Finsternis leuchtende Schlüsselloch der Gaststubentür schien jedes Geräusch anzusaugen und in dreifacher Verstärkung hinüberzusenden in den anderen Raum. Mit gestocktem Atem schwang er sich auf das Geländer und glitt lautlos hinunter in das Erdgeschoss. Angestrengt spähte er ins Dunkel. Es gab nichts, kein Fenster, keine weitere Tür, keine Kellerluke, gar nichts. Wenn er nicht die Hauswand herunterkraxeln und sich dann im Hof vom Hund zerfleischen lassen wollte, blieb ihm nur der Gang durch die Gaststube. Er schwebte auf das grelle kleine Irrlicht zu und senkte den Kopf, bis seine Wimpern an den Kanten des Schlüssellochs flatterten.

Alles, was Nore ihm von Dietmar und dem Mofa und dem Koffer und dem Toten und dem Wald und dem Schwein und der Schlachtung erzählt hatte, war ihm vorgekommen wie ein aus dem Rasiersitz verfolgter Film, grell aufblitzende Bilder, die riesenhaft und schräg über die Leinwand strömten, erschreckend, aber kaum zu glauben. Doch jetzt saß er leibhaftig da, Dietmar, der widerliche Feldhüter, den Helm zwischen die Stiefel geklemmt, und unter den Stiefeln: der Koffer! Als hätte er Georgs Nähe gewittert, kam er plötzlich auf die Füße. Er schwankte, schien betrunken. Dann warf er eins seiner baumstammdicken Beine auf den Tisch, mit einem solchen Karacho, dass sein Schnapsglas vor Schreck zu Boden stürzte. Das Bein auf dem Tisch, sackte er zurück in den Stuhl. Sofort stellten sich die zwei Männer, die übrig geblieben waren von dem offenbar in Windeseile verflogenen Pulk, hinter ihn und schoben interessiert die Köpfe vor. Der Wirt verriegelte die Eingangstür und trat schweigend hinzu. Alle vier beobachteten sie nun, wie Dietmar mit weit vorgereckten Händen gegen das Gebirge seines Bauches ankämpfte, der ihn jedes Mal, wenn er das Hosenbein fast erwischt hatte, um es hochzuziehen, gummiartig zurückfedern ließ. Der Bulle mit dem Schnurrbart rettete eine Schnapsflasche, die gefährlich über die Tischfläche schlingerte, und flößte Dietmar zur Stärkung einen Schluck in den Mundwinkel. Der andere, ein Kahlkopf, massierte ihm die Schultern und reckte sich auf die Zehenspitzen, um nichts zu verpassen.

Georg hingegen krallte sich in sein Jackett. Wenn man die Kritzelei auf der Wade noch lesen konnte, dann war er geliefert. Schließlich gab es doch in Linderstedt nur einen Eisenwarenhandel und dort nur einen Lehrling und das war Georg Röhrs. Sobald der Chef, der die Dörfer des Heideskreises Haus für Haus durchwühlen würde, die Wade zu Gesicht bekam, hatte er den Beweis vor Augen, dass der Lehrling geplaudert hatte, obwohl der Lehrling niemals plaudern durfte, zumal nicht, wenn er unterwegs zur Kleinen Kassa war.

Niedergeschlagen ließ Georg den Kopf sinken. Warum stellte er sich nicht mit erhobenen Händen auf die Straße und wartete, bis der Chef vorüberfuhr, ihn packte und zurück in den Eisenwarenhandel schleifte? Da klatschte es! Blitzschnell drückte er sein Auge wieder an das Schlüsselloch und sah, wie sich Dietmar mit flachen Händen auf die Schenkel schlug, offenbar verzweifelt, dass sich die Wade noch immer im Dunkel der Hose verbarg. Da erbarmte sich der Wirt, krümmte widerwillig einen Daumen um Dietmars verdreckte Hosenkante und legte mit einem Ruck den Unterschenkel frei. Dietmar, starr wie ein Patient unter den Augen des Arztes, beobachtete, wie sich der Wirt herunterbeugte und mit dem Zeigefinger langsam über die käsegelbe Wade fuhr. Als er den

Fuß erreicht hatte, schüttelte er den Kopf. Vermutlich hatte der Schweiß die Schrift gelöscht. Das geschieht dir recht! Genauso wie die blau geschwollene Schläfe. Da hatte Georg ihn gut erwischt. Der Wirt richtete sich auf und sah zu Dietmar herab. Geschwätz! Alles nur Geschwätz! Das sagte der Blick, der unter seinen strammen Augenbrauen kalt hervorstrahlte. Dann wandte er sich ab, marschierte zurück zum Tresen, griff den Telefonhörer. Vermutlich rief er Dietmars Mutter an, damit sie ihren dick gefressenen, blöde gesoffenen, notgeilen Sohn abholte. Aber klar! Schlagartig stand Georg die Lösung vor Augen. Gleich morgen früh, wenn es noch dämmrig war, würde er Herrn Spick anrufen. Aber nicht vom Handy, wo man gleich die Nummer sah, nein, er würde sich eine Telefonzelle suchen, irgendein Kabinchen, das verlottert am Straßenrand stand, und dann mit bis zur Unkenntlichkeit verstellter Stimme in den Hörer röcheln, wo der Koffer sei, nämlich in Bieskamp. Untersuchen Sie den Ginsterhof, Herr Spick! Und kaum dass der Chef in die Höhe schnellte und wie ein Bluthund losjagte nach Bieskamp, könnte Georg in entgegengesetzter Richtung, Husch macht der Hase!, verschwinden.

Erleichtert eilte er die Treppen hinauf und boxte vor Freude in die Dunkelheit. Kaum oben angelangt, blieb er stehen. Aber was, wenn ihn der Chef gar nicht ausreden ließe? Ja, was, wenn er schon nach dem ersten Wort brüllte, dass er dem hundsfeigen Anrufer die Zunge aus dem Rachen reißen und mit dem Nudelholz breitwalzen würde zu einem meterbreiten Pizzateig, wenn dieser nicht sofort gestünde, wer er sei und wo er sei und was, verdammter Dreck, er in Wahrheit von ihm wolle! Erschöpft ging er weiter. Aber wenn er dieses Risiko nicht einginge, wie sonst könnte er dann, zumindest für ein Weilchen, sicherstellen, wo sich der Chef befand? Augenblicklich konnte er überall sein. Vielleicht stand er breitbeinig im Keller und lud die Doppelläufige durch. Oder er stürmte gerade in die Wohnung, riss die Schubladen aus dem Schreibtisch, schlitzte die Kissen auf, auch die Matratze, die Decke, die Couch, auf der Suche nach einer ersten Spur.

Aber daran wollte er gar nicht denken. Lieber dachte er an Nore. Sie würde platzen vor Wut, wenn sie sah, dass ihn der ganze blutige Schweineblödsinn, mit dem sie ihn erschrecken wollte, kalt ließ, aber eiskalt! Er horchte an der Tür. Stille. Na, pass mal auf. Der Schlüssel knackte im Schloss. Er stieß die Tür mit der Fußspitze auf, Nore nicht zu sehen, er schlüpfte hinein, schloss wieder ab. Überall Hemden, Hosen, Unterhosen. Eine Schublade ragte gefährlich weit aus der Kommode. Auf dem Bett stand eine Tasche. Daneben, aufgeschlagen, lag das Schulheft. *Als mich Robert* war am Ende einer Seite wütend überkritzelter Sätze zu lesen. Sieh an, ein kleines Tagebuch. Bevor er umblättern und weiterlesen konnte, was nun mit ihr und diesem Robert war, kam Nore aus dem Bad. Hallo aber auch! Zwar war sie immer noch in Arbeitskleidung, doch sie hatte sich einen leuchtenden hellblauen Lidschatten geschminkt und dunkle rote Lippen und die Haare waren aufgetürmt zu einer blonden Brandungswelle.

»Ich werde ein Bad nehmen«, er strich sich sportlich durch den Scheitel.

»Bist du verrückt?«

»Nur verschwitzt«, gab er zurück, schlenderte zur Badekammer und ruckelte die störrische Falttür hinter sich zu. Ihr Blick war so entgeistert über sein Gesicht geglitten, dass er am liebsten laut lachend auf den Wäschepuff getrommelt hätte. Damit hast du nicht gerechnet, was! Von wegen Angsthase. Er riss den Hahn auf. Dampfend krachte das Wasser in die Wanne.

»Du kannst mich unten eintragen!«, rief er durch das Gedonner, »ich bleibe über Nacht.«

Er nahm die Duschgelflasche, die auf dem Rand der Wanne balancierte, und hielt sie pumpend ans Gesicht. Ach, du Elend, was war das denn für ein süßes Gewölk. Doch was anderes gab es nicht, also ließ er einen Strahl ins Wasser rinnen, der, kaum zum Wannengrund hinabgeschlängelt, aufzuschäumen begann zu grünlichen, von Blasen funkelnden Bergen.

»Ich gebe dir zehn Minuten«, sagte sie.

»Du weißt doch nicht mal, wie ich heiße.«

»Du sagst es ja nicht!«, rief sie zurück. Sekundenlang fixierte er seinen Blick im Spiegel. Dann zog er blitzartig einen Revolver aus dem Halfter und rief, Schüsse knallend auf ein feindliches Gegenüber: »Robby! Sie nannten ihn Robby!«

Er lauschte, was sie sagen würde, doch sie sagte nichts. Er steckte den Kopf ins Zimmer.

»Du kannst aber auch Robert sagen«, raunte er, den Kopf gekippt, um sein Grinsen hinter dem Türrahmen zu verbergen.

»So heißt du also«, sie blickte hoch zu dem reglos von der Decke hängenden Licht. Ein Augenblick verging. Doch bevor er fragen konnte, ob sie nicht, statt ihn weiter mit ihren Rätselspielen zu quälen, lieber mit ihm in die Wanne hüpfen wollte, zupfte sie ihr Hemd aus der Hose und legte den Bauch frei.

»Uh«, machte er und hatte sogleich eine Klaue vor Augen, die unter dem Bett hervorschnellte, nachts, wenn sie schlief, lautlos unter ihre Decke glitt und mit zentimeterlangen, bräunlich verkrusteten Fingernägeln über ihre weiche Hautlandschaft schabte, bevor sie eindrang in den Bauch, um die Organe aus dem Leib zu reißen.

»Es geschieht im Schlaf«, sie hob ihre Finger vor die Augen und betrachtete sie, als könnten sie ihr gleich den Hals umdrehen.

»Ich hör dir weiter zu«, er zog das Türchen wieder zu und entkleidete sich, »wachst du auf davon?«

»Ja, aber es kommt mir immer vor, als stünde mein Bett in einem Wald.«

»In was für einem Wald?«, fragte er und legte seine Hose und sein Hemd sorgsam zusammengefaltet auf den Wäschepuff.

»So ein totenstilles Dickicht«, erzählte sie weiter, »selbst wenn schwere Blätter über meine Bettkante streifen, ist nichts zu hören. Und die Bäume ragen riesig auf. Sie schieben die Wolken zurück und wachsen in den Weltraum, so kommt es mir vor, gleichzeitig beginnt mein Bett zu sinken, es gleitet abwärts durch die Blätterschicht. Dann kriechen Wurzeln unter meine Decke und färben das Laken ein. Dunkelbraun wird mein Laken, dunkelrot, jetzt krabbeln Käfer meine Beine hoch und Spinnen steigen über meine Augen.«

»Und was sagt dein Vater dazu?«, fragte er lahm und stieg in die knisternden Blasen.

»Wenn der meinen Bauch sähe, würde er mir nachts die Hände auf den Rücken schnüren, aus Angst, dass ich mir auch noch Gesicht und Arme zerkratze.«

»Das finde ich gut«, ihn schwummerte ein wenig, »wer so einen schönen Bauch ...«

»Ein Mann, der zwölf Stunden in der Schlachtkammer steht, sagt er immer, ein Mann, der den Tag im Trecker zubringt, so ein Mann will abends in Ruhe sein Glas trinken können, so ein Mann will sonntags eine Puppe sehen, die sich nackig um die Stange dreht, aber ein zerkratztes Töchterlein, das will der ganz und gar nicht sehen.«

»Natürlich nicht«, sagte er sanft. Er hatte nicht alles verstanden, aber er wollte nicht nachfragen, geschweige denn streiten. Nicht jetzt. Dazu war es augenblicklich viel zu angenehm. Er spürte, wie ihm das heiße Bad den Schnaps in den Kopf drückte.

»Wie nah man sich auch kommt«, ihre Stimme war bloß noch Gewisper, »es ist doch niemand da, niemand, der bleibt, wenn du einmal kurz die Augen schließt, niemand.«

»Wie schön das klingt«, murmelte er benommen und glotzte auf seine Beine, die sich unter der schaukelnden Oberfläche hin und her wanden wie zwei altersschwache Schlangen. Wie grün das Wasser war. Als wäre die Ilmenau persönlich aus dem Hahn geflossen. Besonders gegen Abend, wenn man am Stint die Brücke überquerte, leuchtete sie von Algen so strahlend grün, dass der Grund nicht mehr zu sehen war. Gelegentlich konnte man zu dieser Stunde, zumindest im Sommer, auch Reinhard beobachten, laut Heidefunk den ersten und letzten Obdachlosen, der sich in Linderstedt noch herumtreibe. Er stieg die Stufen hinab und hängte sein Jackett, in dem er einige Zeitungsausschnitte über sein früheres Leben aufbewahrte, an eine Mülltonne. Dann setzte er sich mit Hemd und Hose in den flachen Fluss und schaufelte sich Wasser unter die Achseln, wusch Körper und Kleidung zugleich. Nachts torkelte er zwischen den Tischen der Kneipen umher, manchmal noch glitzernd nass von seinem Badegang, und schlich sich vorzugsweise an Runden akkurat gekleideter Herren heran. Gelegentlich zitierte er lauthals singend aus den bereits vergilbten Artikeln über die erfolgreichen Jahre seines Lebens und versuchte nebenbei einen Schlips zu erwischen, um ihn kennerhaft zwischen den Fingern zu reiben.

Georg schreckte in die Höhe. Weiße Punkte schwirrten durch die Badedämpfe. Mühsam stemmte er sich aus der

Wanne, wickelte sich in ein Handtuch und stolperte in die zwickend frische Luft des Zimmers.

»Mein Vater hat angerufen«, erklärte Nore, die eben ein Hemd in ihre Tasche stopfte.

»Ich habe es gar nicht klingeln hören.«

»Doch, doch, vorhin«, sie zeigte auf ein Telefon, das im Schatten der Kommode stand, »weißt du, was ich ihm gesagt habe?«

»Dass er uns nicht stören soll?«, er machte eine Unschuldsmiene.

»Falsch«, sie trat an die Kommode, »ich habe ihm gesagt, dass ich dich in eins der hinteren Zimmer gesteckt und überredet habe, in die Wanne zu steigen, weil ...«

»Weil man nach dem Baden besser schläft?«

»Nein, weil das Blut da besser abfließen kann.«

»Fängst du wieder damit an«, er reckte sich und gähnte übertrieben lang und laut. Wenn sie so weitermachen wollte wie vorhin, würde er sie einfach auf den Gang schieben, abschließen und schlafen. Schließlich musste er morgen, wenn er Herrn Spick anrief, wach sein, mein Gott, aber knallwach. Sie hatte ihm den Rücken zugekehrt und wühlte in einer Schublade. Was jetzt, mein kleines Raschelmädchen? Da warf sie sich herum, die dünnen Arme durchgestreckt, eine Pistole auf seine Stirn gerichtet. Ein kalter Tropfen rann aus seinem Haar und zitterte den Rücken herab. Schon schwenkte sie weiter, zielte auf die Zimmertür, zielte auf die Fensterscheibe, die Fotos, die Lampe, die Tasche, während von ihren Lippen feuchte Schüsse sprühten.

Er spürte das kalte Holz am Hintern, war auf die Bettkante gesackt. Sie setzte sich neben ihn und hielt ihm die Pistole hin. Das Metall schillerte in den eleganten schwarzen Handschuhen, die sie sich übergezogen hatte, vermutlich, damit sie keine Fingerabdrücke aus Frittenfett hinterließ. Langsam ließ er eine Fingerspitze über den Lauf gleiten. Unglaublich, er konnte sich nicht erinnern, je etwas Schöneres gesehen zu haben als diese blank geputzte, silbern glänzende, ebenso bedrohlich wie niedlich wirkende Pistole in ihrer kleinen Hand. Als sie den Zeigefinger lockerte und wieder an den Abzug setzte, bewegten sich die Sehnen unter ihrer blassen, aderndurchkreuzten Haut.

»Gefährlich«, hauchte sie mit in die Länge gedehntem ä und drückte ihm die Waffe in die Hand. Behutsam drehte er das Ding herum, peilte einäugig in das Löchlein, aus dem die Kugel kommen musste.

»Pass auf, das Spiel geht so«, sie sprang auf und begann im Zimmer hin- und herzugehen, »erst schiebst du mir den Lauf in den Mund, dann trittst du die Tür auf. Aber Achtung! Hast du eine Sekunde nicht aufgepasst, dann schlage ich dich!«

»Du schlägst mich?«

»Sonst glaubt man uns nicht. Hör zu! Lass dir den Koffer zuschieben. Zwing mich, ihn aufzuheben. Behalte die Leute im Auge. Sobald wir draußen sind, tickt die Uhr. Zwei, drei Minuten, je nachdem, wie gut du bist. Dann holt mein Vater das Gewehr. Dann müssen wir auf dem Mofa sitzen und verschwunden sein«, sie wippte auf der Stelle, »einverstanden?«

»Aber das Mofa«, begann er.

»… ist noch am Feld!«, unterbrach sie ihn, »Dietmar weiß nichts, gar nichts.«

»Das klingt unglaublich toll, aber«, er räusperte sich umständlich fünf Tonhöhen herauf und wieder herunter.

»Bevor du fragst, warum«, sie ließ die Finger aus der Faust springen, zählte ihm die Punkte auf, »erstens, weil in fünf Minuten mein Vater kommt. Zweitens, weil er nicht allein kommt, sondern mindestens zu zweit, und drittens«, blitzschnell hatte sie ihm die Pistole aus der Hand geschnappt, zielte auf seinen Kopf. Reglos fixierte er das schwarze Mündungsloch.

»Aber klar, natürlich bin ich einverstanden«, sagte er schnell. Sie schüttelte langsam den Kopf.

»Du sagst es nur.«

»Nein, ich meine es«, er machte eine Pause, um seine in die Höhe geschrillte Stimme wieder herunterzuschrauben, dann erklärte er so konzentriert er nur konnte: »Nore, ich werde dir helfen.«

Er versuchte die Wirkung seiner Worte aus ihrem Gesicht abzulesen, doch vergeblich. Es war still im Zimmer. Keiner rührte sich. Endlich setzte sie die Pistole mit dem aufwärtsragenden Lauf zwischen ihre Hügelchen.

»Ein Glück«, sie lächelte. Er starrte auf den Abzugshahn. Knall dir doch ein Loch ins Kinn. Wenn er nur nicht mit hochgekommen wäre oder besser noch den Ginsterhof gar nicht erst betreten hätte oder am besten dieses geisteskranke Kaff kilometerweit umfahren hätte, Bieskamp, einfach im Dunkeln eine Handvoll Gras gefressen, einfach eine Pfütze leergeschlürft, bis zum Morgen in einer Bushaltestelle herumgeschlottert hätte, aber nein! Zu spät! Zu spät! Jetzt saß er da, eingesperrt mit diesem bewaffneten Biest, und musste mitspielen, was immer sie verlangte.

»Es geht los«, sie marschierte ins Bad, schleuderte seine Kleidung heraus.

»Mensch, ich hatte alles ordentlich zusammengelegt«, er grub seine Unterhose aus dem zerknüllten Kleiderhaufen. Puh, was für ein Lappen! Kurz prüfte er, ob sie ins Zimmer geierte, dann streifte er das Handtuch ab und stieg widerwillig in das muffige Ding. Schon klopfte sie drängelig ans Rahmenholz.

»Geduld.« Er angelte sich eines ihrer Höschen, das sich leuchtend rot am Boden krümmte. Behutsam schob er das

Gesicht näher. Nicht dass ihm gleich ein fieser alter Schrittgeruch die Nase zerfraß. Kaum aber hatte er gespürt, wie der Zitronenduft prickelnd frisch in seine Atemwege strömte, da zog er sein verschwitztes Ungeheuer wieder aus, pfefferte es aus dem Fenster und schlüpfte eilig in das rote Höschen. Ein bisschen eng vielleicht, vorneherum, und hintenrum ein bisschen weit, aber sauber, herrlich frisch und sauber. Schon wieder klopfte sie.

»Ist ja gut«, er wühlte seine Taschen durch. Portemonnaie, Mofaschlüssel, Handy, Wohnungsschlüssel und vor allem der Schlüssel zu ihrem Zimmer, alles war noch da. Jetzt nur den richtigen Moment abpassen und dann, na warte! Da bemerkte er, dass das Klopfen gar nicht von der Badezimmertür kam. Sondern vom Gang. Von der Zimmertür. Da stand jemand vor der Zimmertür! Hektisch zerrte er die Hose hoch.

»Nore, was machen wir?«, hauchte er in Richtung Bad. Aber nichts! Verkroch sich wahrscheinlich im Wäschepuff vor lauter Angst! Nervös fummelte er den Knopf durch den Schlitz. Jetzt ging das anfangs nervöse Klopfen ruckartig über in ein brutales Getrommel. Die Tür bebte im Rahmen. Gleich würde sie ins Zimmer krachen. Sollte er sich an der Regenrinne herunterhangeln wie ein Einbrecher? Aber war er nicht nur ein Gast? Und war der Gast nicht immer der König? Und durfte man einen König in Stücke hacken wie ein Schwein? Schwachsinn, alles Schwachsinn! Während er den Schlüssel herumdrehte, strich er beschwichtigend über das Holz, das unter den Schlägen krachte, dann hüpfte er, indem er die Tür mit einem Ruck aufzog, ins Zimmer zurück. Schulter an Schulter standen sie da, der Wirt, der Schnurrbart und der Kahlkopf, knallrote Gesichter alle drei.

»Kann ich Ihnen behilflich sein?«, fragte Georg, führte die Finger mit den Spitzen zusammen und stand kerzengerade in der Zimmermitte. Der Wirt ließ den Blick stumm über seinen nackten Oberkörper gleiten, blieb kurz an dem offenen Hosenschlitz hängen und wanderte herab zu den Füßen.

»Sie können sich gar nicht vorstellen, wie grauenhaft verschwitzt ich war, aber wissen Sie, wenn man den ganzen Tag geschäftlich ...«

»Wo ist meine Tochter?«, fuhr ihm der Wirt dazwischen.

»Ich schlüpfe in mein Hemd und dann«, Georg versuchte, haargenau so zu lächeln, wie Herr Spick es ihm für den Umgang mit komplizierten Kunden immer geraten hatte, mit vorgeschobenem Kopf und leicht geöffnetem Gebiss, »dann stehe ich zu Ihrer Verfügung.«

Doch kaum dass er den Kopf freundlich nach vorn geschoben hatte, landete die Pranke des Schnurrbarts mit einem scharfen Klatscher in seinem Genick, zwang seinen Kopf zu Boden und platzierte ihn wie einen Fußball zum Elfmeter vor die Füße des Wirts. Statt ihm aber mit Schwung das Gesicht einzutreten, stellte der Wirt bloß einen Stiefel auf seine Wange. Neben der verkrusteten Sohle, von der kleine Erdplättchen rieselten, konnte Georg nicht mehr erkennen als nur einen anschwellenden Brustkorb und darüber einen Mund, dem ein gepresstes, erst im Nachhall zu einem Namen sich formendes Gebrüll entfuhr: »Eleonore!«

Durch diese Brüllanstrengung lockerte sich zum Glück der Druck des Stiefels, sodass Georg seinen Kopf heimlich wieder hervorziehen konnte. Bevor er aber aufgesprungen war und irgendeine Waffe packen, vielleicht eine Schublade aus der Kommode reißen und sie den Männern über die Schläfen zimmern konnte, bekam er den Stiefel ins Kreuz gestampft. Wie aus einem zusammengepressten Blasebalg pfiff die Luft aus seinen Lungen. Jetzt war das Leben aus. Ölige Dunkelheit quoll ihm in die Sicht. Nein, war es nicht! Blindlings umklammerte er ein Bein und hackte seine Zähne in das gummihafte Wadenfleisch. Kreischend riss der Mann das

Bein zurück. Blutgeschmack waberte durch Georgs Mund. Er konnte gerade noch die Arme an die Schläfen drücken, dann traf ihn der erste Tritt. Schmerzen durchblitzten seinen Oberkörper. Doch statt eines hinterfotzigen Trittehagels, unter dem seine Rippen wie Äste zerkrachten, brach plötzlich Stille aus. Der Stiefel sank auf seinen Rücken und mit vor Schmerzen flimmernder Sicht wandte er sich um. Die Pistole fest umklammert, stand sie da. Sie hatte sich umgezogen, schwarze Hose, schwarze Bluse, schwarze Stiefel. Mein Gott, wie schön sie war!

»Fuß vom Rücken«, sagte sie leise. Niemand rührte sich. Atemgeräusche füllten die Luft. Schließlich machte der Wirt einen Schritt über Georg hinweg und umfasste mit weit gespreizten Fingern Nores Wangen, drückte zu, als wollte er ihr die Haut vom Schädel reißen. Sie stand reglos da, schrie nicht, stöhnte nicht. Dann knallte es. Der Kahlkopf prallte gegen die Wand. Rutschte heulend daran herab. Der Schnurrbart fiel neben ihm auf die Knie, zerriss ihm das Hemd. Wortlos drehte der Wirt seiner Tochter die Waffe aus der Hand, dann stieß er ihren Kopf, als übe er für die Weltmeisterschaft im Kugelstoßen, gegen den Fensterrahmen. Sie kippte langsam vornüber, drehte sich in der Luft und schlug rücklings auf den Boden. Die Pupillen an die oberen Lidränder gerollt, blickte sie zur Decke auf. Die Zähne stachen weiß ab gegen den Mundraum und die rot gemalten Lippen flüsterten vor sich hin, ein Wort nur, erst leise und kaum zu verstehen, schließlich lauter und mit so lang und gurrend ausgerolltem Anfangsbuchstaben, dass es Georg noch auf dem Feldweg, als er den Koffer auf das Mofa klemmte, im Ohr widerhallte: »Robert! Robert! Robert!«

Die Luft strich kalt über seine Haut. Besonders an den Knöcheln kniff und zwickte es. Der gefederte Klemmarm des Gepäckträgers würde den Koffer, wenn er gleich losraste über den buckligen Pfad, kaum halten können. Aber still! In einem der Gärten hatte es geknackt. Kroch da schon wieder einer hinter ihm herum? Sekundenlang stierte er in eine pechschwarze Hecke. Nichts. Weiter! Er musste sich beeilen. Wahrscheinlich hatten sie die Tür zu Nores Zimmer, die er in der Aufregung schnell hatte zusperren können, längst aufgebrochen, galoppierten schon die Treppen herab. Er zerrte den Gürtel aus den Schlaufen, führte ihn durch den Koffergriff und in mehrfacher Wickelung um die Sitzstange. Auf keinen Fall werden wir zwei uns wieder verlieren. Erst als er den Schlüssel herumgedreht hatte und schon fast aus der Gaststube herausgerannt war, raus, endlich raus, da hatte er ihn bemerkt. Am Ende des Raumes, den bloß noch eine müde Tresenfunzel erhellte, stand er auf einem Tisch. Wie aufgedunsene Vogelspinnen kletterten zu den Seiten zwei Hände herauf. An einem der Armgelenke funkelten die durch das Fenster flackernden Buchstaben des Nutzwaffenhandels, aufgefangen im Schutzglas einer Armbanduhr. Seiner Armbanduhr! Jetzt pass mal auf. Als die Hände wieder an den Seiten herunterfingerten, hoffnungslos auf der Suche nach einem Spalt, riss Georg, der sich auf Zehenspitzen herangeschlichen hatte, mit einem Ruck den Koffer vom Tisch. Mit flügelartig ausgespreizten Armen fuhr Dietmar dahinter auf, brüllend, als hätte man ihm die Hände abgehackt, doch was genau er brüllte, war nicht zu verstehen. Der Helm, den er sich wieder übergestülpt hatte, vermutlich, damit sein Kopf vor Wut nicht auseinanderriss, dämpfte alle Worte zu einem wirren Lautebrei herab. Noch in der Luft bekam er den Koffer zu packen. Geschirr splitterte, als er auf den Tisch krachte, Gläser zerplatzten am Boden. Einen Fuß gegen den Helm gestemmt, warf sich Georg in den Rücken, zerrte am Griff. Doch gegen Dietmars alkoholisch aufgeheizte Kräfte hatten seine ausgehungerten Ärmchen keine Chance. Erst als sein Fuß verrutschte und eine rote Spur das Visier verschmierte, ließ Dietmar plötzlich los, und Georg flog durch die Gaststube. Noch bevor er wieder aufgesprungen war, schaufelte der verdammte Feldhüter den Tisch zur Seite, stampfte auf ihn zu. Georg krabbelte hektisch nach hinten weg und tastete nach einer abgestürzten Flasche, die er Dietmar notfalls in die Schenkel rammen könnte. Doch da verhedderte sich der Fettsack in seinen eigenen Beinen und donnerte, als er sich eben den Helm heruntergerissen hatte, Kopf voran gegen den Tresen. Siehst du, das kommt davon! Und während sich Dietmar am Boden krümmte, eilte Georg hinaus.

Es blitzte. Offenbar hatte den Schnurrbart sein Wetterknie nicht getäuscht. Den Schlüssel im Zündschloss, zählte er die Sekunden bis zum Donner. Vielleicht wälzte sich gleich der Wind über die Felder und Regen prasselte nieder auf den Weg seiner Flucht. Egal, Hauptsache, er war raus aus dem verdammten Ginsterhof. Nur bitterschade um die schöne Nore! Ich komme zurück und rette dich. Wo blieb denn jetzt der Donner? Oder war es bloß ein Wetterleuchten? Umso besser! Er trat das Pedal herunter. Der Motor verschluckte sich, stotterte, spotzte, als wollte er ihn ausgerechnet hier und jetzt im Stich lassen, komm schon, komm schon, da begann er endlich artig loszuschnurren. Kaum angerollt, ließ ihn der Fahrtwind bibbern, als knirschte eine zentimeterdicke Eisscholle über seine Haut. Wieder blitzte es. Er blickte sich um. Da! Da! Keine fünf Meter hinter ihm. Das Rücklicht ließ die Gestalt rötlich schimmern. Sie hatte die Ellbogen wie Flügel bis zu den Schultern angehoben. Der hell aus dem Mund fahrende Atem verriet die Anstrengung, mit der sie sich herangepirscht hatte. Doch bevor er erkennen konnte, wer ihm folgte, zuckte in Kopfhöhe des Unbekannten wieder ein Blitz auf, und mit weiß gleißender Sicht riss er den Gashahn auf und preschte, während hinter ihm in eiliger Folge weitere Blitze aufflammten, über den bloß noch erahnten Treckerpfad ins Dunkel.

II.

»Aber was der Spaß kostet, haben Sie gesehen, oder?«, der alte Friseur blickte mit gespitzten Lippen auf Georg herab.

»Stand ja alles in der Broschüre«, Georg lächelte, erleichtert, dass das Ungeheuer von Jackett, das er letzte Nacht einer Vogelscheuche von den Schultern gezogen hatte, sich tatsächlich als jener optische Schachzug erwies, den er sich erhofft hatte.

»Sie können sich immer noch für eine Perücke entscheiden, da zahlen Sie bloß ein Fünftel.«

»So eine Perücke verrutscht mir zu leicht.«

»Sie sind sich also sicher?«

»Ich habe mir alles genau überlegt«, sagte Georg, zog unter dem Kittel seine bügelglatten Scheine hervor, strich einmal mit dem Daumen darüber, was ein verführerisches Rascheln gab, und ließ sie dann wieder verschwinden.

»Schon gut«, der alte Friseur nickte steif und legte ihm ein Handtuch auf die Schultern, »dann waschen und schneiden, danach müssen Sie wählen.«

»Mit Vergnügen«, sagte Georg laut und wäre sich am liebsten ein letztes Mal langsam mit dem Kamm durch den Scheitel gefahren, doch den Kamm hatte er verloren, vermutlich beim Ausziehen in Nores Bad. Im Eisenwarenhandel wäre er jetzt einfach in die vorderste Abteilung gegangen, dorthin, wo ihn Herr Spick von seinem Pult aus nur ächzend nach vorne gebeugt, wenn überhaupt, überwachen konnte, und hätte so getan, als übe er murmelnd die Hammersorten, den Vorschlaghammer, genannt Mottek, den Latthammer, den englischen und den amerikanischen Schlosserhammer, den hochgewölbten Treibhammer und den rückschlagfreien Klopfer, den Klauenhammer, Sickenhammer, Schweifhammer, und nebenbei hätte er heimlich unter das tiefste Regal gegriffen und den dort verstauten Notkamm hervorgezogen. Schon wurde sein Kopf ins Waschbecken gesenkt. Die Rückenlage ließ ihn gähnen. Ein Glück nur, dass er trotz der scheußlichen Müdigkeit die Werbetafel noch bemerkt hatte und später nicht, wie noch in der Nacht geplant, mit einem blitzblanken Schädel aus dem Salon treten müsste, wie einer, der nicht einmal im Gefängnis zurechtgekommen war, geschweige denn im Arbeitsleben, wie ein Flüchtling, der in Gebüschen leben musste, in Tiefgaragen, zwischen Mülltonnen, notfalls eingegraben in einen Komposthaufen oder abgetaucht in die Schächte der Kanalisation, wo er sich mit den billigsten und stumpfesten Klingen immer wieder eine Glatze schabt, da er fürchtet, dass sich in seinen Haaren festsetzen könnte, was wir den Gestank des Scheiterns nennen wollen, auch wenn ihm dieser längst aus allen Poren dampft und jeden tätigen Menschen, dem er zu nahe kommt, die Flucht ergreifen lässt, zumal er obendrein nicht still sein will, sondern jault, ja, er jault und spielt Instrumente, aber einen vernünftigen Schritt geradeaus gehen, das kann er nicht, und warum? Weil er sich nur von Alkohol und Abfall ernährt! Und warum tut er das? Weil er nicht plant und genau überlegt. Weil er lieber plan- und gedankenlos den Bach runtergeht. Das könnt ihr studieren, wenn ihr abends nach Hause lauft, oder morgens zur Arbeit, und ich rate euch, schaut gut hin, studiert ihn genau, wie er da an einer Mauer lehnt, weil er nicht mehr stehen kann, oder wie er euch entgegenschwankt, wimmernd, man möge ihm ein Bier bezahlen, weil er noch nicht gefrühstückt habe, besser noch, man möge ihn mit Geld beschenken, weil ihm das Arbeiten zu viel Arbeit macht, und wenn ihr wieder an eurem Platz seid, oder abends zu Haus auf der Couch, denkt daran, was ihr habt, und denkt daran, dass ihr nur hier, in diesem Betrieb, dieser Werkstatt, oder wo immer ihr aufgenommen werdet, einen Ausgleich findet für die Gemeinschaft, die euch auf dem Pausenhof und im Klassenzimmer, mit euren Lehrern und Mitschülern im Grunde verbindet und die im Sommer für immer auseinandergeht.

Kaum dass der Direktor Dr. Grabbitz mit seiner Halbjahresrede fertig gewesen war, hatte Lars sich herumgedreht und erklärt, dass er sich eher zwei Nägel in die Füße hämmern werde, als sie noch einmal in einen Klassenraum zu setzen, schließlich habe er bereits genügend Zeug von den Tafeln abgeschrieben, das zu nichts nütze sei, als dass er sich noch drei weitere Lebensjahre in ein Gymnasium sperren lassen werde, geschweige denn später in eine Hochschule, denn auch auf das höhere Zeugs könne er verzichten, auch den höheren Quatsch wolle er von den Tafeln nicht abschreiben, wenn auch keinesfalls, um stattdessen in einer Lehre den Verstand zu verlieren, denn so verrückt bin ich noch lange nicht, dass ich mich irgendwelchen Chefs und Meistern unterwerfe, nur, um täglich weiter zurechtgestutzt zu werden, heruntergekürzt, bis schließlich nichts mehr übrig bleibt als bloß ein Stummelchen, das immer nur nickt, immer nur pariert und mit den Hacken knallt, anstatt den Direktor büßen zu lassen für diesen in unsere Gehirne rücksichtslos hineingedonnerten Blödsinn, zumal in meins, da er mich die Zehnte nicht einmal, nicht zweimal, nein, sondern drei für immer verlorene Lebensjahre lang hat absitzen lassen, und das, obwohl ich aus Kaltenmoor jeden Morgen extra angeradelt kam, dafür hat er mich bestraft und genau dafür bekommt er jetzt selber seine Strafe, aus einem Hinterhalt heraus bekommt er seine Strafe, denn wem nichts einfällt, als uns mit lauter Tricks und Lügen zu einer Lehre zu verlocken, der hat nichts anderes verdient, denn eine Lehre ist nichts weiter als ein Strafvollzug, nur ein bisschen hübscher, nur ein bisschen schmucker, dass nur ja sich keiner beschwert, dass nur ja sich jeder duckt, sich nützlich macht bis zum Tod, einen Strafzettel, ganz Linderstedt, der Kaufmannsstadt, werden wir einen Denkzettel verpassen, einen Straf- und Denkzettel, den sie im Leben nicht vergisst!

Georg, den das sanfte Einmassieren des Schampoos und das minutenlange, warme Ausspülen leicht eingeschläfert hatten, zuckte, als sein Kopf aus dem Waschbecken gehoben wurde. Der alte Friseur drehte ihn dem Spiegel zu, rubbelte grob das Haar trocken und schnippelte es dann eilig auf die Länge herunter, die für das Anschweißen nötig war, anschließend verschwand er in seinem Kabuff.

Georg betrachtete seine rot gerandeten Augen im Spiegel. Die nächste Nacht musste er dringend in einem Bett verbringen, statt stundenlang zu einer Bank zu fahren, mein Gott, bis nach Undeloh, dort dann in der Automatenhalle gähnend auf und ab zu schlurfen, bis die Mitternacht vorüber war und er endlich ein zweites Mal den Höchstbetrag herausziehen konnte, vor allem aber, ohne bis zum Morgen in einem Bushäuschen herumzubibbern, noch dazu mit diesen Puppenlidern, die, kaum einmal zugefallen, gleich wieder aufklappten und ihn dumm hinausstarren ließen auf die mucksmäuschenstill im Dunkeln liegende Landstraße. Nicht einmal das von diesem Bauernknie angekündigte

Gewitter war heruntergeprasselt. Egal, in der nächsten Nacht würde er in einem warmen Hotelbett liegen, eingemummelt in eine Daunendecke, damit er schlafen konnte, die ganze Nacht lang bis zum nächsten Nachmittag, wenn durch die Wände gedämpfte Stimmen drangen, Touristen, die erledigt von ihren Spaziergängen zurückkamen, wenn Autolichter über die Zimmerdecke glitten, bis schließlich der Kellner, auf einem dieser quietschenden silbernen Wägelchen, das Abendbrot hereinschob. Von dort aus könnte er auch Herrn Spick anrufen, oder nein, besser von der Zelle gegenüber. Denn als er heute morgen an der Landstraße den Hörer angehoben hatte und die Nummer wählen wollte, hatte sich sein Zeigefinger, trotz wiederholter Versuche, vor der letzten Zahl stets widerspenstig weggekrümmt.

»Lockig braun, hellbraun gewellt oder glatt blond«, der Friseur ließ drei dicke Zöpfe vor Georgs Gesicht baumeln. Der blonde könnte glatt sein eigener sein, wenn er das Haar bis zum Ende der Lehre nicht mehr schneiden würde, und der gewellte sah aus wie eine alte Pferdemähne, also blieb nur eins: »Lockig braun, bitte.«

»Dann müssen wir den Übergang aber einfärben.«

»Kostet das extra?«

»Allerdings«, der alte Friseur nahm seine Brille ab und putzte sie am Kittelsaum. Na und, dann kostete es eben extra. Die Hauptsache war doch, dass er später über die Straße gehen konnte, ohne sich ständig herumdrehen, ohne ständig rechts und links prüfen zu müssen, ob ihm jemand folgte, jemand, den er kannte, oder jemand, den er nicht kannte, ein unbekannter, von Herrn Spick mit Fotos ausgestatteter Spürhund vielleicht. Schließlich hatte man ihn letzte Nacht zum Abschied gleich zweimal frontal angeblitzt. Käseweißes Schreckgesicht! Weiß der Teufel, wo diese Bilder jetzt herumschwirrten. Warum nur war er nicht abgestiegen und hatte dem Sauhund die Kamera so lange gegen den Schädel gedonnert, bis sämtliche Bilder, und zwar in der Kamera genauso wie im Kopf, erloschen waren?

»Mein feinster«, sagte der alte Friseur und ließ den Zopf langsam über seine Wange gleiten, »kostet auch ein bisschen mehr.«

»Wie viel?«

»Zwanzig!«

»Na gut. Beim Aussehen darf man nicht geizen.«

»Sehr richtig, junger Mann.«

»Wird es lange dauern?«

»Ein Weilchen schon.«

»Ich schließe so lang die Augen«, sagte Georg und gähnte. Ein Zehntel des Polsters, das er sich in den ersten beiden Jahren angespart hatte, würde für das Haar über den Tisch gehen. Eine Menge Geld, wenn man bedachte, wie schwer es gewesen war, überhaupt etwas zur Seite zu legen, zumal ja Herr Spick in seiner Eigenschaft als Vermieter der Lehrlingswohnung noch vor der Überweisung des Gehalts mehr als die Hälfte wieder subtrahieren musste, um die Miete abzudecken, schließlich wohnte ja der Lehrling nicht in einem Erdloch, nicht wahr? Nach Abzug aller Ausgaben für Strom, Essen und Telefon war ihm nur ein müder Hunderter verblieben, den er in seiner Freizeit hatte verjubeln dürfen. Wenn er allerdings mittags, statt ständig mit Köpp und Lempert zum Grillkönig zu dackeln, artig das morgens belegte Graubrot weggekaut hätte, und wenn er seine Schachniederlagen gegen Clemens nicht stets mit zusätzlichen Bieren heruntergeschwemmt hätte, und wenn er außerdem nicht vor Ewigkeiten schon auf die Sammelei all dieser braun verbrühten, abgesägten Hände verfallen wäre, der rostigen Folterkranhaken, der gedunsenen Blähschädelköpfe und was für wundervolle Requisiten es sonst noch so gab, dann hätte er mit Sicherheit, wie er sich nach Ablauf des allerersten Arbeitstages in die Faust geflüstert hatte, monatlich mindestens einen Fuffziger zur Seite legen können. So aber kam es, dass er am Ende des ersten Lehrjahrs mit Müh und Not das erste Drittel eines Tausenders erklommen hatte.

Im zweiten Lehrjahr war es besser geworden. Denn obwohl Herr Spick mit dem sich Jahr für Jahr brutaler verhärtenden Kundengeiz zu kämpfen hatte sowie mit der Metallwarenabteilung des Kaufhauses, die vor keiner noch so hinterhältigen Preisattacke zurückschreckte, so war er doch gesetzlich gezwungen, seinem Lehrling das Gehalt zu erhöhen. Da aber alle Preise stiegen und der Chef am Ende nicht als der Gelackmeierte dastehen wollte, hatte er leider auch die Miete anheben müssen, sodass der Zugewinn wieder geschmälert wurde. Im Endeffekt jedoch hatte Georg deutlich mehr gespart und wäre mit einem guten Riesen im Plus gelandet, wenn es ihn nicht immer wieder dazu hingerissen hätte, sich ein Jackett zu kaufen, irgendsoein kostspieliges Miststück, das er mit Ausnahme gelegentlicher dienstlicher Verwendungen, zum Beispiel auf den Fahrten zur Kleinen Kassa, meist nur allein vor dem Spiegel trug, wo er sämtliche Kombinationen mit seinen Hosen und Schuhen und Hemden und Gürteln durchprobierte.

»Vorhang auf!«, mit einem Ruck hatte ihm der Friseur den Kittel von der Brust gezogen. Georg entfuhr ein gummiartiges Quieken, als er sich streckte. Gern hätte er weitergedöst, doch es war schon alles geschehen. Die feucht glänzenden, schwarzbraunen Locken lasteten sanft auf seinen Wangen, ringelten sich herab bis zu den Schultern.

»Ich werde noch die Sicht freischneiden, dann sind Sie entlassen«, sagte der alte Friseur.

»Nicht nötig«, Georg hustete sich den schläfrigen Hals frei.

»Dann lassen Sie mich zumindest den Pony frisieren, sonst sehen Sie ja nichts!«

»Nein, so ist es gut«, Georg pustete eine Schneise in den Lockenvorhang und rutschte aus dem Sessel.

»Spätere Beschwerden können nicht akzeptiert werden, jetzt hingegen, aber was ist das denn!«, rief der alte Friseur, »Sie sind ja barfuß!«

Georg senkte den Blick auf seine peinlich erdverschmierten Füße, die inmitten der Schnipsel seiner alten Haare standen. Dabei hatte er vorhin extra gewartet, bis der Friseur in seinem Kabuff verschwunden war und nicht sehen konnte, wie sein neuer Kunde in den Salon schlüpfte, sich schnittbereit auf einem Sessel postierte und die verräterischen Füße im Schatten unter dem Sitz verbarg.

»Es tut mir leid, aber«, eilig zog er das Geld hervor, »ich habe meine Schuhe auf einem Fest vergessen.«

»Pflegen Sie mir das Haar ja anständig«, sagte der alte Friseur, nahm das Bündel aus Georgs Hand und zählte die Scheine krachend auf den Tresen, »ich möchte nicht, dass es gleich verfilzt!«

»Keine Sorge, mit der Haarpflege kenne ich mich aus.«

»Hoffentlich besser als mit der Fußpflege«, sagte der Friseur und schloss die Kassenlade mit einem Knall.

»Sie können sich auf mich verlassen«, Georg griff das Restgeld vom Tresen und zählte es durch, »aber waren es nicht nur neunundneunzigneunzig?«, fragte er erschrocken.

»So viel kostet die Arbeit. Plus einfärben, macht zwanzig extra! Und der Rest ist für die Haare.«

»Hundertachtzig für die Haare? Aber das ist ja ...«

»Hier steht es!«, unterbrach ihn der Friseur und hielt ihm die Broschüre vor die Nase.

»Auf der Rückseite!«, rief Georg.

»Kann ich ahnen, dass Sie nur Vorderseiten lesen? Außerdem habe ich Sie auf die günstigen Perücken extra hingewiesen.«

»Aber das ist doch Betrug.«

»Das ist also Betrug«, wiederholte der Friseur und ließ den Blick so langsam an Georg herunter- und wieder in die Höhe fahren, als wollte er jeden Millimeter seiner Person im Gedächtnis abspeichern, damit er später noch die kleinste Falte für das Fantombild haargenau beschreiben könnte.

»Wenn Sie jetzt fragen, ob ich einen Ausweis habe«, begann Georg.

»Was dann?«, kläffte der Friseur.

»Das wollen Sie gar nicht wissen«, erwiderte Georg schnell, schnappte den Koffer und schlüpfte, bevor es dem Friseur noch einfiel, seine Taschen zu durchwühlen, wozu er nicht das geringste Recht besaß, hinaus. Hundertachtzig plus zwanzig plus neunundneunzigneunzig gleich zweihundertneunundneunzigneunzig! Karminrot blinkte die Zahl in seinem Kopf. Alles weg! Kälte prickelte die Schienbeine hoch. Verfluchter Geldhai! Ja, natürlich war es verdächtig, mit erdig eingesauten Füßen durch die Welt zu latschen, noch dazu mit aufgeplatzter Stirn, obendrein in einem nach Stall und Acker miefenden Jackett, aber was sollte er denn tun! Ruckzuck schnürte er den Koffer auf den Gepäckträger und drehte das Lenkerradio an. Verdammt, wie lange hatte das Geschnippel und Geschweiße denn gedauert? Es lief ja schon *Wo steckst du oder es knallt*! Eilig kickte er den Motor an und schwang sich auf das rüttelnde Polster. Im Seitenspiegel entdeckte er den Friseur. Hinter der Glastür stand der alte Raffzahn und geierte ihm nach. Die Lippen in seinem zu Stein erstarrten Gesicht schienen sich leicht zu bewegen. Ruckartig drehte Georg sich herum, riss einen Daumen hoch und drehte ihn, während er sein plötzlich aufgeblitztes Lächeln langsam erlöschen ließ, zur Erde hinab. Dann rollte er aus der Einfahrt und schnurrte wieder dahin zwischen den tischflach ausgestreckten Weiden, kleinen Wolken wattiger Heidschnucken und wandartig angewachsenen Maisfeldern.

Manchmal röhrte sein Magen fast lauter als der Motor. Wenn er nicht bald entkräftet aus dem Sattel gleiten wollte, sollte er sich dringend ein Frühstück besorgen. Aber zuerst musste er das Mofa loswerden. Das Risiko, dass der Friseur eben murmelnd sein Kennzeichen memoriert hatte und der Polizei jetzt alles brühwarm in den Hörer diktierte, war zu groß. Na klar, flatternde Scheine sind immer verdächtig. Andererseits hinterließen elektronische Zahlungen stets nur allzu leicht zu erschnüffelnde Spuren. Nein, nein, es war goldrichtig gewesen, dass er das Plastikkärtchen samt Portemonnaie, kaum dass er die Bank verlassen hatte, auf den Boden gepfeffert hatte wie ein Taschendieb auf der Flucht.

Hin und wieder überholte ihn ein Wagen. Manche Fahrer zeigten ihm die Faust, vielleicht, weil er keinen Helm trug, oder weil er, trotz des laut knatternden Auspuffs, mit bloßen dreißig Kilometern pro Stunde dahinschlich. Jedes Mal, wenn ihn die Windwelle eines zentimeterknapp vorübergejagten Überholers gefährlich hatte schwanken lassen, konzentrierte er sich zur Beruhigung wieder auf den grauschwarz unter ihm hinwegströmenden Asphalt. Da es ihm unangenehm war, so angeglotzt zu werden, ganz gleich, ob von einem schon schlupfidrig dahindösenden Beifahrer oder von einem jauchzend gegen das Fenster trommelnden Kind, beugte er den Kopf auf den Lenker herab, sodass die Arme sein Gesicht abschirmten. Die Tanknadel war ins Rot gesunken und sprang nur hin und wieder daraus hervor, wenn es Bodenwellen gab. Er drückte die Knie an den Benzintank und berührte den Sitz mit seinem Bauch, damit er der heranpfeifenden Luft nur den geringsten Widerstand bot und mit den restlichen Tropfen Benzin, die zwischen seinen Beinen in

Flammen aufgingen, so viel Strecke machen konnte wie nur irgend möglich.

Um sich von der nervös tanzenden Tanknadel und dem jede Sekunde drohenden Ende der Fahrt abzulenken, überdachte er noch einmal seine Finanzen. Nach Abzug des unverschämten Haargeldes würde er von den restlichen fünf Hundertern für ein paar Tage in einem Hotel untertauchen können, für eine Woche vielleicht, dann wäre Schluss. Dann müsste er sich etwas überlegt haben, irgendeinen Plan, wie er in Zukunft leben wollte, oder zumindest in der nächsten Woche, er könnte den Koffer angreifen, zum Beispiel, wenn überhaupt Geld darin war, oder nein, lieber arbeiten gehen, zur Sicherheit, ein halbes Jahr vielleicht, oder lieber gleich ein ganzes, am liebsten in einem Hotel, ja genau, einen ganzen Winter lang durch die Stockwerke laufen, die leeren Zimmer bewachen, vom ersten bis zum zwanzigsten Stock, und vor den Fenstern nichts als Wellenkämme, die weiß die Strände hochlecken, die vergitterten Strandkörbe und die winterlich lahmgelegten Restaurants, und darüber der mit Wolken dicht gepackte Himmel, und dahinter nichts als die See, eine schiefergraue Tafel, und die Promenade entlang eine Reihe steil in die Höhe ragender Hotels, hunderte Zimmer, alle dunkel, alle still, nur der Wind treibt Sand über die Wände und knirscht auf den Dächern der Buden, und niemand, der mit Handtüchern umschürzt hinausläuft, kein Sonnengeruch in den Fahrstühlen, den Gängen, keine Spuren nasser Füße, die durch die Lobby laufen, denn im Winter sind alle Gäste zu Haus, sind alle Zimmer kalt, nur bei einem, im Stockwerk unter dem Dach, brennt Licht, weit den Strand hinunter ist es noch zu sehen, das helle Fensterlein, das verloren über der gewaltigen Front schwarz klaffender Fensterlöcher funzelt.

Als die Maschine mit drei krachenden Schüssen erstarb und nur mehr heiser rasselnd weiterrollte, riss er, bevor der Schwung verloren war, erschrocken den Lenker herum und steuerte geradewegs in ein mannshoch aufragendes Maisfeld. Die vorderste Reihe, die er mit weggedrehtem Gesicht durchbrach, knickte trocken weg. Doch nur einen Augenblick später, er jagte geduckt durch die prasselnden Stauden, froh über jeden Meter, den er vorankam und das Mofa nicht würde schieben müssen, da katapultierte es ihn aus dem Sitz. Geradewegs auf das himmelweite Wolkengebirge zu, hinter dem sich der Weltraum verbarg. Eine Welle ächzend zu Boden sich biegender Stängel federte seinen Aufschlag ab. Ohne auch nur eine Sekunde auszuruhen, obwohl ihm nach nichts anderem zumute war, wühlte er sich sofort zurück, um die ins Feld gefressene Bresche wieder zu vertuschen. Die zerstörten Stängel ließen sich nur mit Müh und Not aneinanderlehnen. Aber den Blicken der vorüberrasenden Drängler und Linksblinker sollte das Mofa erst mal verborgen bleiben.

Er befreite den Koffer und das Radio und stapfte seufzend tiefer in den Mais. Zischelnde Blätter und Kolben mit bräunlichen Kräuselbärten strichen ihm durchs Gesicht. Zu müde, sich mit dem Gepäck, das ihm heute schwerer schien als gestern, einen Weg durch das Dickicht zu rammen, nickte er sie zur Seite weg. Doch kaum dass eines der dicken, haarigen Blätter von ihm abgelassen hatte, streichelte schon der nächste grüne Lappen über seine Wangen. Nach fünfzig Schritten packte ihn plötzlich eine derartige Wut, dass er eins, zwei, drei, vier, fünf, sechs, sieben, acht, neun, zehn, elf, zwölf der Stängel aus der Erde riss und in die Luft schleuderte. Erschöpft stellte er den Koffer ab, wartete, bis er wieder bei Puste war, und stieg behutsam auf die Oberkante. Gerade hatte er sich aufgerichtet und feststellen müssen, dass er noch ganz am Anfang dieses offenbar uferlos sich ausstreckenden Maisdschungels herumkrebste, da kippte sein kleines Podest, und er stürzte mit großem Geraschel zu Boden. Immerhin hatte er sich nicht verletzt. Das fehlte gerade noch. Der angeschlitzte Fuß und die verwüstete Stirn sahen scheußlich genug aus. Er überkreuzte die Beine und begann zu überlegen. Wenn er hundert oder zweihundert Schritte tiefer im Feld ein kleines Quadrat freitrampelte und sich dann, damit er nicht wieder so grässlich fror wie letzte Nacht, in eine Decke wickelte, dann könnte er leicht das Geld für eine Nacht im Hotel sparen. Nur etwas zu essen musste er sich besorgen. Er hob eine Hand vor die Augen. Als hätte man ihm das britzelnde Ende eines Starkstromkabels reingebohrt, so sehr zitterten seine Finger. Aber er lag ja in einem Maisfeld. Also rupfte er einen Kolben ab, prüfte, ob zwischen den Zahnreihen der Körner ein Wurm oder Käfer auf der Lauer lag, und biss hinein. Bitter schmeckte der Mais. Mit weit geöffnetem Mund kaute er fünf oder sechs der gelben Biester weich und schluckte sie herunter, in der Hoffnung, dass sie die in seinem Magen laut knurrende Frage beruhigen würden, was Mama heute, an ihrem ersten freien Samstag seit drei Wochen, wohl aufgefahren hätte, Grünkohl vielleicht oder Kohlroulade oder Pfannkuchen mit Wirsing und zum Nachtisch ein Stückchen Bienenstich, vielleicht sogar mit Sahnehäubchen. Wahrscheinlich machte sie sich die verrücktesten Sorgen, glaubte womöglich, dass er Opfer eines Verbrechens geworden sei, irgendeines gewissenlosen Raubangriffs, und jetzt in blubbernde Gliedmaßen zerstückelt über den Göhrdeforst verstreut wäre. Oder sie tobte, sie kochte vor Wut über all die Geschichten, die Herr Spick ihr auftischte, all diese Dämlichkeiten, die ihr Sohn sich im Geschäft herausnahm, all diese den gesamten Betrieb gefährdenden Lahmarschigkeiten, mit denen er, Spick, sie, die von Reizen übrigens keineswegs freie

Frau Röhrs, bisher nicht habe belästigen wollen. Zumal er auch die Hoffnung, den Jungen auf Zack zu bringen, noch nicht zur Gänze habe fahren lassen. Oder Herr Spick war längst wieder fort und sie drückte das Gesicht ins Kissen, feucht aufschluchzend, weil er, Georg, ihr einziger Sohn, den lieben Herrn Spick so feige hintergangen hatte, ausgeraubt, seinen allerersten und einzigen Chef, der ihm nicht allein eine Arbeit zur Verfügung gestellt hatte, sondern auch noch eine Wohnung, die noch dazu so günstig war, ein regelrechtes Geschenk, das noch dazu so nützlich war, eine erste schöne Lebensübung, denn in der eigenen Wohnung, da gibt es niemanden, der sich mit dir an die Aufgaben setzt, bloß, weil die zu öde sind, auch niemanden, der dein Zimmer umgräbt, um irgendwelche Kataloge hervorzuwühlen, irgendwelche Masken, Filme, Gummimesser, denn in deiner Wohnung, mein Junge, da bist du allein, ganz für dich allein.

Als in der Ferne eine Glocke schlug, schreckte er hoch. Schon wieder war er eingenickt! Er musste wirklich besser aufpassen. Um den Schlaf zu vertreiben, der noch in seinem Schädel klebte wie ein zäher Honig, klopfte er sich mit dem Radio gegen die Stirn. Dann rappelte er sich auf und stapfte gähnend weiter durch die Stauden. Den Kopf hielt er gesenkt, schüttelte hin und wieder die neuen Locken, damit das hinterhältige Grünzeug nicht irgendwelche Läuse oder Spinnen daran abstreifte, die dann in seinem Gesicht herumwanderten, ohne dass er es bemerkte, sich schließlich hineinfraßen in die erst schwach verschorfte Wunde, dort ihre grässlichen Eier abdrückten und ihn mit einer übel aufgeblähten Beule später so abscheulich aussehen ließen, dass es ein Wunder wäre, wenn ihn der erste Mensch, dem er unter die Augen trat, nicht auf der Stelle niederschoss. Andererseits, wie sollte er einem Menschen unter die Augen treten, solange er in diesem Feld herumstapfte. Seit einer halben Stunde schon! Oder seit einer ganzen? Das Zeitgefühl schien er vollkommen ausgeschwitzt zu haben. Doch während er schon fürchtete, dass er sich noch bis spät in die Nacht, wenn nicht bis zum Morgen, in diesem wahnsinnigen Maisfeld würde herumschleppen müssen, mal hundert Meter nach rechts irrend, dann wieder hundert nach links, immerzu in der Hoffnung, doch endlich an das Ende zu geraten, da trat er unerwartet durch die letzte Reihe.

Wie ein orientierungslos durch das Weltall trudelnder Astronaut, der unmerklich von der Schwerkraft seines Planeten angezogen wurde und erst jetzt, kurz vor dem Aufschlag, begriff, wo er sich befand, so starrte er auf die drei Kirchtürme, die am Ende des Feldes, hinter dem Grashang, in die Höhe ragten. Schlagartig wusste er, wo er war. Dort verlief die Straße nach Reppenstedt, und da, zur anderen Seite, lag das Gelände der Anstalt, und vor ihm, gleich hinter dem Hang, die viele Sommer lang durchtobte, tags türkis schimmernde, nachts tintenschwarz daliegende Stadtriviera, der Kalkbruch. Vermutlich hatten der grimmig knurrende Magen, die vor Müdigkeit verschwimmende Sicht sowie die Glotzerei auf den gleichgültig dahinströmenden Asphalt bewirkt, dass sein von der langen kalten Nacht ohnehin schon angegriffener Orientierungssinn sich noch weiter verwirrt und schließlich zur Gänze abgeschaltet hatte. Wenn er aber jetzt, mit aufgeschrecktem Verstand, überlegte, wie er von diesem haareschnippelnden Geldgeier hier hergekommen war, dann erschien ihm der Weg plötzlich wie eine schnurgerade und nichts als logisch ausgerollte Bahn bis nach Linderstedt.

Langsam überquerte er den kühlen Acker. Eigentlich hatte er ja geplant, sich über Kaltenmoor in die Stadt zu schleichen, sodass die Gefahr, Bekannte zu treffen, womöglich sogar Mama, geringer war. Andererseits kannte er sich hier natürlich besser aus und könnte sich zudem noch rasch die Füße waschen. Er legte den Kopf in den Nacken. Breite schwarze Badewannen schoben sich über den Himmel, verschwappten schon die ersten Tröpfchen. Auf keinen Fall würde er die kommende Nacht im Freien verbringen. Da schlotterte er bloß wieder wie ein kalt gewaschener Hund und könnte stundenlang kein Auge schließen. Wenn ihm aber in Linderstedt kein Fehler unterlaufen sollte, und es durfte ihm kein einziger unterlaufen, nicht das allerkleinste Fehlerchen, dann bräuchte er einen hoch konzentrierten, rasend schnell operierenden Kopf. Also blieb nur eins, nämlich ab ins Hotel und sofort hinunterstürzen in den Schlaf. Morgen dann könnte er in die Wohnung huschen und sich besorgen, was er brauchte. Vorausgesetzt, dass es für die Wohnung nicht längst zu spät war, weil Herr Spick, aber daran wollte er lieber gar nicht denken.

Rechts den Koffer und links das Radio, schleppte er sich den Hang hinauf. Er betete nur, dass keine kälteverliebten Spinner am Wasser herumhampelten. Die Vorstellung, nach dem Friseur schon wieder auf Menschen zu stoßen und von diesen Menschen womöglich noch gesehen, ja, womöglich auch noch angesprochen zu werden, ausgefragt, wo er denn herkäme, so wie er aussah, und wo er denn hinwolle, so wie er aussah, diese Vorstellung war ihm derart unangenehm, dass er sich nach einigen Metern ins Gras niederließ und behutsam an den Rand heranrobbte. So wie er aussah, mochte er sich ja selbst nicht mehr begegnen. Doch ein Glück, auf der Klippen- wie auf der Badeseite zeigte sich niemand und auch die Wasserfläche war, bis auf zwei steif auf den Wellen wippende Enten, leer.

Statt der flachen Badeseite nahm er lieber den dunkelgrün überwucherten, dicht an den Anstaltszaun gedrängten Klippenpfad. Selbst im Sommer war dort selten jemand unterwegs. Das Wasserblau schimmerte durch die Gebüsche, Äste strichen über seinen Kopf, nasse Blätter schmatzten unter seinen Schritten, bis ihm schließlich ein Graben, den der Regen in die Klippe gefressen haben musste, den Weg abschnitt. Ohne groß zu überlegen, nahm er drei Schritte Anlauf und übersprang die Kluft mit weit vorangeschwungenem Koffer. Kaum gelandet, bereute er den Sprung. Denn genauso wie das Schwunggewicht des Gepäckstücks seine Flugbahn um jene entscheidenden Zentimeter verlängerte, die es brauchte, um nicht an der gegenüberliegenden Wand bäuchlings in den Modder hinabzurutschen, so versperrte es auch den Blick auf seinen Landepunkt, einen der zahlreichen, seit den warmen Augusttagen hier schlummernden, meist von einem verschmuddelten Fähnlein angezeigten Haufen, der unter seinem nackten Fuß in alle Richtungen des Himmels braun zerspritzte.

Angeekelt krallte er sich an den Zaun und versuchte hektisch an den dürren Maschen abzustreifen, was zwischen seinen Zehen hervorquoll. Doch das meiste blieb kleben, sodass er seine Füße gleich in das kalte Wasser tunken müsste, um sie zu reinigen. Wütend warf er sich herum und trat dem Koffer, der gänzlich unbefleckt neben einem übermenschlich großen Klumpen ruhte, so kräftig in die Seite, dass er drei Meter durch die Luft wirbelte und dann dumpf wieder aufschlug. Zufrieden betrachtete er den bräunlichen Fußabdruck. Das geschah ihm recht. Um seinen Ärger zu zerstreuen, stellte er das Radio an. Ein Wirbelsturm aus Rauschen und Knistern. Na, vielleicht war der Empfang da vorne besser. Er ging weiter. Er bräuchte dringend Schuhe, ein neues Paar guter Schuhe, nicht nur, weil es keinen Spaß machte, alle zehn Meter in Scherben oder Würste zu stampfen, sondern vor allem wegen der Erscheinung. Ein Mensch konnte ja in dem kratzigsten Kartoffelsack durch die Gegend schlottern und war dennoch nicht verloren, solange er gute Schuhe trug, während es umgekehrt, wenn er zu dem teuersten Anzug aus der reinsten, feinsten Schurwolle in ein Paar Trampeltretern steckte, keine Rettung gab. Von barfuß ganz zu schweigen. Sei es, dass er an seine verlorenen Schuhe gedacht hatte, die in Nores Badezimmer darauf warteten, dass ihr Todesurteil in irgendeiner Mülltonne vollstreckt wurde, oder sei es, dass er ungeschickt aufgekommen war, auf jeden Fall spürte er nun wieder die Glassplitterwunde, die er diesem perversen Dietmar zu verdanken hatte, und zwar ausgerechnet in dem eingedreckten Fuß. Er mochte sich gar nicht vorstellen, wie der Schlitz bei jedem Schritt weiter zugespachtelt wurde mit der braunen Masse.

Zum Glück führte dort schon der schmale Pfad zur sogenannten Felsnase herab, ein Vorsprung, der auf halber Höhe der gut zwanzig Meter schroff abfallenden Klippe über das Wasser ragte. Wie lang war er nicht hier gewesen. Dabei war es ein so schönes Schlummerplätzchen. Angeblich hatte Lars von hier aus sogar mal gesehen, wie sich ein rabenschwarz gelaunter Anstaltsinsasse lauthals singend von der Klippenkante hatte fallen lassen.

»Niemals«, rief da ein Mädchen aus dem Radio. Gleich wurde sie wieder vom Knistern der Frequenzen verschluckt. Das machte gar nichts. Musik könnte er gebrauchen, aber Gequatsche, nein danke. Er sah hinüber zum anderen Ufer, zu den luftig in den Hang gesteckten Tannen, den Kirchturmspitzen, die dahinter in den Himmel zeigten, Sankt Michaelis und Sankt Johannis, zum Kalkberg mit seiner festgeschweißten Kanone und zu den Wohnblöcken am Weißen Turm. Für den Augenblick war die Rückkehr nach Linderstedt vielleicht der gerissenste Schachzug, der ihm hatte einfallen können. Damit würde niemand rechnen, am allerwenigsten der vermutlich schon seit dem frühesten Morgen das ganze Umland wie ein tollwütiger Spürhund durchschnüffelnde Herr Spick.

»... der bleibt, wenn du kurz die Augen schließt«, plötzlich knisterfrei, wenn auch metallisch nachklirrend, so drang die Stimme des Mädchens aus der vergitterten Box. Georg, der eben den Arm ausgestreckt hatte, um das Radio an einen Ast zu hängen, erstarrte und wollte die Frequenz um keinen Preis in der Welt wieder verlieren.

»Immerhin umfasst ja unser Sendegebiet mehrere hunderttausend mögliche Hörer«, erklärte der Moderator, gefolgt von einem blechernen Echo.

»Aber er kann mich nicht anrufen!«

»Hört, hört, ich verstehe, aber damit ist er nicht allein, und weißt du warum? Weil sich augenblicklich jedes männliche Geschlecht vor dem Radiogerät nur eines fragt, und zwar, wie, zum Teufel, lautet ihre Nummer? Deine Stimme verursacht nämlich so ein Prickeln in den Lenden, habe ich recht, Jungs?«, rief der Moderator und imitierte das Geräusch eines aufheulenden Motorrads. Dann klappte Georgs von der Kofferschlepperei geschwächter Arm herunter und schwang, begleitet vom neuerlich losbrausenden Radiorauschen, an seinem Bein vorbei. Sofort reckte er die elektrisch knisternde Kiste mit dem anderen Arm wieder in die Höhe, reckte sie nach links, reckte sie nach rechts und nach oben und nach unten und nach hinten und nach vorn, bis er endlich wieder etwas hörte.

»Kinder, Kinder, ich will mich auch die ganze Nacht auf Feldern wälzen und in der Frühe in Wäldern erwachen, so wie dein Loverboy und du«, sagte der Moderator, »weißt du wenigstens, wie er heißt?«

»Natürlich weiß ich das«, sagte sie, doch als sie zum Beweis den Namen sagte, war der Empfang bereits wieder so verrauscht, dass Georg, der mit einem Schlag alle Geduld verloren hatte, die verfluchte Schrottkiste einfach in die Luft schleuderte. Aufatmend beobachtete er, wie sie hochstieg, fiepsend und krächzend den höchsten Punkt erreichte und schließlich in einem sanften Bogen wieder hinabzustürzen begann. Entweder war er versehentlich an den Lautstärkeregler gekommen oder der Sender war über der seidenglatt daliegenden Wasserfläche besser zu empfangen, auf jeden Fall hörte er, bevor das Radio auf das Wasser schlug, noch einmal ihre bis zum Schrei gesteigerte Stimme.

»Wo steckst du?!«, gellte es über den Kalkbruch. Dann klatschte es. Tropfen regneten auf das Wasser und das Radio sank gluckernd hinunter ins Dunkel. Während er den Seitenpfad herunterhumpelte, um sich unten die Füße zu waschen, sah er Blasen aufsteigen, wie von im Wasser sprechenden Mündern, sie zeigten die Stelle des Aufschlags an, das Zentrum der langsam über den See rollenden Wellenkreise. War das wirklich sie gewesen? Nore? In diesem beknackten Geknister hatte er die Stimme leider nur schlecht oder eigentlich gar nicht wiedererkennen können. Aber diese Bemerkung über das Augenschließen, etwas Ähnliches hatte sie doch auch erzählt, oder? Beschwören konnte er es nicht, zumal er in der heißen Badewanne, als sie im Zimmer vor sich hingeplappert hatte, kaum noch einen klaren Gedanken hatte fassen können und wohl auch kurz eingeschlummert war. Aber wenn es wirklich Nore gewesen war, die eben angerufen hatte, um ihn, den Robert, zu suchen, dann musste er doch unbedingt zu ihr zurück und sie befreien, oder nicht?

Er senkte die Füße ins Wasser und zuckte zusammen. Die Kälte biss ihm fast die Zehen ab. Auch wenn er gar nichts anderes erwartet hatte. Selbst in den vor Hitze flimmernden Sommern hatte man diese dumme Kalkbruchkälte ja oft spüren können, die knapp einen Meter unter der aufgewärmten

Schwimmschicht lauerte. Wenn ihm bei seinen Versuchen, als toter Mann reglos auf dem Wasser zu treiben, die Füße abgesunken waren, oder wenn ein hinterrücks herangetauchter Seehund namens Lars ihn beidhändig heruntordrückte, als trainiere er für die Weltmeisterschaft im Bockspringen, dann hatte er oft so gezittert, dass er nach dem Auftauchen aus der Kältezone fast gleich wieder abgesoffen wäre. Daher war es keine Überraschung, dass ihn das über Wochen ausgekühlte Wasser jetzt, im Herbst, derart in die Beine stach, dass er kalt und warm kaum noch unterscheiden konnte. Trotzdem, ein Minütchen wollte er noch durchhalten, dann wäre der angeschlitzte Fuß schön betäubt und störte nicht weiter beim Laufen.

Zurück auf der Felsnase, sah er den Koffer. Geduldig stand er zwischen den Gräsern und wartete auf das nächste kräftige Lüftchen, das ihn über die Kante hauchen würde. Erschrocken sank er nieder auf seine fast zu Eis gefrorenen Knie und drückte ihn fest an seine Brust. Für fünf Minuten hatte er ihn ganz vergessen! Dabei durfte er ihn nicht einmal fünf Sekunden vergessen! Denn wenn er mit dem Koffer unterwegs war, hatten sich seine Gedanken, wie zappelig und wirr sie auch waren, allein auf diesen Koffer zu konzentrieren. Niemals durfte er ihn aus den Augen lassen. Nicht, wenn er ihn herumtrug, am besten mit der Linken, um mit der Rechten notfalls zuzuschlagen, falls ihn einer angreift, und erst recht nicht, wenn er im Bus durch die Landschaft gondelt und der Koffer auf seinen Knien liegt. Aber wenn man es einmal mit aller Nüchternheit betrachtete, dann war es keine allzu schwierige Aufgabe, eine Dreiviertelstunde lang mit einem Koffer auf den Knien in einem Bus zu sitzen, nicht wahr? Zumal für einen Lehrling nicht, der als Ausgelernter angesprochen zu werden sich längst verdient hatte, so artig und so ordentlich, wie der sich immer benahm. Die eigentliche Stunde aber, die steht dir noch bevor. Jener Augenblick, da unser Oskar nicht nur stolz sein wird auf diesen vielleicht mutigsten Lehrling, der je in Erscheinung getreten ist, hier bei uns im Heidekreis, sondern auch dankbar, abgrundtief dankbar, dass gerade ihm, dem kleinsten Geschäftsmann Linderstedts, dieser famose Georg Röhrs zur Verfügung gestellt worden war. Denn nur der Lehrling, niemand sonst, kann den Eisenwarenhandel retten. Unter einer Bedingung freilich. Dass wir ihm vertrauen können, dem Lehrling, und wann können wir ihm vertrauen? Nur, wenn er vertrauenswürdig ist, mein Junge, nur dann. Denn nur im Vertrauen finden wir zueinander, als Geschäftspartner genauso wie als Liebende. Denn nur im Vertrauen finden wir den entscheidenden Draht, der die Bombe entschärft. Und nur im Vertrauen finden wir so zu uns selbst, dass wir auch unter den Augen unserer Feinde die Schritte setzen ohne Furcht und Zittern.

Schlotternd eilte Georg durch die verlassenen Gärten hinter dem Kalkbruch, an Zäunen und Hütten vorbei, die von Gebüschen überwuchert oder längst vermodert waren, lief immer weiter durch das knisternde, stachlige Gras, bis er schließlich die Straße erreichte und auf der anderen Seite der Straße den Supermarkt. Da allerdings jetzt, am späten Nachmittag, vermutlich dichte Schwärme samstäglicher Hamsterkäufer durch die Gänge wuselten und er im Leben nicht unbemerkt hinein-, drei Schokoriegel kaufen und wieder hinaushuschen konnte, postierte er sich zunächst hinter dem Einkaufswagenhäuschen. Auf keinen Fall wollte er es riskieren, gleich nach den ersten hundert Schritten durch Linderstedt einem Bekannten gegenüberzustehen, der ihn kichernd enttarnte. Er stellte den Koffer ab, damit ihm der Arm nicht ausleierte, und beobachtete den Eingang. Eine zornige Mutter zerrte ihren Sohn, der sich wie ein Sack Kartoffeln über den Boden schleifen ließ, ins Freie, ein Mann, vielleicht der Vater, spazierte zeitunglesend hinterher. Georg zog das Jackett vor der Brust zusammen. Er musste sich vor der Kälte schützen, sonst wäre seine Nase im Nu mit solchen Fluten von Schleim verstopft, dass er, nein, was war das denn! Er starrte sich auf die Brust. Der Koffer hatte ihm den ekelhaften Fleck mitten aufs Jackett gestempelt. Verdammt noch mal! Angewidert krächzte er allen Rotz zusammen, der in seinem Mund zu finden war, und spie sich aufs Jackett. Dann packte er den Stoff und rubbelte ihn so rabiat über die raue Häuschenmauer, dass er sich die eingebräunten Fasern fast in die Hand geschmirgelt hätte. Schluss damit. Er brauchte Schnaps. Zum Säubern dieser Schweinerei und gegen die Kälte. Er riss den Koffer hoch. War das Ding etwa schwerer geworden? Oder sein Arm schwächer? Wie auch immer. Er wartete, bis kein weiterer Kunde durch die Ein- und Ausgangstüren stiefelte, wechselte solange von einem Fuß auf den anderen, länger als fünf Sekunden, höchstens zehn, hielt er den Kontakt mit dem Steinboden nicht aus, dann flitzte er in den Markt und lief den ersten, überraschend stillen, gähnend leeren Gang hinab, auf Zehenspitzen, da die Fliesen noch kälter waren als die arktischen Parkplatzplatten, sprang eilig um die erste Ecke und prallte gegen eine Oma, die zurückfederte, als wäre sie aus Gummi.

»Wenn Sie den Fluchtweg suchen«, begann sie keuchend, rücklings an die verspiegelte Säule gelehnt, die ihren Sturz verhindert hatte, da drückte ihr Georg ein blitzschnell aus einem Regal gegriffenes Glas in die Hand.

»Ist Ihnen schwindelig? Essen Sie eine Gurke«, erklärte er mit seinem kundenfreundlichsten Lächeln, schnappte den zu Boden gestürzten Koffer und war so zügig um die nächste Ecke gejagt, dass ihn das alte Meerschweinchen mit keinem weiteren Mucks belämmern konnte. Unauffällig prüfte er, ob ihn jemand gesehen hatte, auf keinen Fall wollte er gesehen werden, doch der Gang streckte sich menschenleer bis zum Fleischtresen hinab. Allerdings, jetzt erst fiel es ihm auf, war die gesamte Decke mit Kameras gespickt, und vermutlich wurden die Bilder in irgendeinem abgedunkelten Kabuff von einem kettenrauchenden Marktleiter fortlaufend überwacht und ausgewertet. Schon hatte er eine Dose Mischmais in den Händen, tat, als studiere er den Serviertipp, mit einer pfiffigen Salsasoße ergibt die Mexikomischung eine leckere Pfanne für Jung und Alt, jagte, nein, nein, bummelte, ganz gemütlich bummelte er weiter und suchte nach dem Schnapsregal. Trotz der Hetzerei bibberte er, als bohrten sich Eiszapfen zwischen seine Rippen. Er durfte sich nur nicht erkälten. Wenn er sich nämlich erkältete, bekäme er Fieber, und wenn er Fieber bekäme, könnte er keinen klaren Gedanken mehr entwickeln, geschweige denn einen Plan, wie es mit seinem Leben nun weitergehen sollte. Früher, wenn er Fieber hatte, war er mit kalten Wickeln an den Waden ins Bett gelegt worden, hatte stumm an den raschelnden Kissen gelauscht, mit flimmerndem Augenlicht und einer von Mama mit Minzpaste kräftig eingeriebenen Brust. Jetzt hingegen würde er mit pochendem Schädel durch die Gassen stolpern, an gespenstisch wabernden Fassaden vorüber, stünde streichholzgroß auf gefährlich zerdehnten Plätzen, bis er nach einer knappen Spielfilmlänge Herrn Spick in die Arme laufen und sich winselnd ergeben würde.

Hinter der nächsten Ecke stand er unerwartet vor den Sonderangeboten. Da keiner der wenigen Kunden, die sich hier versammelt hatten, ihn ansah, ja, nicht einmal aufsah, alle bloß mit konzentrierten Brustschwimmbewegungen die verbilligten Waren auseinanderschaufelten, trat auch er an einen der Tische und begann sich durch die Berge von Haus- und Sportlatschen zu graben, die hier in den gewaltigsten

Größen durcheinanderlagen. Gummi- und Plastikgerüche, die nur ein Giftgastechniker entwickelt haben konnte, umwölkten seinen Kopf. Auf einem Bein balancierend testete er schließlich, wie weit die Sohle des kleinsten, aus den Tiefen hervorgegrabbelten Exemplars seinen Fuß überragte. Mindestens eine Mittelfingerlänge. Also noch einmal. Doch kaum dass er sich wieder in die untersten Regionen der Angebote hinuntergewühlt hatte, die Augen geschlossen, um sich ganz dem Tastsinn zu überlassen, da hieß es plötzlich: »Erwischt!«

Gerade noch konnte er den Reflex abwürgen, den Kopf hochzureißen und sich aufrecht hinzustellen. Stattdessen rollte er nur langsam die Augen nach oben und spähte durch den Vorhang seiner Haare. Auf der anderen Seite des Tisches, in schwarz glänzenden Blousons und die Arme abgespreizt wie Affen, standen Köpp und Lempert, ausgerechnet Köpp und Lempert! Bei jedem anderen Menschen, den er kannte auf dem gesamten verdammten Planeten, wäre er losgesprintet, ohne auch nur eine Sekunde zu zögern, mit einem Hürdensprung über das Drehkreuz am Eingang, Leute zur Seite rammend wie ein Footballspieler, weiter über den Parkplatz, immer weiter und so weit ihn die Beine nur trugen. Doch wer bei Köpp und Lempert, zwei Fachhandelspackern in Ausbildung bei der Spedition Bruns, die Flucht ergriff, ja, wer unter ihren wässrigen blauen Augen bloß ein Tröpflein Angst ausschwitzte, den jagten sie über den Hof und durch die Flure, drängten ihn, sobald sie ihn gepackt hatten, in eine Toilettenkabine und schrubbten ihm die Zähne mit der Klobürste durch. Ein Vergnügen, das Georg bisher erspart geblieben war. Ja, nicht nur das. Wenn sie nach Schulschluss mampfend beim Grillkönig standen, hatten sich die beiden oft an sein Tischchen gestellt, und während der eine mit der Zunge die knusprigen Fleischstückchen aus seiner Teigtasche fischte, hatte der andere mit ihren Taten geprahlt. Natürlich gerate nicht willkürlich jeder Trottel in ihr Visier, nein, bloß die Schmarotzer, die Schnorrer, die Stinktiere, die man im Grunde genommen alle hinauskarren müsste auf die Deponie, um sie dort mit dem restlichen Müll zu kompakten Würfeln zusammenzupressen und dann zum Wohle der Menschheit zu verheizen.

Langsam richtete Georg sich auf, die Hände in ein zufällig gegriffenes Paar Gummitreter geschoben, das er mit den Spitzen aneinandertippte. Den Teppich seiner neuen Haare, der jetzt so irrsinnig juckte, dass er seinen Kopf am liebsten in einen Flammenwerfer gehalten hätte, ließ er auf dem Gesicht liegen, um unbemerkt in Lemperts rechte Iris zu starren. Malte er sich schon aus, wie er ihn, Georg, die mit einem Schlag so elend heruntergekommene Pottsau, über den Parkplatz hetzen würde, oder rätselte er noch, wer dieser verwahrloste Wischmopp da drüben eigentlich war? Da machte Köpp eine Handbewegung, als drücke er einen aufdringlichen Hund zu Boden und zerquetsche ihm das Gehirn wie ein Pfund Hackfleisch. Gehorsam duckte Georg sich weg, hängte sich die Schuhe an den zusammengeknoteten Schnürsenkeln um eine Hand, griff den Koffer mit der anderen und glitt atemlos aus dem Bild. Im Abwenden bemerkte er, dass gar nicht er selbst ins Visier geraten war, sondern Jeanette, Herr im Himmel, Jeanette Niedermeyer, Auszubildende im Samenhaus Zielke, wenn ihn nicht alles täuschte. Direkt hinter ihm hatte sie sich mit durchgedrückten Knien zu einer Flasche Olivenöl hinabgebeugt, sodass ihre Backen kugelrund die rosa Hose spannten. Er huschte in den nächsten Gang. Es war nicht zu fassen! Da saßen sie jede Woche zwei Stunden in Rechnungswesen zusammen, manchmal sogar am gleichen Tisch, da standen sie ihm mindestens einmal pro Woche beim Grillkönig gegenüber, belauerten sein maskenhaft steifes Gesicht, um zu sehen, welchen Eindruck ihre Heldentaten auf ihn machten, doch sie hatten ihn nicht erkannt, vier Augen und vier ihn grün und gelb und blau dreschende Fäuste, aber sie hatten ihn nicht erkannt!

Jetzt hörte er hinter sich einen scharfen Klatscher, gefolgt von Kreischen und Gekicher, bei den Spirituosen machte er halt. Er stellte den Koffer ab, setzte das Paar Schuhe darauf, zwei grellgelbe Gummitreter, die wahrscheinlich sogar passen würden, und überflog hektisch die Reihen der Flaschen. Mittlerweile prickelte eine solche irrsinnige Kälte in seinen Füßen und Beinen, als läge er als lebendige Mahlzeit in der Tiefkühltruhe eines Menschenfressers. Er zog einen achtundfünfzigprozentigen, erdbraunen, mit einem schielenden Wurzelzwerg verzierten Kräuterbrand hervor, offenbar auf Anhieb die richtige Wahl. Denn kaum dass er den Deckel abgeschraubt und sich der Öffnung behutsam schnuppernd angenähert hatte, schien seine Nase sich mit einem Ruck rückwärts ins Gesicht zu stülpen. Gerade wollte er noch ein Schlückchen nehmen, um zu prüfen, ob das Zeug zu trinken war, ohne dass einem gleich eine Stichflamme aus dem Rachen fauchte, da baute sich am Ende des Gangs ein Mann auf. Hektisch schraubte Georg die Flasche wieder zu. Doch zu spät. Stumm blickte der Mann ihn an und drückte seine großen, bleichen Fäuste in die Hüften.

»Ja, der da, das ist er«, flüsterte das Meerschweinchen, das vorsichtig um die Gangecke lugte. Daher wehte der Wind. Aber was sollte er tun? In die andere Richtung zurückjagen konnte er nicht, da wäre er nur wieder Köpp und Lempert in die Arme gelaufen, und wer wusste schon, wo sich ihre Aufmerksamkeit bei einer zweiten Begegnung festbeißen würde. Also blieb ihm nichts anderes übrig, als sich dem Mann, der nun langsam auf ihn zugeschritten kam und sich im Gehen die Jackettärmel bis zu den Ellenbogen hinaufschob, voll zuzuwenden. Bevor er zu sprechen begann, trat er noch hinter den Koffer, um seine Füße zu verbergen.

»Sie denken sicher«, begann er, noch bevor der Mann ihn erreicht hatte, »hier steht einer, der sich sagt, Jacke auf, Flasche rein, Jacke zu, das ist ein gutes Prinzip, so einer, der sich allein von Abfall und Alkohol ernährt, der schon morgens die Hände ausstreckt und bettelt, man möge ihm ein Bier bezahlen, weil ihm das Arbeiten zu anstrengend ist, ja, so ein Kerl, der vor lauter Scham und Unglück am liebsten den eigenen Kopf, Jacke auf, Jacke zu, verschwinden lassen würde, doch das ist ein Irrtum.«

»Jacke auf, Jacke zu«, die Oma, die jetzt das Ende des Gangs mit ihrem Wagen blockierte, sah ihn kopfschüttelnd an. Der Mann, dem Jackett nach zu urteilen sogar der Marktleiter, stellte sich mit steil nach außen weisenden Schuhspitzen vor ihn hin. Herr Krone stand auf seinem Brustschildchen.

»Erstens«, erklärte Herr Krone, »Sie rücken die Flasche raus! Zweitens, Sie verlassen den Markt, bevor ich mich vergessen habe, und drittens ...«

»Aber ich habe Geld«, unterbrach ihn Georg.

»Wenn Sie mich jetzt mit Ihren Bettelmünzen beschmeißen, rufe ich die Sicherheit«, Herr Krone verschränkte die Arme.

»Selbstverständlich, aber schauen Sie mal«, sagte Georg und spreizte mit zwei Fingern seine linke Innentasche auf. Misstrauisch schob Herr Krone den Kopf über das haarige Bollwerk seiner Unterarme und äugte hinein.

»Das ändert nichts an der Hausregel«, er schüttelte den Kopf, während Georg kräftig nickte, um sich einsichtig zu zeigen. Aber welche Hausregel eigentlich?

»Erst kaufen, dann saufen!«, bellte ihm Herr Krone ins Gesicht und zeigte in Richtung der Kassen. Ohne ein weiteres Wort spurtete Georg los, ließ sich von einer dünnarmigen, ungeniert gähnenden Kassiererin die Scheine für den Kräuterbrand und die Schuhe aus der Hand zupfen, sah am

Marktende, winzig klein, Köpp und Lempert, die Jeannette gegen die Käsetheke pressten, dann verließ er den Markt.

Gegen eine Wand gelehnt, zog er sich die Schuhe über. Sie passten zwar doch nicht, waren mindestens noch zwei Nummern zu groß, außerdem konnte er die strahlend gelben, nach Klebstoff und Abgas stinkenden Ungetüme keine Sekunde länger anschauen als zum Schleifeschnüren nötig, aber wenigstens verbargen sie seine Füße vor der Öffentlichkeit. Er schraubte die Flasche auf, schwappte einen kräftigen Schluck auf die teils schon durchgeschabte, dunkle Stelle, neigte den Kopf und meinte zu hören, wie der Kräuterbrand den Unrat knisternd aus den Fasern ätzte. So großzügig, wie der Koffer den Fleck auf dem Jackett ausgewalzt hatte, war sicher noch längst nicht alles rausgespült, aber darum musste er sich später kümmern. Wenn er nämlich die Kälte bekämpfen wollte, dann durfte er jetzt keinen weiteren Tropfen verschwenden, also Prost! Doch kaum dass er die Flasche kopfüber in den Himmel gereckt und die Schleusen in seiner Kehle weit geöffnet hatte, da surrten die gläsernen Türen auseinander und das Meerschweinchen kam aus dem Markt gehuschelt. Ohne abzusetzen, stellte er sich ihr breitbeinig in den Weg, und während sein Magen sich ausdehnte wie ein Heißluftballon, schielte er an der Flasche vorbei und ließ den Blick von ihren hundeartig schaukelnden Wangen langsam heruntergleiten bis auf die fetten, weich aus den Sandalen quillenden Wasserfüße.

»Passen Sie gut auf«, flüsterte die alte Petze, kaum zu hören im Geratter ihres Einkaufswagens, den sie mühevoll um ihn herumschob. Er versuchte gewaltsam einen Rülpser aus dem Hals zu pressen, so einen klebrig zerplatzenden Urlaut, der ihr noch bis zum Morgen in den Ohren hing, brachte aber leider nur einen armseligen kleinen Quetscher zustande, den sie wahrscheinlich gar nicht hörte.

»Sie sagen mir gar nichts!«, schrie er dann und beobachtete, wie sie ihren gierig vollgeschaufelten, immer wieder nach rechts oder nach links abirrenden Einkaufswagen bis zu ihrem Auto schob. Passen Sie gut auf, von wegen, sie sollte lieber selber aufpassen, sonst würde er sie kopfüber in ihren Fressalienkäfig stopfen und den Schnellenberger Weg heruntersausen lassen. Aber bevor gleich Köpp und Lempert kamen und ihn plötzlich doch erkannten, lief er schnell zur Ampel vor und überquerte die Straße. Immerhin, er spürte den aufgeschlitzten Fuß nicht mehr. Allerdings quietschte es bei jedem Schritt, als würde er einen Frosch zertreten. Am liebsten hätte er diese Billigsohlen mit einem Messer zum Schweigen gebracht. Stattdessen nahm er, obwohl er die Flasche aus Versehen schon zu einem Viertel geleert hatte, einen weiteren Schluck, der als Feuerspur in seinen Magen rann, wärmend ausstrahlte in die Beine, die weiterliefen wie von selbst, über den Bürgersteig und über die Wiese, auf die Sülzwiesen zu, wo bald, übernächste Woche schon, der Rummel aufgebaut würde, das Riesenrad, das noch die Häuser am Weißen Turm überragte, vorbei an den dunklen Gebüschen, die den Kalkberg säumten und hinter denen der Trampelpfad verlief, der durch das kleine Tal führte und hinauf auf den Berg, hoch zu der alten Kanone, die bloß noch auf einen Baumstamm zielte, unfähig, den geringsten Schuss abzugeben, geschweige denn zehn, zehn Schuss aber, abgefeuert ohne Warnung, und die Villa des Direktors, draußen in Wilschenbruch, hätte sich erledigt, genauso wie die schnuckelig gewundenen Sträßchen, durch die sich in Rudeln die Touristen schieben, auch die Türme der Kirchen, auch das Rathaus, zehn Schuss bloß, und diese Witzfiguren, Justitia, Misericordia, und wie sie alle heißen, stürzten aus der Fassade, zehn Einschläge, und die mit Schülern und Studenten vollgestopfte Schröderstraße wäre voller Gebrüll, das, meine Damen und Herren, wäre heute eine vernünftige Funktion der Kanone, anstatt Warnschüsse in die Luft zu böllern, nur weil ein Häftling entwichen war, vor Jahrhunderten, einer, der keine Lust mehr hatte auf die Ketten am Fuß, ein Sträfling, der sich losgerissen hatte, um wieder frei zu gehen, frei zu atmen, und sei es bloß im Schatten einer Brombeerhecke draußen in der Heide.

»Applaus!«, schrie Georg und stemmte, als er einen Radfahrer sah, die Flasche empor wie einen Pokal. Der aber guckte bloß kurz und strampelte dann weiter den Hang hinauf. Na mach, dass du wegkommst. Er ließ es noch einmal gluckern, damit die Beine noch wärmer wurden, auch weicher, auch die Füße, auch die Knie, im Namen der Sicherheit, denn je tiefer er vorrückte in die Stadt, desto mehr musste er achtgeben, dass man ihn nicht schon aus der Ferne erkannte, denn gerade aus der Ferne war man so leicht zu erkennen, wenn Gesicht und Frisur keine Rolle mehr spielten, sondern nur noch die Gangart und die Stehweise, die bekanntlich eines Menschen größte Verräter sind, denn die Gangart und die Stehweise sind nicht zu verfälschen, niemals, über Kilometer hinweg verraten sie dich, derart eingegraben sind sie in die Glieder, dass sie niemals zu vertuschen sind, zumindest nicht ohne Hilfe, ohne den Kräuterbrand, und je nüchterner du es probierst, desto schneller haben sie dich, einerlei, ob du die Schultern hängen lässt oder die Schritte schleifen, oder beides, einerlei, ob du den Kopf in den Nacken legst und hochschaust zu den Stufengiebeln, als stündest du zum ersten Mal im Heidekreis, zum ersten Mal in Linderstedt, ein Tourist, der verdattert die bekanntesten Dinge bestaunt, die Kranwinden zum Beispiel, von denen manche noch mit einer Kette versehen sind, und manche Ketten mit einem Haken, auch in deiner Scherenschleiferstraße, auch über deinem Küchenfenster in der Scherenschleiferstraße Nummer drei, zu dem die Reisegruppen aufschauen, sonntags, wenn das Dämlein von der Stadt erklärt, dass damit früher Salz und Korn hochgekurbelt wurden in die Speicherräume unter dem Dach, dass die Kranwinde heute aber nur noch eine Zierde ist, ein kleines Detail, das den Linderstedter immer noch mit Stolz erfüllt, seinen Kopf aufwärmt mit der Erinnerung frühester Kaufmannszeiten, meine sehr verehrten Damen und Herren, sofern er ihn nicht hängen lässt, diesen seinen, die Ausgaben und die Einnahmen herauf- und herunterrechnenden Kopf, auf die Brust sacken lässt, als wüsste er nicht weiter, als wollte er nur noch das Fenster öffnen und sich fallen lassen auf den vorsorglich schon spitz geschliffenen Haken.

Licht flammte auf. Benebelt glotzte er auf die leuchtende Bahn, die über den Bürgersteig lief und seine rechte Schuhspitze erhellte. Gott, war ihm schwindelig. Er hob vorsichtig den Kopf und blickte in die still daliegende, bloß von leise gurgelnden Gullis belebte Gasse, dann hinauf in das schon abendliche Blau. Wie lange hatte er denn hier gestanden? Er ruckte sich von dem Fensterrahmen los, schwankte bojengleich vor und zurück, sackte nieder auf den Koffer, beguckte seine Hand. Der tief eingefurchten, knochenweißen Spur nach zu urteilen, die seine Haut durchkreuzte und sich nun kribbelnd neu mit Blut anfüllte, könnten es glatt Stunden gewesen sein, die er sich gegen den Fensterrahmen gestützt hatte. Und vorher? Nichts! Ins Dunkel abgesoffen, alles ins Dunkel, Moment mal, war da was? Er hievte sich hoch. Aber nein, er musste sich getäuscht haben, die Gasse, rechts und links, war leer. Dann konnte er ja kurz die Augen schließen. Da klirrte es, und er hätte fast geschrien vor Schreck, als plötzlich ein massiger Schatten in die Lichtbahn schwoll. Er presste sich flach an die Mauer und wartete, bis die schwarze Gestalt, die für Sekunden fast das gesamte Licht verschluckte, langsam zurückgeflossen war ins Haus, dann setzte er, damit der Kopf nicht unwillkürlich vorwärtsruckte, den Nasenrücken gegen den Fensterrahmen und spähte hinein.

Gleich hinter der Scheibe stand ein Tisch, geschmückt mit einem roten Deckchen, zwei langstielige Weingläser darauf, umringte Servietten und zwei weiße, oval geschwungene Teller. Der Schatten, in Wahrheit bloß ein Schrank im Küchenkittel, der eben den Tisch gedeckt haben musste, verschwand mit hellen Pfiffen durch eine Tür im Hintergrund. Einen Augenblick später tauchte er wieder auf und zog sich mit der gekräuselten Stirn eines Chefkochs einen Finger aus dem Mund. Mensch, was hätte Georg gegeben, um jetzt, heute, an diesem Samstagabend, nach der vermutlich schon den ganzen Nachmittag währenden Kochkünstlerschaft, niedersinken zu dürfen am Abendbrotstisch, gemeinsam mit dieser Frau, die jetzt aus dem Badezimmer kam und mit Winkehändchen das Wohnzimmer durchquerte, im Handtuch bloß, ja, gemeinsam auch mit diesem Koch, der die Lippen zu einem Küsschen spitzte, mit diesen beiden gemeinsam am Tisch zu sitzen, an diesem Abendbrotstisch, gemeinsam den Braten zu genießen, oder was es auch sei, das da in der Küche zurechtgezaubert wurde, das Besteck in den Händen und dann loszuspeisen wie ein Scheunendrescher.

Als die Frau zurück ins Wohnzimmer kam, jetzt in einem bläulichen, von Silberfäden raffiniert durchschlängelten Kleid, da stockte sie und schickte einen langen Blick zum Fenster hin. Ohne groß herumzugrübeln, ob vielleicht seine falschen Haare ins Bild hingen, ließ Georg sich nach vorne fallen, stand mitten im Licht, klopfte sich die Taschen ab, schwankend stehen geblieben, um zu prüfen, ob alles noch vorhanden war oder etwas fehlte, ein Schokoriegel aus dem Supermarkt zum Beispiel, der hätte schön verhindert, dass ihm der Kräuterbrand noch tiefer in die Blutbahn drang. Da quiekte leise ein Scharnier. Er drehte den Kopf über die

Schulter und hätte sich zu gerne einfach in die Arme schließen und mit einem Ruck ins Haus ziehen lassen.

»Guten Abend«, sagte die Frau, die das Fenster geöffnet hatte und sich fröstelnd hinauslehnte.

»Ich knote meine Schuhe zu«, erklärte er, bevor sie ihn fragen konnte, was er da mache, leider mit einer ziemlich lallend ausschwingenden Stimme, stieß eine Jacketthälfte weg, die sich auf seine Hand gelegt hatte wie ein lästiges Tier, zupfte eine Schleife auf und wurstelte sie wieder zusammen.

»Sie haben darunter ja gar nichts an.«

»Ich bin es so gewohnt«, erwiderte er schnell.

»Das, das soll ich Ihnen glauben?«, die Frau rieb sich die Oberarme.

»Außerdem kaufe ich mir gleich morgen ein neues Hemd«, er raffte den Vogelscheuchenlappen fest vor der Brust zusammen.

»Aber morgen ist Sonntag.«

»Gut, dann Montag.«

»Wissen Sie«, nachdenklich ließ sie den Blick an ihm heruntergleiten, »schon heute Mittag, als ich das Haus verließ, konnte man schwarze Wolken sehen, und die Blätter der Bäume im Liebesgrund …«

»Das ist doch nur der Herbst«, er lächelte ihr konzentriert entgegen.

»Aber bald«, fuhr sie leise fort, »prasselt wieder der Regen nieder, tagelang und nächtelang, kein Mensch mehr kann dann im Freien schlafen.«

»Im Freien!«, rief er, »Sie glauben, ich müsste im Freien schlafen!«

»Nun ja«, sie ließ einen Augenblick verstreichen, »was wollen Sie denn tun, wenn der Winter kommt?«

»Nichts«, schwungvoll beugte er sich herab und klopfte

dreimal feste an den Koffer, »ich habe meine Wohnung ja immer dabei.«

Als er wieder hochkam, mit metallischen Pulsschlägen im Kopf, da war die Frau verschwunden. Was schade war. Aber im Grunde besser so. Was sollte er herumstehen und sich mit Trübsinn aufblasen lassen, er wusste doch selber, dass der Winter kam, mit all seinen lächerlichen Flocken und der Klapperkälte und so weiter. Bis dahin würde er wohl eine Lösung gefunden haben. Er nahm den Koffer, um weiter in die Stadt zu taumeln, endlich ins Hotel, in die Wanne, in die Heia, da streckte ihm ein langer, dünner, weißer Arm einen Teller Suppe entgegen.

»Das kommt ja nicht infrage«, protestierte er, doch als er wieder ihren Blick sah, diese sorgenvoll geweiteten Augen, ihre weichen, blassen Wangen, da griff er einfach zu und setzte sich auf den Koffer. Suppendampf wölkte ihm ans Gesicht. Vorsichtig pustend sah er hinein zu der Frau, die Platz genommen hatte auf der anderen Seite des Tisches, in der Tiefe des nunmehr fast vollends verdunkelten, bloß vom Schein einer Kerze schaukelnd erhellten Wohnzimmers. Sie stützte das Kinn in die Hand und betrachtete ihn. Als er schließlich, um sie nicht zu enttäuschen, den ersten Löffel der offenbar noch kochenden Suppe behutsam in seinen Mund manövrierte, da nahte aus der Küche der Mann heran und stellte mit elegantem Schwung zwei Teller auf den Tisch, dann, eine Hand auf den Rücken gelegt, füllte er Wein in die Gläser, das Glucksen der Flasche in der Stille, und setzte sich schließlich auf die Fensterseite des Tisches. Abgeschirmt durch den Rücken des Mannes, konnte Georg, der seinen Mund weiter aufgerissen hatte als je im Leben zuvor, den glühenden Löffel unbemerkt und berührungslos wieder herausziehen und die Suppe erleichtert zurückschütten in den Teller. Schade, dass die Frau nicht mehr zu sehen war. Selbst als der Mann sich jetzt niederbeugte und seinerseits zu löffeln begann, tauchte lediglich ihr Haar empor, das seine Schulter vielleicht um einen Zentimeter überragte. Nach einer Weile bemerkte Georg, wie die Löffel der beiden, die gegen Zähne und Teller stießen, einen Rhythmus erzeugten, so ein helles Klicken und Klacken, in das er sich, pustend und fächelnd zugleich, einzufügen versuchte, um, wenn schon aus der Sicht gedrängt, so zumindest klanglich Teil dieses unverhofften Abendbrots zu sein. Doch der scheinbar stählernen Hitzeunempfindlichkeit der ehelichen Gaumen sowie ihrem Hochgeschwindigkeitsgelöffel war er nicht gewachsen, leider, und hatte, als der Mann aufstand, um den nächsten Gang zu holen, noch fast die ganze Suppe im Teller. Immerhin, jetzt war die Frau wieder zu sehen, stumm und reglos guckte sie ihn an, während aus dem Dunkel hinter ihr der Mann ein quietschendes, silbernes Wägelchen heranschob. Mit lässig schwingenden Armen platzierte er die Schüsseln auf dem Tisch. Bevor er sich setzte, trat er ans Fenster, tat, als blicke er zum Abschluss des Tages noch einmal prüfend zum Himmel auf, und schloss dann mit steif ausgestreckten, wie Scherenblätter zusammenschnappenden Armen die Gardinen.

Obwohl Georg der Frau gern zugesehen hätte, wie sie den Braten zerschnitt und hinunterschluckte durch ihren wahnwitzig dünnen Hals, so spürte er auch, dass die Muskeln seiner Wangen sich nun, wo er wieder aus allen Blicken befreit war, langsam zu lösen begannen wie aus einem über Stunden und Tage festgezurrten Knoten. Er hatte es fast vergessen. Aber seit dem Auszug von zu Hause hatte er, abgesehen von den samstäglichen Mittagsmahlzeiten, die Mama ihm ab und zu noch vorsetzte und die man sich so rabiat und gierig in den Mund baggern konnte, wie man wollte, nur selten Gelegenheit gehabt, gemeinsam an einem Tisch zu sitzen, einander gegenüber, Erfahrung zu sammeln im Entgegennehmen eines vornehm angereichten Tellers, abends nach der Arbeit, im kennerhaften Anschnuppern und Ah-Sagen über einem dunkelbraunen, fast schwarzen Stück Fleisch, so einer noch ehrlich im Wald niedergestreckten Wildsau, geschweige denn im geschickten Schwenken und möglichst schnellen Wegschlürfen so eines erdig roten und allein für uns, mein Junge, aus Sizilien hergeschifften Weins. Doch wie oft er auch davon trank, während er die Blicke des Chefs über seine Stirn wandern spürte, hin und her wanderten sie, als suchten sie einen Eingang, irgendein Loch, in das sie eindringen konnten, der verdammte Wein wollte weder weniger werden noch besser schmecken als ein muffiger Marderpelz. Am Ende musste er dann alles, was nach dem Arbeitstag noch an Kraft in ihm verblieben war, darauf verwenden, endlich den Blick einmal selbst nach oben zu schieben, am Träger des Blaumanns hoch, den der Chef auch nach der Arbeit noch trug, auch hier im Bergström, zentimeterweise den Hals hinauf, bis er gleichermaßen hinschauen konnte auf dessen Stirn, die sich felsig hervorwölbte über der dünn geflügelten, scharf zulaufenden Nase.

Obwohl Herr Spick ihn mit diesem Wildschwein ja wohl belohnen wollte, konnte er an nichts anderes denken als an eine trockene Scheibe Brot und ein Gläschen Leitungswasser, zu Hause auf der Küchenbank, dabei hinausschauen über die Dächer und den Tag leise an sich abperlen lassen. Das wäre schön. Am späten Nachmittag hatte er zum ersten Mal hinausfahren müssen, mit dem Bus eine Stunde über Land, einen Koffer auf den Knien, der ein so geringes Gewicht hatte, dass man ihn am ausgestreckten Arm im Kreis drehen konnte. Irgendein Herr Kraus sollte etwas zur Verwahrung entgegennehmen, denn allein dort, bei diesem Herrn Kraus, in seiner Kleinen Kassa, war eine Verwahrung noch, was ihr Name versprach, allein dort nämlich wurde noch in einer

Weise verwahrt, dass niemand, kein Finanzministerium und kein Polizeihauptquartier der Welt, je davon erfahren würde, einerlei, ob es sich um eine schwarz einkassierte Million handelte oder um eine Ladung Sprengstoff, die ein ganzes Kaufhaus in Stücke reißen konnte.

»Die Kleine Kassa«, erklärte Herr Spick, »schweigt wie ein Totenschädel.«

Nachdem Herr Kraus die Tür geöffnet hatte, forderte er Georg auf, den Koffer abzustellen und schnell zu verschwinden. Aber nein, Georg schüttelte mechanisch den Kopf und wartete, bis Herr Kraus, der ihn durch den Türschlitz über Minuten wortlos musterte, schließlich die drei Sicherheitsketten enthakte und ihn hineinzog in seine kaum erhellte, mit Möbeln vom Boden bis zur Decke verbarrikadierte Wohnung. Dort erst überreichte Georg, wie Herrn Spick versprochen, den Koffer, mit dem Herr Kraus sofort verschwand. Das Tappen seiner Pantoffeln war eben erst der Stille gewichen, da kam er schon wieder zurück, der Herr Verwahrer, klopfte Georg fünf, sechs, sieben Mal waschlappenweich auf die Schulter und lobte ihn als wandelnde Überwindung sämtlicher, den Heidekreis erschütternder Sicherheitsrisiken, dann schob er ihn wieder hinaus. Der Koffer war immer noch so leicht, als enthielte er nichts als Luft. Er hatte schon befürchtet, Herr Kraus könnte ihm irgendeine zentnerschwere Ladung hineinstopfen, die ihm die Arme affenartig in die Länge ziehen würde, doch wahrscheinlich hatte er bloß ein Papierchen transportiert, oder er transportierte es gerade zurück, irgendein dummes, kleines Dokument, das man der Post nicht anvertrauen wollte.

Mit Sicherheit säße er längst zu Hause, wenn er Herrn Spick nach der Rückkehr gefragt hätte, was genau der Koffer enthielte, oder auch, warum Herr Kraus nicht hatte ins Geschäft kommen können, um das Papierchen, oder was es nun war, abzuholen oder herzubringen. Andererseits stellte diese Essenseinladung, zumal noch ins Bergström, ja eine Belohnung dar. Dass er, der kaum einjährige Lehrling, eingeladen wurde von seinem Chef, er allein und ganz ohne die von Herrn Spick so geschätzte Mama. Damit erreichte wohl das Glück, dass er überhaupt eine Lehrstelle bekommen hatte, nicht ohne die Hilfe seiner Mutter, den Gipfel, denn es war doch ein Glück, dass ihn die Schule nicht einfach auf die Straße gespuckt hatte, obwohl er für sein von lauter Vieren und Fünfen und Sechsen verhageltes Abschlusszeugnis nichts anderes verdient hätte.

Trinkend beobachtete Georg den undurchsichtigen, roten See, der schwappend abfloss in seinen Mund. Im Blick durch den Glasbauch verzerrte sich der Kopf des Chefs zu einem Ballon, an dem rote Schlieren herabliefen und der kurz vor der Explosion zu stehen schien. Als Georg das Glas schließlich wieder auf den Tisch zurückstellte, war es leergetrunken bis auf den Grund. Daraufhin sagte Herr Spick, ohne aufzusehen und so, als verlese er lediglich ein ins Tischtuch gesticktes Urteil: »Ich kann mich auf dich verlassen.«

Georg schob den Teller durch den Gardinenspalt und erklärte, kaum dass ihn jemand ergriff, solange es solche Suppen gebe in der Welt, habe er noch Hoffnung, dann ging er weiter. Doch statt loszumarschieren, von der Suppe angetrieben wie von frischem Treibstoff, waren seine Beine mit einem Mal so bequem und störrisch, dass er sich schon nach wenigen Schritten gegen ein altes Fahrrad lehnen und einen weiteren Schluck genehmigen musste. Vielleicht ließ sich so die Müdigkeit verscheuchen, die ihn jetzt dunkel durchströmte, doch kaum dass er getrunken hatte, der Kräuterbrand schien Löcher in seine Magenwände zu ätzen, da schoss ihm Galle in den Hals und verkleisterte seinen Mundraum mit dem

Geschmack einer bitteren Fäule. Tief einatmen und langsam, langsam wieder aus. Er konzentrierte den Blick, der einzutrüben begann wie von einer über die Augen gegossenen Tinte, auf das klare Linienmuster, das den Deckel der Fahrradklingel zierte. Um sich abzulenken von dem in der Gurgel noch nervös nachzuckenden Würgereiz, schraubte er die nur locker angebrachte Klingel vom Radlenker ab und an seinem linken Daumen, wenn auch etwas lose, da ihm ein Schraubendreher fehlte und er die Schräubchen nur mit den bloßen Fingern anziehen konnte, wieder fest. Obwohl der Schwindel und die Schläfrigkeit keineswegs schon wieder abgeflaut waren, im Gegenteil, sie schienen zu einer wabernden Weltmüdigkeit zu verstrudeln, versetzte ihn der erste Klingelglockenschlag, der so schrill durch die Gasse sprang, dass er ihn vor Schreck mit der Hand erstickte, wieder in Bewegung. Kurz blickte er zurück, hatte das Gefühl, als könnte ihm die Suppenspenderin hinterhergucken, könnte ihn gar freundlich zurückwinken wollen für einen zweiten, vielleicht etwas kühleren Gang oder, was noch schöner wäre, ein Dessert, irgendeine süße Schweinerei, so eine kleine Schokoladenlandschaft vielleicht, aus der man dicke, saftige Erdbeeren herausgraben musste, doch das war nicht der Fall. Im Grunde ein Glück. Oder hatte er es nötig, an fremden Fenstern rumzubetteln? Er legte den Kopf in den Nacken und tappte, vor Augen nichts als das beruhigend eingedunkelte Blau, den Bürgersteig hinab. Gelegentlich, wenn die Schwierigkeiten, mehr als drei Schritte in gerader Linie zu gehen, unüberwindlich schienen, klemmte er den Klingelhebel unters Kinn und schellte. Der in den Ohren klirrende Glockenschlag straffte ihn jedes Mal für mindestens zwei oder drei Schritte wieder durch, dann verwabbelte sein Gang erneut. Wenn nur das Rad nicht abgeschlossen wäre! Dann müsste er weder gehen noch überhaupt sich auf den Beinen halten. Als

Fahrradfahrer durch die Straßen zu gleiten, am besten eine sanft abfallende Straße hinab, oder wie damals, eine steil abfallende Straße hinab, das war doch die einzig einleuchtende Fortbewegungsart auf dem gesamten verdammten Planeten. Lichter und Laternen, die im Augenwinkel vorüberwischen, warm strahlende Häuser, Hecken davor und Hunde dahinter, Wohnzimmer, Schlafzimmer, Badezimmer, und plötzlich diese Hand, die sich von hinten über die Augen legt, und im Herzen der Hand ein Puls, der gegen seine Lider klopft, ein Test für uns zwei, und über den Bauch bis an die Grenze des Gürtels die andere Hand, die die Fingernägel in die Haut eingräbt, weil sie nicht weiterkommt, während sie die Stöteroggerstraße hinuntersсheppern, blindlings auf die Kreuzung zu und blindlings über die Kreuzung hinweg, die still daliegt, nicht das geringste Motorengeräusch geht durch die Nacht, kein Hupen und Geschrei, nur die Klingel war zu hören, die schellte und schellte, bis sie die Kreuzung überquert hatten und Marlies die Hände wieder fortnahm.

Als er begriff, dass es nicht bloß aus der Erinnerung an seine Ohren schepperte, sondern auch aus der Gasse, riss er, trotz der Übelkeit, die ihn mittlerweile von Kopf bis Fuß beherrschte, noch einmal die Flasche an die Lippen, hielt sie wie einen Balken quer über sein Gesicht und wartete, zur Wand gedreht, bis das Rad vorüber war. Dann lief er weiter, erleichtert, dass er sich so gut und schnell zu tarnen verstand, wenn es darauf ankam. Alles war gut. Bis er bemerkte, dass das Rad vom Ende der Straße zurück und wieder auf ihn zukam. Da er die Geste des zur Wand gekehrten Trinkers schlecht wiederholen konnte, ohne schematisch zu wirken, kugelte er stattdessen die Schultern vor und schlurfte so lang mit gummihaft zur Brust federndem Kopf über den Gehsteig, bis das Rad ihn wieder passiert hatte. Doch zum Triumphieren blieb keine Zeit, denn kaum passiert, machte der Radler wieder kehrt und fuhr nach einigen weiteren, offenbar zur Prüfung seiner, Georgs, Person angestellten Kehrtwenden schließlich mit Schrittgeschwindigkeit neben ihm her und entpuppte sich, als Georg seitlich durch die falschen Locken lugte, als Clemens. Aufrecht saß der Quälgeist im Sattel seines alten Damenrades und guckte ihm starr ins Gesicht. Georg hätte den Koffer dafür gegeben, wenn dieser Schachtrottel einfach weitergefahren wäre, ohne ihn anzugucken, womöglich gleich noch anzusprechen, auszuquetschen, wenn er ihn einfach nur in Ruhe gelassen hätte wie einen beliebigen Schnorrer, aber schon war er abgesprungen und schob sein Fahrrad quer auf den Bürgersteig.

»Passkontrolle!«, erklärte er knapp. Georg eierte vom Bürgersteig und versuchte, sich so ein Wimmern aus dem Hals zu locken, wie es gelegentlich von Reinhard zu hören war, wenn er am Ochsenmarkt auf dem Rand des Brunnens stand, in der linken Hand eine Dose Bier und in der rechten einen jener Artikel über sein früheres Leben, den er eben lauthals vorgesungen hatte. Wenn er nach der letzten Zeile noch immer nicht genug hatte, setzte er den Gesang mit einem unartikuliert kehligen Wimmern fort, leise zunächst, als habe sich ein Kätzchen in seinem Bartgestrüpp versteckt, dann lauter, bis es schließlich angeschwollen war zu einem Geheul, das den ganzen Marktplatz erfüllte und klagend widerhallte von den Mauern des Rat- und des Kaufhauses.

Zu einem solchen Geheul brachte es Georg natürlich nicht, er war ja auch kein verlauster Bettelbart und er würde auch keiner werden, doch auch der kleine Versuch einer akustischen Anpassung an den Straßenbewohner wurde schon belohnt. Kaum nämlich, dass er die nächste Ecke erreicht hatte, war die Gasse, in die er beim Abbiegen blitzartig zurücksah, leer. Ein Glück! Ein Glück! Wie befreit aus einer schon stramm gezogenen Galgenschlinge schlenderte er weiter.

Siehst du, das war der zweite Beweis, oder nein, wenn man die Schweinehunde Köpp und Lempert plus Jeanette einmal einzeln durchzählte, dann war es schon der vierte, ja genau, der vierte Beweis, und wenn man zusätzlich bedachte, wie oft ihn sein geduldiger Reisekaufmann Clemens bereits gesehen hatte, studiert sogar, zumal aus einem bloß schachbrettweiten Abstand, zudem mit bis zu viertelstundenlangen Blicken, unter denen er, Georg, den Einfall für einen nächsten Zug schwitzend herbeigefleht hatte, dann durfte Clemens auch gerne einmal doppelt gerechnet werden, sodass dieses irrwitzige Zusammentreffen durchaus schon als ein fünfter Beweis dafür gerechnet werden konnte, dass es vernünftig gewesen war, nichts als nur vernünftig, sich das neue Haar zu leisten. Entspannt schlenderte er los, lauschte auf das herbstliche Geschlotter der Blätter über seinem Kopf und hätte fast nicht gehört, wie hinter ihm, gleich hinter der letzten Ecke, jemand flüsterte, ein einziges Wort nur: »Gardez!«

Er betete, es möge einfach irgendein verdatterter Großvater sein, der leise brabbelnd eine vor Wochen verlorene Partie durchging, um beim nächsten Mal mit aller Übersicht und Verstandeskraft zurückzuschlagen, doch nein, es war niemand sonst als nur der schreckliche Clemens, der jetzt den Bürgersteig hinuntergaloppierte und mit einem abschließenden, meterweiten Sprung neben ihm landete. Ohne ein Wort zu sagen, legte er die Hände auf den Rücken, blickte so starr zu Boden, als wollte er Löcher in den Stein brennen, und ging neben ihm her. Höchstens zwei, allerhöchstens drei Mal war es vorgekommen, dass er, Georg, indem ein undurchschaubares Glück seine Hand führte, Clemens hatte besiegen können. Für gewöhnlich konnte er nur zusehen, wie dieser die feindlichen Figuren, statt sie schnell vom Feld zu wischen, konzentriert und systematisch in eine Falle lockte, aus der es kein Entrinnen gab.

»Ich kenne Sie nicht«, Georg hatte das Kinn auf den Hals gedrückt und sprach mit einer gurgelnd abgewürgten Stimme.

»Das behauptet wer?«, fragte Clemens, statt sich zu entschuldigen und zu verschwinden, und stiefelte neben ihm her wie ein Kommissar, der hinter seinem harmlosen Knittergesicht tückisch auf der Lauer lag. Georg musste schnell etwas sagen, irgendwas, das ihn beschäftigen, verwirren, Himmel noch eins, am besten in eine so rasende Konfusion stürzen würde, dass er in die Klapse eingewiesen werden müsste, nur was?

»Wenn einer erst seit Kurzem«, begann er schließlich, merkte aber gleich, dass er durch das Gepresse mit dem Kinn den eben abgeflauten Brechreiz wieder wachgekitzelt hatte. Er legte sich die Hände aufs Gesicht und atmete den eigenen Atem ein. Als der Magen sich wieder beruhigte, sprach er lieber mit heiseren und schleppend zerdehnten Worten.

»Also, wenn einer erst seit Kurzem auf der Straße lebt, dann ...«

»Dann was?«

»Dann ist er wehrlos.«

»Gegen wen?«

»Gegen alle.«

»Warum?«

»Naja, wer keine Übung hat, im Freien zu leben, auf der Straße, allein, der muss ...«

»Der muss ein Lügner sein!«

»Nein, nein, ich meine die Leute, die Blicke der Leute, wie die ihn alle anschauen, was die über ihn denken, was die alles sagen ...«

»Sehr interessant«, Clemens stieß einen kleinen Pfiff aus, »aber leider nicht interessant genug.«

»Ja, gut«, sagte Georg, froh, dass er diesen hopplahopp

zusammengerührten Quark nicht weiter ausführen musste, »viel Glück noch bei der Suche.«

»Habe ich gesagt, dass ich jemanden suche?«

»Hast du nicht?«, fragte Georg, verflixt, er hatte doch gesagt, dass er jemanden suchte, oder nicht?

»Wo warst du eigentlich heute Morgen?«, wollte Clemens plötzlich wissen.

»Heute Morgen, warte mal, da war ich im Liebesgrund.«

»Und gestern Abend, als er nicht erschienen ist?«

»Wer ist nicht erschienen?«

»Na, mein Kollege aus der Berufsschule.«

»Also doch!«

»Hör mir zu, ich saß am Stint vor dem Schachbrett, stundenlang habe ich gewartet, aber er ist nicht erschienen.«

»Das ist traurig«, Georg blickte im Gehen auf seine lächerlich knarzenden Treter. Immerhin schien ihn das Verhör durch seinen Schachkollegen wieder halbwegs gerade gehen zu lassen.

»Nicht mal seine Eltern wussten, wo er war.«

»Seine Eltern?«

»Nicht mal sein Chef wusste es«, wieder brach Clemens ab, so, als folge noch etwas, aber es folgte nichts.

»Was hat er denn gesagt, sein Chef?«, fragte Georg endlich in die minutenlang allein von ihren Schritten durchbrochene Stille.

»Du kennst ihn nicht«, erwiderte Clemens.

»Nein, natürlich nicht.«

»Letzte Woche erst hat er mich im Spiel besiegt. Wahrscheinlich wirst du sagen, das kommt vor, aber ich sage dir, das kommt nicht vor, nicht bei uns, bei uns gewinne ich. Und wenn doch einmal der unwahrscheinliche Fall eintrat, dass ich verloren habe, vielleicht aus Müdigkeit oder weil ich ihm eine Freude machen wollte, dann ist er aufgesprungen und hat gebrüllt vor Stolz. Aber weißt du, was er letzte Woche getan hat? Letzte Woche hat er gewonnen und sagte bloß: nun. Zweimal, was sage ich, dreimal hat er gewonnen, und dreimal bloß nun.«

»Bloß nun«, echote Georg, hektisch überlegend, worauf, zum Teufel, Clemens bloß hinauswollte.

»Als sei ihm der Sieg egal!«, rief dieser, »kannst du mir das erklären?«

»Leider nicht«, antwortete er, verwundert, was Clemens da zusammenfantasierte. Er hatte doch gar nicht verloren. In keinem der Spiele. Da schlugen hinter ihnen die Glocken von Sankt Michaelis.

»Oh, jetzt muss ich mich beeilen«, sagte Georg und wollte, noch bevor die Glocke ausgeschlagen hatte, verschwunden sein.

»Ich bin noch nicht fertig«, Clemens fasste ihn beim Handgelenk, »die ganze Woche lang habe ich an den nächsten Freitagabend denken müssen, an gestern Abend, an die Revanche. Immerzu habe ich mir vorstellen müssen, wie wir uns hinsetzen, wie wir die Figuren aufstellen, immerzu habe ich mir gedacht, wie ich den ersten Zug mache, um ihn zu besiegen, wie ich mit dem Pferd nach vorne springe, um die Front seiner Bauern zu durchbrechen und dann seine Dame zu greifen, und dann?«

»Dann ist er nicht erschienen«, murmelte Georg. Ein Bus schwenkte um die Ecke und quälte sich brummend durch die Gasse.

»Aber warum?«, Clemens blieb stehen, starrte ihn an.

»Krank vielleicht«, er versuchte das Handgelenk zu befreien, doch Clemens zog den Ring seiner Finger zusammen wie eine Handschelle. Der Bus kam näher.

»Falsch«, sagte er, »er ist nicht krank gewesen, sondern gemein, hundsgemein ist er gewesen, und warum? Weil er sich nicht an die Regel gehalten hat. Doch wer sich nicht an die Regel hält, für den ist das Spiel beendet. Denn wer sich nicht an die Regel hält, auf den ist die Jagd eröffnet. Den kann niemand schützen. Den werden alle belügen. Den wird jeder verraten. Denn wer sich nicht an die Regel hält, dem wird man zur Strafe in den Kopf schießen!«, ruckartig ließ Clemens ihn los.

»Wegen einem Schach ...«, begann Georg verwirrt.

»Doch! Doch! Seine Freundin hat es auch gesagt!«, Clemens brüllte, dass die Adern aus seinem Hals traten.

»Freundin? Welche Freundin?«

»Wie heißt sie gleich«, Clemens schnippte hektisch mit den Fingern, »diese Springweiler.«

»Marlies!«, sofort schlug sich Georg eine Hand auf den Mund. Doch der Name, den er verwundert ausgerufen hatte, hallte bereits zwischen den Hauswänden hin und her, immer heller, immer schwächer, bis das Busgebrumm ihn wieder verschluckte. Clemens, die Hände in den Hüften, stand kalt lächelnd vor ihm da. Immer weiter schob er das Kinn nach vorn, so weit, bis man in seine Nasenlöcher gucken konnte, winzige Haare ragten aus dem Dunkel, eine regelrechte Finsternis musste in der Nase herrschen, auch dahinter, unter den Knochen, im Kopf, dachte Georg, während er, wie in Watte gepackt, in den Bus sprang, der zischend auf die Bordsteinkante gesunken und gleich wieder angefahren war.

Den Koffer mit einem Knie voranstoßend und, falls ein Bekannter unter den Fahrgästen wäre, eine Hand über dem Gesicht, als kratze er sich, so wankte er durch den Gang bis in die letzte Reihe. Hier saß noch niemand. Und als sich keiner nach ihm umdrehte, blickte er durch das Rückfenster. Clemens hatte sich gerade wieder aufgerichtet und befühlte die Stelle an der Stirn, wo Georg ihn mit dem Koffer erwischt hatte. Statt dem Bus hinterherzurennen, ging er dann geradewegs, wenn auch ein wenig steif und ruckend, wie ein eben aus der Friedhofserde gekrochener Untoter, zurück in die Ohlingergasse. Er musste gleich gespürt haben, dass Marlies, deren Namen Georg vielleicht einmal erwähnt hatte, an einem spät gewordenen Abend vielleicht, als er schon müde war und seine Vorsicht butterweich, ihm noch einmal nützlich werden könnte.

»Mein Freund«, hauchte Georg den Koffer an, als der Bus in die von Geschäften strahlende Salzstraße eingebogen war, dann wischte er lächelnd die roten Schlieren von einer der vier metallbeschlagenen Ecken. Anschließend legte er sich den Koffer flach auf die Schenkel und lehnte sich zurück. Aus dem Rücken seiner Hände quollen die Adern vor. Er schloss die Augen und überließ sich den Schwingungen des Motors, die wellengleich den Boden durchliefen und seinen Sitz erzittern ließen. Sein Kopf begann sich zu drehen. Wenn er einfach so sitzen bleiben könnte, die ganze Nacht in ausgedehnten Schleifen durch die Stadt schaukeln könnte, still für sich in der letzten Reihe, vorbeigleiten könnte an den leuchtenden Schaufenstern der Geschäfte in der Salzstraße, vorbei an den Lichtern der Wohn- und Schlafzimmerfenster im Roten Feld, vorbei an den Schummerlichtern der Kellervideothek unter der Spielhalle am Westbahnhof und weiter, immer weiter, ein leuchtender Strom, warm in die Nacht strahlende Gebäude, während im Bus die Sitze zittern, leer allesamt, da die Fahrgäste längst ausgestiegen sind, längst abgesunken in ihre Betten oder Sessel, das Nachtprogramm vor Augen oder Träume um die Ohren, nur der Fahrer ist noch da, der sich vielleicht, ganz vielleicht, bestechen lässt, eine neue Route einzuschlagen, hinunter zum Weißen Turm und dort zu warten, während er, Georg, aus dem Bus aussteigt und mit vorgestrecktem Finger zuläuft auf den Knopf der Klingel der Springweilers.

Er zog das Handy vor und starrte auf das schwarze Display. Wollen Sie den Kontakt wirklich löschen? Nein, das will ich nicht. Und trotzdem, gleich nachdem er den Ausbildungsvertrag bei Herrn Spick unterschrieben hatte, mit einer seltsam steifen Hand, die seinen Namen so komisch hingekrakelt hatte, dass er ihn selber kaum erkennen konnte, da hatte er einfach Ja gedrückt, und ihre Handynummer war für immer erloschen und verloren. Sicher könnte er die Nummer ihrer Eltern herausfinden. Andererseits, was würden sie sagen, wenn er jetzt, nach über zwei Jahren totaler Funkstille, anriefe und fragte, wo Marlies heute lebte, da stoppte der Bus. Haltestelle Lambertiplatz. Seufzend schwangen die Türen auf. Drei Männer stiegen ein, gehüllt in schmuddelige Mantelungeheuer, dicht aneinandergedrängt verharrten sie an der hinteren Tür. Dem einen stemmte sich an der Schulter eine dicke Stange gegen den Stoff, er drückte sie an den Körper, als versteckte er dort eine abgesägte Schrotflinte. Sein Kollege hingegen, mit dem er Rücken an Rücken stand, umklammerte eine tonnenförmige Wölbung, die sich unter dem Mantel vom Bauch bis auf die Oberschenkel senkte, eine Bombe vielleicht oder ein Bierfass, da schwang sich der Dritte vor die beiden, ergriff summend zwei Halteschlaufen und ließ sich auf seinen nackten Fersen quietschend den Gang hinabrutschen. Die Füße waren in einem derart üblen Zustand, bläuliches, wild quellendes Fleisch, eitergelbe Flecken, dass Georg schnell den Blick hochriss. Wie ein Affe hing der Kerl an den Schlaufen, die Melone so tief ins Gesicht gezogen, dass nur die Nase und der Bart zu sehen waren, ein dichtes Gestrüpp, in dem sich, zwei violetten Würmern gleich, die Lippen bewegten. Als würde er ihm, dem Fahrgast in der letzten Reihe, etwas zuflüstern, eine Botschaft vielleicht, doch welche, war nicht zu verstehen. Georg rutschte tiefer in den Sitz, und damit dieser Ekelaffe gar nicht erst dachte, er hätte auch nur das geringste Interesse an seinem Gefasel, blickte er konzentriert auf den lilafarbenen Haardschungel einer bulligen Dame, die sich drei Sitze vor ihm lautstark schnäuzte. Auch die übrigen Fahrgäste versuchten die drei möglichst nicht zu beachten. Einige studierten ihre Armbanduhren wie ein Buch, andere drückten die Stirnen an die Fenster, glotzten nach draußen. Plötzlich klopfte es. Hinter ihm. An der Scheibe. Langsam drehte er sich herum. Und hätte am liebsten den Pennermantel aufgerissen, die Schrotflinte geschnappt und geradewegs durch die Heckscheibe gefeuert. Draußen, von den Rücklichtern rot angeglüht, auf seinem lausigen Damenrad, da strampelte Clemens. Bis auf einen Meter hatte sich das Aas herangeasselt und tippte mit der Spitze eines lang ausgestreckten Regenschirms lächelnd an die Scheibe. Kaum aber, dass ihm Georg entgegenstarrte, warf er seinen Schirm wie ein Zirkusclown in die Luft, packte die Spitze und holte weit aus. Gerade noch rechtzeitig, bevor der in großem Bogen durch die Luft sausende Holzgriff auf die Scheibe knallte, hatte Georg den Koffer davor in Stellung gebracht. Blitzschnell sah er sich um. Ob jemand schaute. Aber Glück gehabt, niemand! Schon nahm Clemens, der durch den Schlag einige Meter zurückgefallen war, wieder Anlauf. Weit vornübergebeugt schrie er, um sich aufzupeitschen, seinen Lenker an. Aber sollte er nur. Hier im Bus war eh nichts anderes zu hören als Motorengebrumm. Und als das Licht einer Straßenlampe über Clemens dahinglitt, musste Georg lachen. Hellrot glitzernd und fast drei Finger breit lief die Kerbe über Clemens' Stirn. Vielleicht würden ja die Kräfte, die ihn vor Wut zurück aufs Rad gebracht hatten, verpuffen, bevor sie die nächste Haltestelle erreichten. So wie er sich da abstrampelte, pfiff er eh bald aus dem letzten Loch. Georg drehte den Kopf um neunzig Grad zur Seite und hob gut sichtbar eine Hand an den Mund, um seinen Verfolger mit einem elchartig aufgerissenen Gähnmaul vollends zu entmutigen, da bäumte sich der bereits schlaff im Sattel hängende Clemens wieder auf. Verbissen auf sein Vorderrad starrend, kämpfte er sich heran und schwenkte, kaum dass er die Scheibe erreicht hatte, auf die gegenüberliegende Spur. Was hatte er vor? Wollte er den Bus überholen und zum Anhalten zwingen? Seine Gestalt hatte sich fast aufgelöst in den Scheinwerfern der entgegenkommenden Autos, da kurvte er mit hochgestrecktem Regenschirm wieder auf den Bus zu. Der Schlag, der auf das Fenster krachte, ließ alle Gäste zusammenfahren. Ein junges Mädchen kreischte vor Schreck, als Clemens' Fratze an ihr vorüberschwirrte. Durch die Anstrengung hervorgepumpt, rann aus seiner Kerbe eine dunkle rote Spur, die sich an der Nase vorbei bis zum Kinn schlängelte. Was da los sei, wollte der Fahrer über den Lautsprecher wissen.

»Der meint doch Sie«, sagte der lilafarbene Haardschungel und drehte sich um.

»Mich?«, fragte Georg. »Aber ich, ich bin zum ersten Mal in der Stadt.«

»Euch müsste man anzeigen«, sagte ein Mann, »uns so zu erschrecken!«

»Schauen Sie!«, rief Georg und zeigte nach vorn. Eben knöpfte einer der drei Männer seinen Mantel auf und zerrte zwischen den zur Seite schwingenden Schößen statt der Schrotflinte eine Tröte hervor, eine alte, ehemals wohl goldene, nunmehr fast vollends abgeblätterte, rostige Blechtröte. Schon öffnete der Zweite seinen Vorhang, er trug eine kleine, vermutlich aus einem Park geraubte Abfalltonne vor dem Bauch, den Boden als Schlagfeld nach oben gekehrt. Dann nahm der Dritte mit einer Verbeugung die Melone vom Kopf, es war Reinhard. Lächelnd zog er eine Mundharmonika aus dem Hut. Alle drei holten tief Luft, pumpten sich auf wie Ballons, und als es um die Kurve ging, hinein in die

Theaterstraße, da spielten sie los, und alles, der dumpf gurgelnde Motor, die zitternden Scheiben sowie das Protestgeschrei, das augenblicklich losbrach, verschmolz zu einer lärmenden Welle, die über die Sitzreihen rollte, zwischen denen sie hinaufmarschierten, angeführt von Reinhard, mit vorangeworfenen Beinen, und einmal zum Salut, und jetzt herum, und jetzt zurück, mit einem zackig anschwellenden Wirbel, der niederprasselte auf die Tonne, durchbrochen von Trötenstößen, umschwänzelt von der melodielos kreischenden Mundharmonika, die Reinhard hin und wieder aus dem Bart nahm, um einige schwer verständliche Zeilen zu singen, von einem Meister seines Fachs war die Rede und von goldenem Ärzteblut, das heruntergespült würde in die Abwässer unter der Stadt. Einige Fahrgäste hielten sich die Ohren zu, andere schrien. Ein Mann, dessen Verstand unter dem Anprall der Musik offenbar einen Wackelkontakt erlitten hatte, stand mit ruckenden Bewegungen auf und trat der Tröte von hinten in die Kniekehlen. Mit einem grell in die Höhe schrillenden Laut schlug sie auf den Boden. Doch statt auszusetzen mit dem Spiel, blies sie weiter, mit zugepressten Lidern und dick geblähten Backen, schriller noch als zuvor. Als ihr der Angreifer, ein weichwangiger alter Hund in Wachsjacke, das Instrument aus der Hand kicken wollte, stellte sich Reinhard mit einer ballettreifen Drehung rücklings vor ihn hin, riss seine Hose herab und die Mantelschöße auseinander, abrupt unterbrachen die drei ihr Spiel und für einen Augenblick war nichts zu hören als nur das saftig blubbernde Geräusch, das aus Reinhards Hintern fuhr.

»Hinsetzen!«, heulte der Busfahrer durch das Mikrofon. Georg aber, der nichts verpassen wollte, war aufgesprungen und hing weit nach vorn gelehnt zwischen zwei Haltestangen, sah den Spielverderber mit den empfindlichen Ohren zum Fahrer laufen, sah Reinhard, der seine Hose hochraffte und seinem Kollegen auf die Beine half, und sah endlich alle drei, die Rücken gegeneinandergekehrt, so spielten sie weiter, bliesen, statt sich nur ein paar Münzen zu erschnorren oder ein Plätzchen für die Nacht, zum Angriff, zum Sturm auf die Fahrgäste, auf dass diese später, wenn sie nach Hause kamen, am Esstisch niedersackten, betäubt vor den dampfenden Schüsseln saßen, erschrocken angestarrt von ihrem Mann, ihrer Frau, reglos, weil sie nichts mehr hören konnten, auch sagen konnten sie nichts, nur starr dasaßen vor dem verdammten Abendbrot.

In der Aufregung hatte sich Clemens heimlich bis zur Fahrerkabine vorgestrampelt. Jetzt hämmerte er gegen das Fenster. Georg fragte sich noch, ob er den Fahrer als Verbündeten gewinnen wollte, der ihn, Georg, im Polizeigriff zur Tür schleifen und dann geradewegs in Clemens' Arme stoßen sollte, da schwenkte der Bus zur Seite, nur kurz, aber so ruckartig, dass einige Fahrgäste mit den Köpfen gegen die Fenster klopften. Und dann sahen sie alle zusammen, wie Clemens auf seinem unnatürlich schräg liegenden Fahrrad vor zwei scharf abbremsenden Autos über die Gegenfahrbahn kurvte, die Einfahrt zum Theater hochschoss und dann mit vollem Schwung hineinraste in ein dunkelgrünes, ihn mit einem Happs verschlingendes Gebüsch. Während alle, auch die Tröte, die in die Sitze gestolpert war und erst den Kopf aus dem Schoß einer giftig zeternden Tante hervorziehen musste, auf den noch nachzitternden, schwarzen Klecks Natur starrten, wurde Georg es bewusst. Er hatte sie begleitet! Mit der Klingel an seiner Hand. Noch immer hielt er einen Daumen gegen den Hebel gedrückt und hätte fast schon wieder geschellt. Überrascht sah er auf. Reinhard, der nur darauf gewartet zu haben schien, hob lächelnd die Melone und verneigte sich. Die Tröte, die sich aus dem Tantensitz gerappelt hatte, salutierte, und die Tonne präsentierte ihre Schlägel, ein Messer und eine Gabel, und spielte einen zunächst leise tippelnden, dann langsam anschwellenden, immer lauteren und schließlich kalt knatternden Tusch, der anhielt bis zum Sande, wo die Fahrt endete und die Musikanten mit dem Strom der stöhnenden und schreienden Fahrgäste ins Freie geschwemmt wurden.

Als Letzter stieg auch Georg die Stufen herunter. Mit alkoholisch aufgeweichten Knien stand er auf dem Kopfsteinpflaster und suchte in der eilig zerströmenden Menge nach den Musikern. Hatten sie sich gleich aus dem Staub gemacht? Er musste ihnen doch danken. Ach, da vor der Feinkostpassage. Die Stirnen aneinandergedrückt, die Arme um die Schultern gelegt schirmten sie sich ab gegen zwei Greise, die kläfften, dass, auch wer auf der Straße lebe, zu solch einem Rabatz, der bestraft gehört, und zwar mit Gewalt, nicht berechtigt sei! Schließlich, da die Mannschaft trotz aller Beschwerden und Vorwürfe bloß stumm und reglos dastand, zockelten die beiden Sauertöpfe davon, den Gehstock auf das Pflaster rammend der eine, während der andere sein hell pfeifendes Hörgerät regulierte.

Georg, der die kleine Konferenz nicht stören wollte, blieb in vielleicht zehn Metern Entfernung stehen und hob sich auf die Zehenspitzen. Als hätten sie nur darauf gewartet, öffneten die drei augenblicklich ihren Kreis und winkten ihm zu.

»Danke!«, rief er, und da ihm nichts einfiel, was er sonst noch hätte sagen können, ließ er noch einmal die Klingel ertönen, würgte aber den grell über den Sande schnappenden Ton sofort wieder ab, griff seinen Koffer und drehte sich um. Wegen Clemens hätte er fast vergessen, wo er sich befand. Längst war der Pulk der Fahrgäste zerstoben, und er, abgesehen von den drei obdachlosen Musikanten in seinem Rücken, stand allein auf dem offenen Platz. Statt zielstrebig loszumarschieren, als hätte er sein ganzes Leben hier verbracht, streckte er sich zunächst wie ein über Stunden in seinem Sitz zusammengeknautschter Tourist, der eben erst hinausgestiegen war auf den noch wildfremden Urlaubsboden. Als er abschließend noch einen aufmerksamen Blick in die Runde warf, um zu prüfen, ob, vielleicht hinter einer schaukelnden Gardine hervor oder von einer verschatteten Häuserecke aus, jemand seine Ankunft verfolgt, womöglich sogar fotografiert hatte, da erblickte er, keinen Meter hinter sich, die Tonne. Sie musste den Moment, den er ihnen den Rücken zugekehrt hatte, ausgenutzt haben, um sich aus der Gruppe zu lösen und heimlich an ihn ranzuhuschen. Bevor er aber auch nur ein Wort sagen konnte, begann sie mit dem Trommelbesteck zwischen ihrem Instrument und seinem Koffer leise hin- und herzuwirbeln. Obwohl er sich nicht länger aufhalten durfte, zumal auch ein leicht kloakiger Geruch aus dem Mantel der Tonne heranwehte, konnte er dennoch nicht verhindern, dass der Wechsel zwischen den metallischen Schlägen und den weichen Lederklängen seine Ohren kurz gefangen nahm. Ganz egal, wie sie aussah oder roch, ihre künstlerischen Kniffe beherrschte die Tonne einwandfrei. Da legte ihm Reinhard eine Hand auf die Schulter und am liebsten, er wusste selber nicht, wie ihm geschah, hätte Georg die Augen geschlossen und seine Stirn einen Moment lang an die fremde Brust gedrückt.

»Sie haben mich gerettet«, sagte er stattdessen und zeigte auf den Koffer, »mich und meinen Schatz!«

Reinhard öffnete den Mund und es schien, als wollte er wieder sein Lied anstimmen, doch er krümmte bloß einen Zeigefinger und klopfte, horchend herabgebeugt, dreimal an den Koffer.

»Da ist bloß meine Wohnung drin«, erklärte Georg und lachte. Die drei aber, obwohl das doch ein Scherz in ihrem Sinn sein sollte, blieben stumm und ließen ihn allein zu Ende lachen. Dann war auch er still. Wenn auch nicht so still wie die drei. Puppenhaft starr blickten sie ihn an. Ja, was wollten sie denn? Vielleicht eine Spende? Kein Problem! Er zog den fast zur Hälfte ausgeleerten Kräuterbrand hervor, drückte ihn der Tröte in die Hand, verneigte sich und wanderte dann wankend über den Sande davon. Als er nach vielleicht fünfzig Metern stehen blieb, um den Koffer von der einen in die andere Hand zu wechseln, hörte er seinen letzten, platschend aufgesetzten Schritt, der von den Mauern widerhallte und sich erst oberhalb der Dächer, im nächtlichen Himmel über der Stadt, in dessen Tiefen weiße, vielleicht längst erloschene Sterne zitterten, verlor. Er blickte sich um. Eben kam der Fahrer aus dem Bus gestampft, er drückte sich die Fäuste an die Schläfen und fletschte verzweifelt die Zähne. Reinhard und seine Kollegen jedoch standen weiter so, wie er sie verlassen hatte, dicht beieinander und blickten ihm nach. Hatten sie vielleicht erwartet, dass er bei ihnen bliebe? Aber warum hatten sie dann nicht den Mund aufgemacht? Aber Mund auf oder zu, es kam ja gar nicht infrage, dass er bei ihnen blieb. Das war doch viel zu unsicher, viel zu gefährlich, das mussten sie doch verstehen. Nein, jetzt ging er weiter. Unten einmal links um die Kurve, einmal rechts um die Ecke und schon käme er in die Scherenschleiferstraße, vier Treppen hoch und schon stünde er vor seiner Wohnung, den Schlüssel zweimal rumgedreht und er wäre wieder zu Haus. Wieder zu Haus, echote es sanft in seinem Kopf. Da plötzlich schallte sein Name über den Platz. Offenbar hatte er den Sturz ins Gebüsch besser überstanden als erhofft, denn kaum herumgeschreckt, sah er Clemens auf sich zujagen. Das angeschlagene Fahrrad rasselte über das Kopfsteinpflaster. Ruckartig presste Georg den Koffer vor die Brust und rannte, und kaum, dass er rannte, brach zur Begleitung das Konzert wieder los. Die Tröte stieß ihm schrille Töne ins Genick und die Tonne hämmerte ihm den Takt in die Beine, über allem schlängelte sich die melancholisch sportliche Mundharmonika. Rennend blickte er sich um. Blitzartig wurde ihm schwarz vor Augen und die Welt unter seinen Füßen schien meterdick mit Schaumgummi gepolstert, sodass jeder seiner Schritte tief einsank in den wabbelnden Grund, dann ging es wieder. Jetzt sah er Clemens, sein heranschnaufendes Gesicht, zerschrammt, verschmiert, rot aufgebläht vor Wut. Er flitzte links um die Kurve, bog rechts um die Ecke und war schon in der Scherenschleiferstraße. Im Laufen streckte er einen Finger aus und tippte einmal an die Tür. Auch wenn er nicht stehen bleiben durfte, rennen musste, fliehen, sich verstecken, am liebsten hätte er die Wange an das Holz geschmiegt, eine Sekunde bloß, und vielleicht sogar geklingelt, ins Treppenhaus gelauscht, auf den spitzen, bis unten hin hörbaren Gong, der ihn jedes Mal hatte hochschrecken lassen, selbst im vierundzwanzigsten Monat nach dem Einzug noch. Ohne zu überlegen, sprang er in einen zufällig offen stehenden Hof und versteckte sich hinter den vor Abfällen überquellenden Mülltonnen. Schon hörte er das Scheppern der Schutzbleche, sah Clemens durch einen Mauerspalt, wie er in voller Fahrt absprang von seiner alten Gurke, die mit ruckelndem Lenker weiter durch die Gasse schoss. Jetzt presste Clemens einen Daumen auf Georgs Klingel, stemmte sich mit dem gesamten Gewicht seines Körpers dagegen, drückte, als keiner öffnete, alle Knöpfe zugleich und schrie in die Gegensprechanlage, bis man ihn endlich hereinließ.

»Meine lieben Eltern«, schrieb Georg und wollte einen Blick aus dem Fenster werfen, hinaus auf den Sande, doch die Scheiben spiegelten das Licht so stark, dass er bloß die Tapete sah, eine lachsfarbene Fläche, an der ein Kunstdruck hing, »ein Glück«, schrieb er weiter, »dass man tagsüber nicht immerzu, wie jetzt in der Nacht, hinausblicken muss in den Weltraum.

Trotz allem, was du mir darüber erzählt hast, Papa, auch trotz all der Jahre in der Schule, es fällt mir nicht mehr ein, warum wir uns, statt abzustürzen, in so sicheren Kreisen durch diesen schwarzen Raum bewegen. Es scheint mir daher ein großes Glück, dass tagsüber der Himmel wie eine blaue Gardine das All abschirmt. Warum ich so was sage? Nun, weil ich so was denke, wenn ich nachts aus meiner Küche schaue. Ich gebe aber zu, dass es besser wäre, diesen Gedanken nicht bloß aufzuschreiben, sondern persönlich auszusprechen, vielleicht ja, wenn man beim Abendbrot zusammensitzt, als Familie am Abendbrotstisch, denn an das letzte Mal, daran kann ich mich kaum noch erinnern. Das muss noch zu Schulzeiten gewesen sein, bevor Herr Spick mich in die Lehre nahm. Auch Marlies war noch hier. Kennt ihr Marlies noch, Marlies Springweiler, die in der neunten zu mir in die Klasse kam, weil sie in ihrer Schule gescheitert war? Jetzt ist sie längst verschwunden. Hab ich das einmal erzählt? Nein, das habe ich nicht. Warum erzählt man sich so wenig und noch weniger klar und deutlich? Aber zu etwas anderem. Ich habe einen Plan und will ihn euch erklären, aber nicht am Tisch, beim Abendbrot, wenn man sich gegenübersitzt und in die Augen schauen muss, denn da könnte ich meine Gedanken nicht so gut sortieren, dass wirklich klar und deutlich würde, dass sie, diese Gedanken, sich schon seit Langem in mir hin- und herbewegen und auf keine andere Einsicht zuzukriechen scheinen als allein auf die, dass ich, wenn ich meinen Chef, Herrn Oskar Spick, retten will, die Lehre noch heute beenden muss. Natürlich hat Herr Spick zunächst einmal mich gerettet, das weiß ich ja, mit der Lehrstelle in seinem Geschäft, mit seiner günstigen Wohnung, du hast es mir gesagt, Mama, und es ist die Wahrheit. Aber jetzt muss ich ihn retten, ich habe ihn nämlich kennengelernt. So schlau er auch ist, so liebenswert und schnell, Herr Spick ist auch gefährlich, ein gefährlicher Mensch ist er, der etwas Gefährliches vorhat. Wisst ihr eigentlich, dass er glaubt, er dürfe alles tun, nur, weil seine Existenz bedroht ist? Ich habe viel gesehen und gehört, sowohl von seinen Geschäften als auch von seinen Gedanken, das gehört zu einer Lehre dazu. Aber Herr Spick lässt sich von einem Lehrling nichts hereinreden, das ist klar, er weiß genau, was er zu tun hat und wie die Lage, sowohl in Linderstedt als auch in der restlichen Welt der Geschäfte, zu beurteilen ist. Außerdem wird er es sich nicht bieten lassen, dass man ihn zerquetschen will. Dagegen wird er vorgehen und wenn es sein muss mit aller Gewalt. Selbstverständlich meint er nicht sich als Person, die dagegen vorgehen wird, sondern als Eisenwarenhandel. Die eigentliche Tat kann er nicht selbst ausführen, das könnte ihn nämlich den Kopf kosten. Trotzdem handelt er selbst. Der Chef handelt im Grunde immer selbst. Nur die Handlung ausführen, das muss der Lehrling, und der Lehrling, das bin ich. Aber handelt der Chef als Lehrling auch immer richtig? Jetzt sage ich: Allein der Lehrling, ich allein kann den Eisenwarenhandel retten! Aber nur, wenn ich Herrn Spick zwinge, sich einen neuen Lehrling zu suchen, einen weniger fleißigen vielleicht, einen etwas trägeren, ja, schlafferen, als ich es je gewesen bin. Denn bis der neue Lehrling so weit gebracht worden ist, dass er den Eisenwarenhandel verteidigen kann, wie es notwendig ist, also auf Teufel komm raus, bis dahin ist er vielleicht längst von selbst zur Vernunft gekommen, mein Herr Spick, und hat eingesehen, dass er irrt. Deshalb muss ich, und zwar jetzt und hier und heute, verschwinden. So allein kann vielleicht verhindert werden, dass Herr Spick sich hinreißen lässt zu einer nicht wiedergutzumachenden Wahnsinnstat. Was genau und wo, das weiß ich nicht, in der Metallwarenabteilung vielleicht, die vielleicht noch in die Luft fliegen wird, wie am Ende vielleicht das ganze Kaufhaus. Das sind viele Vielleichts, ich weiß, aber wenn es um Maßnahmen zur Verteidigung des Eisenwarenhandels geht, weiht Herr Spick mich erst Sekunden vorher ein. Ich hoffe aber trotzdem, dass du, Papa, diesen Brief, statt ihn tagelang in deinem Gartenhäuschen zu verstecken, sofort hinübertragen wirst in den Brockwinkler Weg. Das ist nämlich ein unverschickbarer und nur persönlich zu überreichender Brief. Und wenn ihr schließlich zusammensitzt, dann möchte ich euch von meinem Plan erzählen, in der Zukunft in einem Hotel zu arbeiten. In welchem, nein, das sage ich nicht, noch nicht, denn zunächst einmal muss ich einen Anfang machen, und zwar dieses Mal ganz für mich allein. Aber macht euch keine Sorgen, es ist eine sehr gut bezahlte, eine ehrliche und ungefährliche Arbeit, und der Vertrag ist längst unterschrieben. Das Hotel steht an einem Strand im Süden Europas, so viel darf ich sagen, und immerzu, erklärte mir der Direktor am Telefon, laufen blaue Wellen die Ufer hoch, und die Palmen, noch im tiefsten Winter dunkelgrün, wiegen sich in der Luft. Dazu werde ich eine Uniform tragen. Ich habe sie schon gesehen, fein schaut sie aus, eine knallrote Uniform mit leuchtend goldenen Knöpfen. Natürlich muss ich zu Beginn die Koffer schleppen, aber das macht mir nichts. Wenn ich unten anfange, dann gern auch ganz unten. Später, wenn ich aufgestiegen bin, vielleicht werde ich ja einmal selbst der Direktor eines Hotels sein, vielleicht sogar der Generaldirektor einer ganzen Hotelkette, später werde ich sicher gern an diese Zeit zurückdenken, in der ich, wie in Luft aufgelöst, neben den Gästen im Fahrstuhl stand, die Augen streng geradeaus, als würde ich ins Leere blicken, während ich in Wahrheit in die verspiegelten Wände schaue und geradewegs hinein in diese Gesichter, auf diese Münder, die die seltensten und seltsamsten Sprachen sprechen. Lauter neue Menschen werde ich sehen, es wird ein wunderbares Leben werden. Und doch wird mir jetzt, wenn ich

aufschaue von der Küchenbank, wenn ich hinhorche auf das bekannte Knarren unter mir, oder wenn ich das immer schon zu schwache Deckenlicht über dem Küchentisch betrachte, auf dem ich diesen Brief schreibe, fast schwindlig wird mir da. Trotzdem, jetzt stehe ich auf, laufe aus der Wohnung und drehe den Schlüssel herum,
Euer Georg.«

Behutsam faltete er den Brief zusammen, schob ihn in die Innentasche, steckte den Kugelschreiber dazu und warf sich dann, erschöpft von der lähmenden, manchmal mehrere Minuten sich hinschleppenden Tasterei nach den richtigen Worten, auf das Bett, spürte, wie die Matratze nach unten ausschwang und langsam wieder in die Höhe kam, ganz so, als läge er auf der Oberfläche eines Ozeans. Die verlorene Nacht flimmerte in jeder Faser seines Körpers. Ganz zu schweigen von diesem versoffenen Tag. Allein die Vorstellung, wieder aufzustehen oder sich bloß hinzusetzen, ja, im Leben je die kleinste Zehe wieder zu bewegen, erschöpfte ihn bis auf den Grund. Nur manchmal, als Nachwirkung dieses rasend schnell dahingeblitzten Tags, zuckte ein Bein oder ein Arm begann zu zittern. Bevor er den Koffer aufbrach, musste er noch einige Stunden, wenn nicht die ganze Nacht, oder am besten die ganze Nacht und den ganzen folgenden Tag, auf dem Rücken liegen. Stumm daliegen musste er und weiter nichts. Stumm und reglos. Ein Staubsauger summte auf dem Gang vorüber. Stumm und reglos und weiter nichts. Er konnte die Augen nicht schließen. Zumindest nicht, ohne dass die Welt sich wie ein Karussell im Kreise drehte. Der Kräuterbrand war schuld. Er sah zur Decke auf, glitt mit dem Blick die Tapete hinab. Der ekelhafte Wurzelzwerg. Stimmen drangen ins Zimmer, Passanten auf der Straße, Gäste hinter den Wänden. Ein Fernseher murmelte dumpf in der Tiefe des Hauses. Wind pfiff über die Außenwände. Das Muster der Tapete schlängelte sich vom Boden hinauf bis zur Decke. Draußen flogen Vögel vorbei. Und von der Decke hinab bis zum Boden. Laut schreiende Schwalben. Langsam hinauf und langsam wieder hinab. Sie näherten sich dem Fenster und entfernten sich wieder, in immer engeren Kreisen. Sie streiften die Fenster mit den Flügeln, schrien und waren wieder fort. Sie streiften den Vorhang mit den Flügeln, schrien und waren wieder fort. Sie umkreisten schreiend das Bett und waren wieder fort. Sie umkreisten schreiend seinen Körper, in immer engeren Kreisen, und waren wieder fort. Sie umschwirrten seinen Kopf und waren wieder fort, streiften seine Stirn und waren wieder fort, streiften seine Wangen mit den Flügeln, in immer engeren Kreisen, da sprang er auf und boxte um sich, rechts und links, doch das Zimmer, still und leer war das Zimmer. Aber da, auf einem Tischchen. Vor dem Fenster. Im Schatten. Offenbar klingelte das Telefon schon seit einer Weile und sein überanstrengter Kopf hatte es, niedersinkend in den Schlaf, umgewandelt in das Geschrei von Vögeln. Aber wer, zum Henker, wusste, dass er hier war? Bei jedem Klingeln zitterte der ganze Apparat. Nein, das wusste niemand, oder doch? Aber woher? Oder schlief er immer noch? Reglos stand er neben dem Bett. Wieder klingelte es. Etwa Clemens, hatte Clemens ihn beobachtet, wie er den Hof verließ? Aber als er sich zurück auf die Straße gestohlen hatte, den Koffer auf die Schulter gestemmt, um den Kopf zu verbergen, war niemand zu sehen gewesen. Oder war es der Chef? Vielleicht hatte der Chef, um auf Nummer sicher zu gehen und sich von seinem womöglich mit allen Wassern gewaschenen Lehrling nicht überlisten zu lassen, den Koffer mit einem Sender ausgestattet und verfolgte, seit er aus dem Bus gesprungen war, seine Spur als rot durch die Landschaft und jetzt durch Linderstedt sich windende Linie auf einem

Bildschirm? Gerade noch sagte er sich, dass er die Ruhe nicht verlieren durfte, auf gar keinen Fall durfte er die Ruhe verlieren, da sprang das Fenster auf und der scharf um das Gebäude sausende Wind fauchte ins Zimmer, dass die Gardinen zur Decke hochwallten. Eine Vase stürzte zu Boden und wieder klingelte es. Oder es zitterte zumindest das Telefon, denn zu hören war weiter nichts als nur das meeresgleiche Brausen. Er musste sich unnatürlich weit nach vorne lehnen, um gegen den Widerstand des Windes den Hörer zu erreichen.

»Ich höre!«, schrie er in die Muschel des beidhändig gegen das Ohr gepressten Hörers. Doch bevor er Antwort bekam, setzte der Wind, als müsse er kurz Luft holen, so unerwartet aus, dass Georg zwei Schritte vorwärtsstolperte und kopfüber aus dem Fenster fiel. Allein die geringelte, unter seinem Gewicht sich stramm ziehende Schnur dieses lächerlichen Uraltapparats verhinderte, dass er die hundert Meter hinabstürzte, die es vom dritten Stock abwärts ging auf die Pflastersteine des Sandes. Es ruckte scharf, als der Fall gestoppt wurde. Den Hörer fest umklammert, drehte er sich im Kreis. Schräg unter ihm leuchtete das Hotelschild, so grell und strahlend rot, dass nicht auszumachen war, ob der rosa Lichtschein, der über der riesenhaft ausgebreiteten Stadt lag, ein Irrtum seiner immer neu geblendeten Augen war oder tatsächlich aufstieg aus den Lichtern der Häuser und Straßen. In der Ferne, neben einer Fabrik, deren gewaltige Zahnräder ein unbegreifliches Maschinenwerk antrieben, stieg eine beidseitig von Staus blockierte Autobahn auf, die aus der Stadt zu führen schien, hinaus in die Heide, zu den Wäldern, doch je weiter man blickte, desto mehr verengte sich die anfangs so mächtige Verkehrsader zu einer schmalen Bahn, deren bald nur noch strichdünne Spur sich wieder verlor in der unbegrenzt ausgestreckten Zone der Lichter von Linderstedt.

Aus dem Hörer, an den er sich beidhändig klammerte, schien eine Stimme zu dringen, doch wegen des jetzt wieder so heftig blasenden Windes wurde jedes seiner Worte, kaum dass er es hervorgestoßen hatte, fortgerissen und zerrieben an den schwarz glänzenden Mauern des Hotels. Weil aber sein Fenster zu einem Erker hinausging, hing er ein Stück weit neben der Wand und konnte nicht einmal mit den Fußspitzen einen Halt erreichen. Um zu verstehen, wer am anderen Ende der Leitung war, hätte er sich hochziehen müssen, bis er ein Ohr an die Hörmuschel legen konnte. Aber dazu waren seine Arme viel zu müde. Am liebsten hätte er sie einfach zu den Seiten gestreckt und sich gähnend fallen gelassen. Als er aber sah, wie sich das Kabel langsam aus dem Hörer löste und bald bloß noch drei oder vier rote, grüne, gelbe Drähte die Verbindung hielten, raffte er alle Kraft zusammen und schaukelte mit der Hüfte eilig vor und zurück. Er streckte einen Fuß zum nächstgelegenen Fensterbrett und krallte, sobald er es berührte, die Zehen ins Fußbett, war schon wieder abgerutscht und trat zappelnd ins Leere. Da ruckte es. Erschrocken sah er auf. Eben war der gelbe Draht aus der Plastikverschalung geschnappt und streckte seine Kupferfransen in den Wind. Bevor alles zu spät war, warf er sich blindlings in die gleißenden Lichtfluten des Schildes, das vielleicht einen halben Meter schräg unter ihm in der Wand verankert war. Wie durch ein Wunder bekam er eine Kante zu fassen und zog sich mit allerletzter Kraft hoch auf den höchsten Buchstaben des Hotels. Kaum dass er dort stand, die Füße dicht zusammengestellt auf der winzigen Fläche, die nervös unter ihm quietschte, schwang ihm durch die aufstrahlende Lichtwand der losgelassene Hörer entgegen, er riss ihn ans Ohr.

»Robert!«, es war Nore!

»Dass ich dir nicht geglaubt habe«, rief er gleich, die Muschel mit einer Hand umschirmt, damit keines seiner

Worte verloren ginge, »dass ich geflohen bin, dass ich dich zurückgelassen habe, ganz allein, dass ich ...«

»Mein Vater hat was vor mit mir«, unterbrach sie ihn, »ich höre schon die Stiefel auf der Treppe.«

»Nore!«

»Ich höre schon die Stiefel auf dem Gang!«

»Nore, ich komme zurück!«

»Er wird mich bestrafen!«, schrie sie.

»Gleich morgen bin ich zurück!«

»Und dich auch, sobald er dich sieht, wird er dich auch bestrafen!«

»Mich?«, er sah sich schon schreiend in einer Nageltonne stecken, die mit Stiefeltritten durch Bieskamp gerollt wurde, dann besann er sich, »warte mal, bis du mich wiedersiehst.«

»Warten, immer nur warten«, sie atmete tief ein, »wo bist du denn jetzt?«

»Wieso fragst du, du hast mich doch angerufen!«

»Und wieso hat es dann bei mir geklingelt?«

»Aber bei mir auch!«, rief er. Kurz war sie still.

»Wirklich?«, fragte sie dann, und es klang, als hielte sie die technische Macke ihrer beiden Apparate für ein überirdisches Wunder, »und wo bist du jetzt?«

»Ich hole bloß den Latthammer.«

»Den was?«

»Ja, einen Hammer und einen Schraubendreher auch.«

»Aber wozu denn?«

»Na, um den Koffer aufzubrechen. Aber dann komme ich und helfe dir.«

»Dann komme ich und helfe dir«, äffte sie ihn nach, »du kannst dir doch selbst nicht helfen!«

»Du etwa?«, rief er.

»Ach, du willst gar nicht wissen, was ich alles kann.«

Eigentlich wollte er sagen, dass er sehr wohl und sehr

genau wissen wollte, was sie alles konnte, doch er brachte kein Wort mehr heraus. Starrte bloß noch in das Fenster. In die aus dem Zimmerdunkel herangeschwebten Augen. In die dunkelbraune Wunde auf der Stirn. Auf das Gebiss in der schwarzen Höhle des Mundes. Und als plötzlich die Zunge daraus hervorschnellte und gegen die Scheibe schnappte, mit einer solchen Wucht, als wolle sie das Glas durchstoßen, tappte er vor Schreck einen Schritt zurück und schwang, beidhändig an den Hörer geklammert, in einer weiten Pendelbewegung von der Hotelmauer fort, bis am höchsten Punkt die letzten beiden Kabel herausrissen und er, in einem langsam sich neigenden Bogen, zu fallen begann. Seine Kleidung flatterte im Sturz. Er nahm den Hörer ans Ohr.

»Aber diesmal«, hörte er sie sagen, »darf nichts zwischen uns treten, keine Zweifel und keine Erinnerungen, hörst du, und vor allem keine Angst.«

»Nichts!«, schrie er vor Glück. Dann schlug er auf das Pflaster und schreckte aus dem Kissen. Weit offen stand sein Mund. Und das »Nichts« kam als Echo von den Wänden zurück. Erleichtert, doch nicht mit zersprengtem Schädel auf dem Sande zu liegen, wollte er sich wieder zurücklegen und noch ein oder zwei Tage weiterschlafen, da schrillte es. Das Telefon, ganz harmlos stand es auf dem Tischchen vor dem Fenster. Dahinter die reglosen Gardinen. Wieder schrillte es, wie eine Schwalbe. Vielleicht war es jetzt Nore. Er wollte aus dem Bett springen, um ihr schnell zu erklären, dass er, sobald er sich ausgeruht hätte, den Ginsterhof stürmen, ihre Hand ergreifen und dann für immer hinausrennen würde in die Nacht und die Welt und das Leben, aber er konnte sich nur unendlich mühevoll, so, als wäre er vom Kopf bis zu den Füßen mit Steinen ausgestopft, in die Höhe bringen und zum Telefon hinüberschleppen. Und dann war es nicht mal Nore, sondern bloß die Rezeption, die ihn höflich daran erinnern wollte, dass die hauseigene Küche, die übrigens vorzüglich sei, in einer Stunde schließen werde.

Im Bad hielt er sein Gesicht vor den Spiegel, zwei Sekunden bloß, dann wandte er sich ab, erschrocken über die kachelweißen Wangen und die lilagrauen Schrumpelsäcke unter den Augen. Und das ganze Elend war auch noch eingerahmt von diesen fiesen, falschen Locken. Angewidert warf er sich zwei Hände voll Wasser ins Gesicht, das langsam, kühl und schwer an ihm herunterfloss. Der Schwindel aber, der seine Sicht gelegentlich ins Schlingern brachte, blieb, er musste dringend etwas essen. Vielleicht würde das auch den Kopfschmerzen ein Ende setzen. Außerdem könnte er danach sicher besser schlafen. Schon die Suppe hatte ihn ja so herrlich ermüdet. Bevor er hinunterging, schob er den Koffer unters Bett, bis zum Kopfende. Wenn wirklich Geld darin war, dann wäre er lebenslänglich auf der Flucht. Wenn ja, wie viel könnte es sein? Nicht mehr als ein paar Tausender, zwanzig, dreißig, allerhöchstens fünfzig. Für eine komplette Füllung, für sechs oder sieben Schichten fest gebündelter, bügelglatter Scheine, war der Koffer viel zu leicht. Auch wenn es ihm die Arme, je länger er das Ding herumschleppte, doch ziemlich in die Länge zog. Andererseits, auch wenn etwas anderes darin steckte, irgendein Geheimpapier, ein Wertpapier, ein Päckchen Sprengstoff, ja, selbst, wenn er nichts als dumme Luft entwendet und bloß das Eigengewicht des Koffers durch die Gegend gebuckelt hatte, dann wäre er gleichfalls lebenslänglich auf der Flucht. Denn wer den Chef beklaut, betrügt, belügt, der ist lebenslänglich auf der Flucht, kapiert? Er konnte also warten, bis er sich gestärkt und geschlafen und Werkzeug besorgt und den Heidekreis verlassen und irgendwo einen menschenlosen Schlupfwinkel gefunden hatte, bevor er sich Gewissheit verschaffte. Er klappte das Revers nach innen, sodass seine nackte Brust verdeckt war und er das Jackett nicht ständig mit der Hand zusammenhalten musste. Dann schraubte er sich die Klingel vom Daumen, schob sie auf die innere Klinke und schloss vorsichtig die Tür. Wenn jemand das Zimmer in seiner Abwesenheit betrat, wäre er später wenigstens gewarnt.

Auf der Treppe versuchte er noch, das Haar zu ordnen, musste aber einsehen, dass er ohne eine Bürste keine Chance hatte. Der Friseur, dieser alte Raffgeier, hatte ihn gewarnt. Jetzt begannen die Locken bereits zu verknoten und am Hinterkopf ertastete er sogar ein welkes Blatt. Wahrscheinlich hatte es sich festgehakt, als er unter den Bäumen vor der Kirche gestanden und hinübergespäht hatte zum Hotel. Er steckte sich das gelbliche Läppchen in den Mund, durchquerte die Lobby wie ein kaugummikauender Urlauber und stellte sich mit kalten Hammerschlägen in der Stirn vor die Rezeption.

Statt aufzusehen, schrieb der Rezeptionist, der eben noch so höflich ins Telefon geflötet hatte, wichtigtuerisch die Zeile irgendeines lächerlichen Eintrags zu Ende. Geduldig wartete Georg ab. Vorhin war es ihm gar nicht aufgefallen, doch jetzt sah er sehr genau, dass sich der Kerl am rechten Ärmel einen Fleck zugezogen hatte. Es war ihm wohl egal, dass Nachlässigkeiten dieser Art einem Hotel schnell den Kopf kosten konnten. Hatte sich nämlich ein erster Fleck auf die Kleidung geschmuggelt und wurde aus Faulheit dort geduldet, war der Untergang in die Wege geleitet. Zumal wenn es sich um eine so wunderbar rot leuchtende, so herrlich straff sitzende Uniform handelte, wie sie diesem Schreibknecht zu tragen gestattet war.

»Geduld, bitte«, sagte der Rezeptionist und setzte, nachdem er Georg kurz kalt prüfend angeblickt hatte, seinen Eintrag fort. Zuerst wollte Georg ihn darauf hinweisen, dass mit der Existenz eines Hotels nicht zu spaßen sei, entschied sich aber dagegen, betrat den Speisesaal und schob sich durch die plappernden Gäste bis ans Ende des Tresens. Er hievte sich auf einen freien Hocker und stützte den klopfenden Kopf in die Hand.

»Ein Steak und ein Bier, bitte«, sagte er dem Barmann. Aber zackig! Sonst kippte er noch vom Stuhl vor lauter Schwummer. Der Fernseher, der auf einem Teleskoparm über dem Tresen schwebte, zeigte eine Frau, die ihre goldene Haarwelle in Zeitlupe aus einer Badewanne riss. Murmelgroße, silbrig glitzernde Tropfen spritzten in die Luft und zerplatzten auf einem schneeweißen, von Menschen befreiten, über unendliche Kilometer glatt hingestreckten Strand. Schlagartig wurde ihm klar, dass all diese Touristen hinter ihm, deren Plastikjacken zerknittert von den Stuhllehnen hingen, deren Füße giftig qualmten von der Latscherei den ganzen Tag, dass all diese Menschen, die hier nichts verloren hatten, keine Arbeit, keine Wohnung, keine Familie, keine Freunde, dass sie alle haargenau wussten, wohin sie fahren würden, wenn sie Linderstedt morgen verließen. Seine Lider klappten zu. Für immer und ewig verließen. Der Barmann schlug mit der flachen Hand auf den Tresen, stellte das Bier vor seine Nase. Georg nahm seinen zentnerschweren Kopf aus der Hand und stemmte sich das Glas ins Gesicht. Kaum wieder abgesetzt, musste er feststellen, dass dieser Angeber von der Rezeption, den er eigentlich um eine Tablette hatte bitten wollen, in die Tür getreten war und lächelnd seine Arme verschränkte. Vermutlich, damit man den ekelhaften Fleck an seinem Ärmel nicht bemerkte. Apropos Fleck, vor dem Schlafengehen sollte er unbedingt noch den Kräuterbrand und die Reste seiner eigenen kleinen Muffstelle aus dem Jackett spülen. Ein Wunder, dass er damit überhaupt hatte einchecken dürfen. Andererseits hatte ihn der Affe ja zur Vorauszahlung von mindestens zwei Nächten genötigt und ihm von den verbliebenen fünf Hundertern gleich zwei aus der Hand geschnappt. Gott noch mal! Allerdings hätte er anstelle des Rezeptionisten so einen Lotterkerl wie sich selbst mit Anlauf vor die Tür getreten. Trotzdem, die Uniform war schön, aus der Entfernung leuchteten die goldenen Knöpfe noch stärker als aus der Nähe. Wippend stand der Rezeptionist auf der Schwelle, glotzte zum Fernseher hoch. Durch das rosa Zifferblatt, auf dem sich der Sekundenzeiger vor Beginn der Nachrichten durch eine letzte Runde schleppte, schimmerte die Heideblitzsprecherin hindurch, steif und aufrecht saß sie da, die Hände reglos zu den Seiten des Papiers, von dem sie gleich ihre albernen, kleinen Nachrichten ablesen würde.

Er senkte die Stirn auf die Tresenkante und erwartete, eine Hand am Glas, das Fleisch. Augenblicklich hielt ihn bloß der Hunger wach. Doch sobald er den gottverdammten Büffelnacken zersägt und zerbissen und heruntergeschlungen hätte, würde er schlafen, schlafen, nichts als schlafen, und wenn er wieder wach war, würde er zusehen, dass er schnell verschwand, aber ganz schnell, nur den Brief würde er noch in den Schrebergarten bringen, aber bitte ohne sich von Papa erwischen und stundenlang ausquetschen zu lassen, warum er heute nicht zum Gartendienst erschienen war und warum er nicht wenigstens angerufen und sich entschuldigt hatte, wo er doch genau wusste und so weiter. Ja, und dann? Einen kurzen Spaziergang könnte er noch riskieren, vier, höchstens fünfhundert Schritte durch die Stadt, um Abschied zu nehmen. Da kam das Essen, endlich!

Er hatte sich gerade eine Kartoffel in den Mund geschoben und hechelte hektisch herum, um zu verhindern, dass der kohleartig glühende Kloß die von der Suppe bereits verbrannten Stellen ein weiteres Mal verbrannte, als der Barmann zurückkehrte.

»Entschuldigen Sie«, bat er, »aber sonst können nicht alle sehen.«

Die Kartoffel zwischen die Zähne geklemmt und bemüht, Lippen und Zunge so weit zurückzuziehen wie nur irgend möglich, beobachtete Georg, wie der Fernseher auf dem Teleskoparm langsam heranschwebte und knapp über seinem Kopf zum Stillstand kam.

»Setzen Sie sich doch an einen der Tische, da drüben ist noch Platz«, sagte der Barmann und schlenderte, mit einem Finger auf die Tresenkante klopfend, zurück zur Zapfanlage. Georg überspülte die Kartoffel mit einer Welle Bier und schluckte sie bloß einmal zaghaft angenagt herunter, dann schüttelte er langsam den Kopf. Jetzt mehr bewegen als den Kiefer? Im Leben nicht. Also blieb er sitzen. Über ihm begann die Nachrichtensprecherin von einem Verbrechen zu schwafeln, das die Region seit einiger Zeit in Unruhe versetzte, sich nun aber mit Siebenmeilenstiefeln der Aufklärung nähere, und dergleichen Käse mehr. Er griff das Messer und nahm das Fleisch in Angriff, wenn auch von einem Messer in Wahrheit nicht die Rede sein konnte, wie er leider gleich feststellen musste, zumindest dann nicht, wenn man unter einem Messer eine schon bei dem zärtlichsten Druck durch ein jegliches Fleisch widerstandslos hindurchgleitende Metallschneide verstand und nicht nur einen spurenlos über die Fleischoberfläche reibenden Stängel, der gummiartig hin und her wabbelte und den Salat nach rechts und links über den Tresen katapultierte. Bei Lichte besehen waren Messer nämlich Kunst. Allerdings eine fast von der gesamten Menschheit übersehene Kunst. Oder wer kannte all die Unterschiede? Kochmesser! Schinkenmesser! Ausbeinmesser! Für jeden Schnitt die richtige Klinge. Käsemesser, Küchenmesser, Brotmesser. Oder hier das Lachs-, das Filier- und das Spickmesser, lauter wunderbare Messer haben wir, mit Griffen aus Weißdorn und Klingen aus echtem Klingenstahl, Stahl und Holz, kein Plastik, nur feinster Weißdorn aus Sizilien, biancospino, mein Junge, und Stahl, bläulich leuchtender, eiseskalter Stahl, daraus fertige ich das Kochmesser persönlich. Schau dir diese Klinge an. Sie gleitet durch Gemüse und durch Fleisch wie durch Butter.

Georg starrte auf seinen Arm, versuchte ängstlich, ihn zurückzuziehen. Doch mit einem Ruck hatte Herr Spick ihn in die Länge gestreckt und setzte das Messer auf sein Handgelenk. Georgs Mund klappte auf, als er sah, wie seine Haut sich eindellte unter dem Druck der schweren, nun langsam über seinen Arm bis zum Ellenbogen hinaufgleitenden Klinge, unter der die Haare knisterten.

»Achtung«, sagte der Chef, »sobald ich den Winkel einen halben Zentimeter vergrößere, durchtrennt das Messer deine Adern, Sehnen und Muskeln, höchstens der Knochen könnte es noch stoppen.«

Und schließlich stand Georg da mit einem wunderbar glatt rasierten Arm, während der Chef ihm die Schulter drückte und erklärte, er, der Lehrling, und das Messer Marke Spick hätten soeben die berühmte Rasurprobe bestanden.

Ein Gläserklirren ließ ihn hochzucken. Verschlafen drängte er den Teller zur Seite. Warum räumt hier keiner ab? Er legte den Kopf wieder auf die Arme, und während er sich fragte, ob er wohl geschnarcht hatte, und wenn ja, wie laut und wie lang, bemerkte er, dass der Rezeptionist in regelmäßigen Abständen vom Bildschirm zu ihm hinunterblickte. Ist ja gut, er würde sich gleich wieder ordentlich hinsetzen. Für den Augenblick aber fühlte er sich so schwer von der Müdigkeit, die sich nach dem Essen teigig in ihm ausdehnte, dass er nicht einmal verhindern konnte, dass sein Hintern immer weiter über die Hockerkante rutschte. Es fehlte nicht viel und er würde zu Boden gleiten wie ein alter Aal.

Plötzlich schnippte der Barmann vor ihm mit den Fingern.

»Geschlafen wird im Bett«, murmelte Georg gleich, weil er schon ahnte, was dem Blödmann auf der Zunge lag.

»Die Rezeption will Sie sprechen«, erklärte der Barmann.

»Ach, die Rezeption«, erwiderte er, die kann warten. In aller Ruhe ließ er sich, um wieder aufzuwachen, das restliche Bier in den Mund strömen, stülpte die Lippen vor und pustete ein Bäuerchen über den Tresen, dann erst sah er sich um. Der Rezeptionist hatte eine Hand gehoben, so, als winke er, aber er winkte nicht. Scherzkeks. Da sein Bewusstsein von dem klebrig schweren Schlaf noch immer stark gedimmt schien, nahm er die Gabel und piekste sich einmal behutsam in die Hand. Schmerzhaft belebt, glitt er vom Hocker und schwankte durch den nunmehr fast zur Hälfte geleerten Speisesaal. Unterwegs schüttelte er sich zur Tarnung ein paar Locken ins Gesicht, dann stand er vor dem Rezeptionisten, der ihm höflich erklärte, dass er unglücklicherweise vergessen habe, seinen Namen zu notieren.

»Aber habe ich den Namen nicht genau buchstabiert?«, fragte Georg. Er massierte sich die Schläfen. Die Buchstaben des Namens, unter dem er sich angemeldet hatte, flimmerten immer wieder vor ihm auf, erloschen aber, bevor sie lesbar wurden.

»Sie sehen müde aus«, bemerkte der hinzutretende Barmann.

»Richtig«, Georg gähnte, »und wissen Sie, warum?«

»Aber woher denn?«, fragten die beiden im Chor.

»Weil ich müde bin!«, eilig wollte er durch die Tür treten und diese beiden Komiker einfach hinter sich lassen, doch er blieb, die übergroßen Treter waren schuld, an der Schwelle hängen und wäre gegen die Klinke geschlagen, dann zu Boden gestürzt, mit einer Verletzung des Kopfes womöglich, die womöglich hätte operiert werden müssen, im Krankenhaus womöglich, wo man ihm den Schädel kahl rasiert und seine Identität aufgedeckt hätte, wenn nicht der Rezeptionist und der Barmann ihn flugs bei den Armen gegriffen und zurück auf die Füße gestellt hätten.

»Robert Görges heiße ich«, sagte er und versuchte die Wirkung des Namens, der jählings wieder aufgeblitzt war, von ihren Gesichtern abzulesen.

»Robert Görges«, wiederholte der Barmann nachdenklich.

»Ja, das ist mein Name«, Georg sah von einem zum anderen.

»Dann wissen Sie wohl nicht«, sagte der Rezeptionist und tippte mit dem Finger an Georgs Schulter, »dass Sie heute früh tot aufgefunden wurden?«

»Tot aufgefunden, ich?«

»Draußen bei Bieskamp«, sagte der Barmann.

»Der Heideblitz hat es eben gemeldet«, erklärte der Rezeptionist.

»Aber«, begann Georg.

»Da haben Sie wohl geschlafen«, sagte der Barmann.

»Aber stehe ich nicht vor Ihnen als lebendiger Mensch?«

»Sie hätten die Nachrichten sehen sollen«, sagte der Rezeptionist.

»Ich war den ganzen Tag geschäftlich unterwegs«, sagte Georg, doch die beiden sahen ihn bloß schweigend an, »außerdem sind nicht alle Menschen, die denselben Namen tragen, ein und dieselbe Person, oder?«

»Müdigkeit ist gefährlich«, bemerkte der Barmann.

»Weiß man schon etwas über den Täter?«, fragte Georg.

»Täter, welchen Täter?«, fragte der Rezeptionist.

»Naja, wenn einer aufgefunden wird, also tot, dann, das hat doch Gründe«, stotterte Georg und fühlte sich angestarrt von sämtlichen Knöpfen der Uniform.

»Es gibt ein Foto«, der Barmann lächelte.

»Eines dieser schrecklichen Opferbilder?«

»Nein, nein«, der Barmann lächelte noch einen Zentimeter breiter.

»Sondern?«

»Ein grell angeblitztes Gesicht haben sie gezeigt«, erklärte der Rezeptionist.

»Ein junger Mann, der nackt auf einem Mofa saß«, sagte der Barmann, schloss den Mund, es war still.

»Und, und dann?«

»Stellen wir uns die Sache so vor«, begann der Rezeptionist im Tonfall eines Erzählers: »Mit weiß gleißender Sicht riss er den Gashahn auf.«

»Und preschte«, setzte der Barmann fort, »über den bloß erahnten Treckerpfad.«

»Ins Dunkel«, schloss der Rezeptionist und blickte ihm geradewegs ins Gesicht. Georg nahm langsam die Hände hoch.

»Die nächste Nachrichtensendung«, er drückte die Finger aneinander, damit sie nicht so zitterten, »werde ich mit der höchsten Aufmerksamkeit verfolgen, zu der ich in der Lage bin, das verspreche ich.«

Dann, bevor sie ein weiteres Wort erwidern, geschweige denn ihn in den Schwitzkasten nehmen und ein Geständnis aus ihm herauspressen konnten, sprang er über die Schwelle und schlenderte langsam, langsam, langsam durch die Lobby und hinaus aus dem Hotel. Erst als er die Mitte des Sandes erreicht hatte, sah er sich um. Niemand war ihm gefolgt. Auch in den Fenstern zeigte sich kein Mensch. Vielleicht hatten sie nur gebluff. Er ging weiter. Aber wenn sie nur gebluff hatten, woher wussten sie dann seinen Namen? Er beschleunigte den Schritt. Aber sie hatten seinen Namen doch gar nicht gewusst. Nein, ruhig, er musste ruhig bleiben. Auch wenn er keine Ahnung hatte, wer dem Heideblitz die Bilder zugespielt hatte. Etwa Nore? Bilder, die er selber nicht gesehen hatte.

Nein, Nore, niemals. Bilder, die in den Nachrichten, in den Zwanziguhrnachrichten zu sehen gewesen waren. Ganz Linderstedt, auch Herr Spick, der Chef, die Eltern, Mama, Papa, alle konnten sie gesehen haben! Er bog links um die Ecke. Andererseits, wer sah schon den Heideblitz? Er bog rechts um die Ecke. Das Hotel! Das ganze Hotel hatte ihn gesehen! Er sah sich um. Niemand. Die ganze Gasse leer. Er musste sich Zeit lassen, bevor er den Koffer aus dem Zimmer holte. Auf keinen Fall durften sie ihn noch einmal zu Gesicht bekommen, diese Schnüffler, diese ekelhaften, und auf gar keinen Fall durften sie ihn noch einmal mit den Bildern vergleichen, diesen Bildern aus Bieskamp, die weiß der Teufel wer geschossen hatte und weiß der Teufel wozu.

Atemlos stand er vor der Hausnummer 3 und fuhr sich in die Hosentasche. Doch anstelle seines Schlüssels zog er nur den zur Nummer 103 sowie den zu Nores Zimmer vor. Ohne im Geiste mühsam all die unzähligen Stationen durchzugehen, wo er seinen eigenen verloren haben konnte, gestern Nacht auf dem Mofa oder heute Morgen beim Friseur, am Kalkbruch, weiß der Geier, drückte er die Klingel von Frau Grubner und erklärte in gebrochenem Deutsch, er verteile Werbung.

»So spät noch?«

»Fü Werrbung nie zu spett«, antwortete er, und als sie nach einer kurzen Mahnung, ja nur dort etwas hineinzustecken, wo kein Verbotsschild klebte, endlich öffnete, ließ er eilig die Deckel einiger Briefkästen klappern, schlug die Haustür ein weiteres Mal ins Schloss und drückte sich reglos an die Wand. Als das Treppenlicht erloschen war, setzte er sich in Bewegung, und bei jeder Stufe, die er seiner Wohnung entgegenquietschte, immer noch ziemlich verschwindelt, umkreiste der Gedanke seinen Kopf, dass das Glück, das Glück eines Menschen, im Grunde gar nichts weiter war, als morgens die Treppen herunter und zur Arbeit laufen zu dürfen und abends wieder heim.

Schon erreichte er den dritten Stock. Im Mondlicht, das schneeweiß durch das Fenster strahlte, untersuchte er seine Wohnungstür und war erleichtert, dass weder am Holz noch an der Klinke ein Kratzer zu erkennen war. Er zupfte das staubige Fensterbrettgewächs aus dem Topf, angelte den Zweitschlüssel heraus und schob ihn ins Schloss. Der Bolzen schnappte hinter dem Knauf. Bevor er die Tür ganz aufstieß, befühlte er den Rahmen, prüfte, ob womöglich doch herumgebastelt, ein Warnsystem installiert worden war, irgendein irrsinniger Draht, der, sobald die Tür komplett geöffnet war, singend die Nacht durcheilte, um den Eisenwarenhandel zu alarmieren, dass in diesem Augenblick der entwichene Lehrling einen Fuß in seine Wohnung setzte, doch es ließ sich nicht das nervendünnste Drähtchen ertasten.

Kaum dass er sich hineingeschoben hatte in den Flur, sackte er rücklings gegen die Tür, die Augen geschlossen und mit einem Schlag so erschöpft, als wäre er eben erst von einer Jahrzehnte währenden Raumfahrt zurückgekehrt auf den Erdball. Als er die Lider mühsam wieder hochgezogen hatte, erblickte er als Erstes den aufgequollenen Wasserleichenkopf, der anstelle eines Lampenschirms von der Decke hing, umringt von unzähligen abgehackten, teils zu lockenden Klauen verkrümmten, teils schlaff und ausgeblutet herunterhängenden Händen. Für gewöhnlich brachte die Birne im Inneren des Kopfes Augen und Ohren sowie einige Risse in den Wangen zum Glühen, doch auch jetzt, im Dunkeln, starrte das Biest ihn an mit seinen türkis schillernden Pupillen, die das Licht der letzten Tage noch gespeichert hatten. Ein geisteskranker Killer könnte dir bei lebendigem Leib den Schädel aufsägen und dein Gehirn auslöffeln, dein Verstand würde keinen Schaden nehmen, das schien sein Blick zu sagen, und warum? Weil du keinen Verstand besitzt! Und warum? Weil du dich mit einem Verstand in deinem Schädel niemals aus dem Bus geworfen hättest! Weil du mit einem Verstand in deinem Schädel schon gestern Abend zurück gewesen wärst, den Koffer abgegeben hättest bei Herrn Spick, mit Clemens, dieser Ratte, Schach gespielt hättest, Bier getrunken hättest, dann geschlafen, aber du?

Georg stürzte aus dem Flur, warf sich in seinem Zimmer aufs Bett und presste das Gesicht in sein geliebtes, ihn schon seit Kindertagen begleitendes, gegen unzählige Angriffe von Seiten der Mutter verteidigtes, immerkühles Kuschelkissen, das noch nach dem Schlaf der letzten, nun wie in ein Loch herabgespülten Wochen roch. Kurz wollte er so liegen bleiben, nur einen Augenblick noch hier verbringen, in seiner Wohnung, die sich unter den Schlieren der jäh hervorschießenden Tränenströme schon aufzulösen schien. Dann würde er aufstehen, sich zusammenreißen, ein paar Dinge packen, das neue graue Hemd vielleicht, das er einmal erst getragen hatte, vorletzten Samstag, wie lange war das her, wo er zur Mama gelaufen, ach was, gelaufen, geschlendert war, gemütliche dreißig Minuten aus der Stadt hinaus und hoch zum Brockwinkler Weg, die Torte stand schon auf dem Tisch. Könnte er sie nicht anrufen, einfach anrufen und alles, alles sagen? Er hob das Gesicht aus dem Kissen. Mama, ich habe einen Fehler gemacht. Aber wenn sie die Nachrichten gesehen hätte, und warum sollte sie die Nachrichten nicht gesehen haben, was dann? Dann würde sie, kaum dass er das erste Wort gesagt hätte, das rote Knöpfchen in den Hörer pressen, bis wieder Stille war. Denn Strafe muss sein. Stünde sie dann plötzlich doch vor seiner Tür, und sei es weit nach Mitternacht, die Freude wäre so groß, dass sie ihm liebend gern zwei, drei, vier, fünf, sechs, sieben Ohrfeigen ins Gesicht klatschen durfte, wenn sie ihn im Anschluss nur kräftig in ihre Krankenschwesterarme schlösse und ruckzuck mit nach Hause nähme. Er setzte sich auf. Am Ende müsste er vielleicht sogar sagen, dass dieser Sprung aus dem Bus, der ihm augenblicklich noch als der hirnverbrannteste Fehler erschien, den ein Mensch auf dem gesamten Planeten begehen konnte, in Wahrheit das Beste war, das er in seinen siebzehn Lebensjahren bisher angestellt hatte. Eingewickelt in eine ihrer weißen Flauschedecken läge er flach auf der Couch und würde ihr so viel erzählen wie schon lang nicht mehr, und sobald er fertig wäre, würde sie Herrn Spick anrufen und diese alberne, kleine Koffergeschichte wieder aus der Welt schaffen. Er blickte auf das Plakat über seinem Fernseher, das durch ein Licht im Hinterhof schwach erhellt wurde, betrachtete das mittelalterliche Scharfrichterbeil, das die dünne Hüttentür zerschmetterte, hinter der sich ein blutjunges, die Knie umklammerndes und bis auf ein Unterhöschen vollkommen unbekleidetes Mädchen verschanzt hatte. Vorausgesetzt natürlich, dass sich Herr Spick von ihr auch wirklich überreden ließe, diese Geschichte aus der Welt zu schaffen. Und selbst wenn dieser Fall, der ja kaum vorzustellen war, tatsächlich eintreten sollte, so setzte er voraus, dass zuvor er, Georg, sie, Mama, überredet haben würde, ihrerseits Herrn Spick zu überreden. War das möglich? Es fing schon damit an, dass er nur schwer und im Grunde gar nicht einschätzen konnte, wie oft Herr Spick seine Mama bereits besucht hatte. Das erste Mal, als der Chef in seinem feierlichen Jeanshemd mit der Westernlederbrust vor der Wohnungstür gestanden und sogleich begonnen hatte, Georg von der Lehre vorzuschwärmen, die man bei ihm, im Eisenwarenhandel Oskar Spick, als junger Mann, der vom Leben nicht zur Schnecke gemacht werden wolle, absolvieren könne, konnte ja, wenn man es genau bedachte, keinesfalls das erste Mal gewesen sein. Zumindest war es auffällig gewesen, wie sicher und regelrecht routiniert sich der Chef in der akkurat durchorganisierten Küche, wo nichts offen herumstand, wo alles in Reih und Glied hinter den blitzweißen Oberflächen der Schränke und Schubladen verstaut war, orientiert und in weniger als zwei Sekunden Mamas vergessene Süßlidrops gefunden hatte.

Georg war in den Flur gestolpert, seine Finger hatten bereits die fünf Tasten getippt, die zu Hause, auf dem Tischchen mit den roten Storchenbeinen, das metallisch klirrende Läuten auslösen würden, da schüttelte er langsam den Kopf. Zu riskant. Er steckte das Telefon zurück in die Station. Nein, es war zu riskant. Und das Handy würde auch gleich hier bleiben. Bevor ihn noch die Versuchung übermannte, doch wieder einzuschalten. Was nützte es, irgendwen um Rettung anzubetteln, wenn er gleichzeitig auf den Millimeter genau geortet und Minuten später zur Strecke gebracht werden würde? Er zog den taubenblauen Riegel aus der Hosentasche und legte ihn gut sichtbar vor seinen Computer auf den Schreibtisch. Sollte er schnell noch einen Nagel durch das Display treiben? Um Verwirrung zu stiften? Falls Herr Spick später die Wohnung öffnen würde und, aber das ging ja nicht. Auch ohne Gehämmer musste er aufpassen, dass Frau Grubner ihn nicht hörte. Auf Zehenspitzen schlich er zum Schrank. Gerade am Wochenende hatte das alte Untier ja nichts Besseres zu tun, als mit ihren grau verhaarten Fledermausohren noch auf die nichtigsten Lebensregungen zu lauschen, mit denen ihr Übermieter, dieser junge Lärmbolzen, sie unentwegt so entsetzlich quälte, dass sie oft kurz davor sei, die Polizei einzuschalten. In Wahrheit hatten schon viermal zwei Beamte, die mit ihren eckigen Brustkörben fast die Uniformen sprengten, vor seiner Tür gestanden und gemahnt, er möge den Fernseher oder Computer doch bitte augenblicklich leiser drehen, das Haus habe sich über die fortlaufend aus seiner Wohnung gellenden Todesschreie bereits mehrfach beklagt.

Er nahm das graue Hemd, das immer noch frisch gebügelt unter der raschelnden Schutzfolie hing, mit der die Reinigung die Wäsche abschließend umhüllte, und hielt es sich vor dem Flurspiegel unter das Kinn. Aber passte das Grau überhaupt zu seinen dunkelbraunen Locken? War nicht Grau in Wahrheit die Farbe für den Blondschopf? Im Dunkeln ließ sich das kaum beurteilen. Vielleicht sollte er doch Licht machen, oder nein, lieber nicht. Im Hotelzimmerbad, da hatte er sich noch anschauen können, wenn auch nur ein Blinzeln lang, aber hier, in der Wohnung, in seiner ersten eigenen, allein und nur von ihm bewohnten Wohnung, da musste es reichen, sich als schwarzen Umriss zu erahnen, der all die Verwüstungen, die die letzten vierundzwanzig Stunden an ihm angerichtet hatten, verschluckte.

Niedergeschlagen trat er in die Küche. Er ließ das Hemd über den Boden schleifen, es war eh schon alles egal. Blind grabbelte er die Flasche aus dem Gefrierfach, Fürst von Mammeljew, so ein brennendes Billiggesöff, das er erst vor Kurzem in der Feinkostpassage aus der Bückregion einer der meterhoch aufragenden Regalwände gezogen hatte. Beißend floss der erste Schluck durch seinen Hals. Er schüttelte sich und spürte dann, wie der Alkohol sich wärmend ausdehnte und die vor Hitze bloß halb zerkauten Hotelkartoffeln sowie das ledrige, fingerdick mit Fett gerandete Fleisch, das seinen Magen verstopfte, langsam zu zersetzen begann. Kaum getrunken, nahm er einen weiteren Schluck, um die Verdauung zu beschleunigen, und gleich noch einen, um die Müdigkeit niederzukämpfen, und dann noch einen, weil er die Wohnung verlassen musste, und schließlich einen letzten und einen allerletzten ganz und gar ohne Grund.

Bevor er die Flasche zu seinem Brief in die Innentasche des Jacketts steckte, drehte er sie kräftig durch die Armbeuge, damit die Eisschicht nicht noch das Papier durchfeuchtete und seine Schrift verschwimmen ließ wie von den Tränen irgendeiner gehänselten Grundschülerin. Er machte Licht, zwang den Blick, der sogleich in Richtung der Scheibe losspringen und seine Erscheinung überprüfen wollte, herunter auf die Küchenbank und setzte sich. Sollte er überhaupt etwas mitnehmen? Was hier auch herumlag, der Katalog vom Schockershop auf dem Küchentisch, das dumme graue Hemd in seinen Händen, nichts mehr schien ihm wirklich zu gehören. Ach ja, das Werkzeug. Lustlos klappte er die Küchenbank auf und begann sich lahm durch die Berufsschulunterlagen des letzten Jahres zu graben, schob zerknickte Notizen beiseite, die Unterlagen zur Verkaufsgesprächsführung, den Schnellhefter mit diesem rasend öden Rechnungswesenkäse und sogar noch eins jener Hefte mit logischen Rätseln, mit denen er eine Zeit lang versucht hatte, seinen Verstand zu trainieren, ein aussichtsloser Versuch, da inmitten der irrwitzig vertrackten Übungen auch Bilder eingebettet waren, die einem mit prall hervorquellenden, melonengroßen und wie poliert glänzenden Brüsten den eben widerwillig in Gang gesetzten Verstand gleich wieder vollends verwirrten. Nach einer dicken Schicht aufgeregt flüsternder Plastiktüten, einigen behäbigen Taschen und Kartons ertastete er auf dem Boden der Bank schließlich den Hammer und den Schraubendreher, halb verschüttet unter den Nägeln, Ankernagel, Polsternagel, Zimmermannsnagel, den Schrauben und Schellen, Rohrschellen ohne Gummi und Rohrschellen mit Gummi, genannt Rohrschappeln, lauter Muster, die er zu Beginn der Lehre zu studieren hatte, auswendig zu lernen, denn jedem Kunden, auch dem dümmsten und dämlichsten Affen, musste stets mit der allumfassendsten Fachkenntnis begegnet werden, sollte der Eisenwarenhandel, der von der Konkurrenz belauert und umzingelt wird, nicht hinabgerissen werden in das Nichts.

Ruckartig zog er den Kopf aus der Bank und lauschte. Totenstill war das Haus. Kein Geflüster und kein Türgeruckel, bloß der Alkohol, der durch seine Ohren rauschte. Er musste sich getäuscht haben. Zur Zerstreuung wollte er schnell einen Blick in das Handbuch der gehobenen Herrenmode werfen, das eben aus dem Tütenberg in seine Hände gerutscht war und das er sich vor einem Jahr vor allem wegen des Kapitels über den sogenannten Ernst des Benehmens neugierig gewünscht, nach den ersten drei Seiten aber mit Karacho in die Küchenbank gepfeffert hatte, entnervt von den vielen affig komplizierten Worten, mit denen der Autor in nahezu jedem Satz herumprotzte, da erstarrte er. Mit einer Schreckbewegung hatte er das Licht gelöscht. Stimmen vor der Tür! Schon wurde ein Schlüssel ins Schloss gerammt und wild darin herumgedreht. Beidarmig raffte er Bücher, Hefte, Papiere und Tüten, Tüten, Tüten auf den angekippten Deckel, glitt, als die Wohnungstür gegen die Wand krachte, geräuschlos in die Bank und konnte gerade noch rechtzeitig, bevor jemand in die Küche trat, den Deckel senken. Schon flammte das Licht wieder an.

»Niemand!«, meldete eine unbekannte Männerstimme.

»Niemand!«, rief auch jemand aus dem Zimmer.

»Mir solche Lügen aufzutischen«, Spick, das war Spick! Wenn er nicht in der Bank gesteckt hätte, wäre er zusammengezuckt, aber dafür gab es keinen Platz, das hatte er schon damals festgestellt, als er das Riegelchen angebracht hatte, zu Beginn der Lehre, um sich einmal einzuüben in den Umgang mit all diesen Werkzeugen, die anfangs allesamt so seltsam fremd in seinen Händen gelegen hatten, vor allem aber, um für den Notfall, irgendeinen auch mit der geballten Verstandeskraft nicht vorhersehbaren Notfall, einen Schutzraum in seiner Wohnung zu haben. Jetzt versuchte er die fest umklammerten Schienbeine noch dichter an die Brust zu ziehen.

Aber nein, es ging nicht. Außerdem fürchtete er sich vor den Nägeln und Schrauben. Augenblicklich drückten und piekten sie bloß, doch vermutlich brauchte es nur noch ein letztes kleines Rucken, damit sie das Jackett und die Haut seines Rückens durchstießen und sich tief in seine Muskeln bohrten. So, wie er lag, blieb allerdings ein Spalt zwischen Deckel und Bank offenstehen, drei, höchstens vier Millimeter weit, nicht viel, aber doch weit genug, um zu verhindern, dass er das Riegelchen zuschieben konnte. Aber vielleicht wäre es auch besser, wenn der Chef, statt sich immer weiter in Rage zu kommandieren, zu brüllen, man solle jedes gottverdammte Kuschelkissen abstechen, aufschlitzen, umstülpen, ausschütten, einfach den Deckel aufklappte, ihn, Georg, seinen durchgebrannten Lehrling, aus der Kiste riss und zur Strafe mit Schwung an der Wand zerschmetterte. Denn so, wie er jetzt, kaum in die Küche hineingedonnert, herumfuhrwerkte, lief sein Gesicht nur immer röter an, literweise strömte das Blut in seine Wangen und es konnte nicht mehr lange dauern, bis ihm der Kopf zerplatzte. Mit groben Schaufelbewegungen wischte er die Postkarten, die Marlies zu Schulzeiten in den Brockwinkler Weg geschrieben hatte, von der Pinnwand, guckte in den Ofen und guckte ins Regal, warf alles von der Bank und war nicht mehr zu sehen. Georg rückte das Auge noch dichter an das Löchlein, das er mit der Präzisionsbohrwinde, Kuri Kuri hieß das Gerät, eine japanische Spezialanfertigung, zur Probe ins Holz gedreht hatte, da ließ sich Spick, vielleicht, um einen Augenblick in Ruhe nachzudenken, mit was für Werkzeugen er die Wahrheit über den Koffer aus seinem Lehrling herausfoltern würde, wenn er ihn endlich gefasst hätte, niederfallen auf die Bank. Grellweiße Stiche jagten Georg durch den Rücken. Schon war Herr Spick wieder aufgesprungen, grabbelte derart hektisch über das Holz, dass Georg fürchtete, jede Sekunde würden über ihm, in den weißen, elektrisch knisternden Schmerzwolken, die ihn jetzt umnebelten, die Wangen des Chefs erglühen, violett vor Wut und zitternd vor Gebrüll, doch wunderbarerweise war der Deckel plötzlich bombenfest verschlossen. Offenbar hatte er das Riegelchen, kaum dass der Deckel die letzten Millimeter heruntergekracht war, automatisch zugeschoben.

»Wir haben was!«, rief einer der Helfer aus dem Hintergrund. Sofort marschierte der Chef aus der Küche. Gott sei Dank, dass er mit dem Klaren vorhin nicht so gegeizt hatte, sonst hätten ihm die Schmerzen jetzt die zusammengebissenen Zähne auseinandergerissen und wären als besinnungsloses Geheul hinausgefahren. Nur schade, dass er nicht noch einen weiteren Schluck nehmen konnte, zur Sicherheit, aber die Flasche klemmte unter dem Jackett und zwischen seinen Schenkeln fest, wies zwar mit dem Hals nach oben, war aber auch durch das angestrengteste Vorstrecken der Lippen und der Zunge nicht zu erreichen.

»Das soll alles sein?!«, brüllte da der Chef, kam zurück, warf sich wieder auf die Bank, »Krankenkasse, Berufsschule, Eisenwarenhandel, ja, beherrscht der nicht einmal das Alphabet«, murmelte er, »was weiter, eine Marlies, eine Babs, Videothek am Westbahnhof, aha, Clemens, da haben wir den verlogenen Hund!«

Clemens also, aber wieso nur hatte er dem Chef erzählt, dass sein Lehrling wieder in der Wohnung war? Das stimmte doch gar nicht. Zumindest konnte er das nicht gewusst haben. Und wenn er es doch gewusst hatte? Wenn er ihn heimlich doch beobachtet hatte? Dann war er ein Verräter, den man unter eine Klippe legen sollte, um dann einen so brutalen Felsbrocken auf ihn herunterzustürzen, dass ihm beim Aufprall die Arme und die Beine vom Rumpf platzen und mit saftigen Blutfontänen in alle vier Himmelsrichtungen davonrauschen würden.

»Du warte nur«, flüsterte Herr Spick, und Georg lauschte angespannt, was er nun sagen würde, doch mit jedem weiteren Wort versank die Stimme des Chefs immer tiefer in einem derart wütenden und würgenden Gegurgel, dass kein Satz mehr zu verstehen war, geschweige denn, ob er von Clemens sprach oder von seinem Lehrling. Plötzlich krachte es. Es klirrte und splitterte. Herr Spick hatte den Hammer, den er stets in der Schlaufe seines Blaumanns trug, ob Lattenhammer oder Sickenhammer war nicht zu erkennen, hervorgezogen und drosch auf alles ein, was er treffen konnte, zerschmetterte die Gläser im Regal, die Teller, die Tassen, die Becher, auch die Kannen, hämmerte auf die Spüle ein und riss dem Küchentisch die Beine aus.

»Herkommen!«, schrie er. Sofort erschienen seine beiden Helfer, zwei dünnarmige Typen, die Georg noch nie zuvor gesehen hatte. Sie trugen breite, schwarz gerandete Brillen und machten einen neugierigen Eindruck. Es waren wohl Studenten.

»Den Saustall ausräumen!«, befahl Herr Spick.

»Aber ist es nicht zu auffällig?«, fragte einer der Studenten und weitete die Augen wie ein irrer Stummfilmmörder.

»Willst du mir Vorschriften machen?«, fragte der Chef zurück, und trotz der Schmerzen, die auf seinem gesamten Rückenfeld abwechselnd kochend heiß und eisig kalt prickelten, musste Georg lächeln. Die beiden Helfer kannten ihren neuen Chef offenbar noch nicht sehr gut.

»Wir dachten nur, es wäre vielleicht besser, noch ein wenig zu warten«, ergänzte der andere Student.

»Dachten nur«, wiederholte der Chef, als hätte er irgendeine kindische kleine Dummheit gehört, die man mit einem Kopfschütteln übergehen konnte, dann aber sprang er den beiden entgegen und brüllte ihnen so laut ins Gesicht, dass sie vor Schreck die Augen schlossen: »Wisst ihr auch, was ich denke? Wer mir den Lohn aus der Tasche zieht, der hat zu parieren, das denke ich! Und wer lieber schlaue Fragen stellt, als zu parieren, oder wer bei der Arbeit schon an den Feierabend denkt, wenn er die ganze Zeit lang schlaue Fragen stellen und nebenher mein Geld verjubeln kann, den werde ich, und zwar mit diesen meinen Händen hier, zusammenquetschen, bis ihm die Faulheit aus den Ohren spritzt!«

»Selbstverständlich, Herr Spick!«, sagte der erste Student und rückte die Füße dichter zusammen.

»Was man sich alles anhören muss«, murmelte der Chef und betastete seine Stirn, mit der anderen Hand zeigte er auf die Küchenbank. Mit mühevoll unterdrücktem Stöhnen brachten die beiden den Klotz in die Höhe. Georg versuchte sich leichter zu machen, damit es nicht gleich den nächsten Anpfiff gab, doch so festgezwängt, wie er hier lag, waren seine Einflussmöglichkeiten gleich null. Schon rammten sie die Tür zur Seite und schwankten in den Flur. Durch die hochseeartige Schaukelbewegung schien sich der Wurzelzwerg, dessen Auswirkungen er mit dem fettigen Hotelfleisch zumindest hatte abdämpfen können, plötzlich mit dem Fürsten von Mammeljew zu verbrüdern, sodass die Schwankungen der Kiste von den Schwankungen seines Gleichgewichts kaum noch unterscheidbar waren.

»Wenn ich Gestöhne hören will, gehe ich in den Puff«, hörten sie hinter sich den Chef, hatten aber sicher keine Ahnung, dass er auch meinte, was er sagte. Sie pressten die Lippen aufeinander und stießen die Luft bloß noch zu den Nasen raus. Plötzlich ging es abwärts, jemand kreischte, doch kurz vor dem Aufprall, bei dem es sicher die Bank oder Georg oder beide zerrissen hätte, wurde der Sturz wieder gestoppt. Georg war sich unsicher, ob er mitgekreischt hatte, denn durch den Ruck hatten sich noch weitere Nägel und Schrauben in seinen Rücken gespießt, und er konnte nur beten, dass sein Blut nicht aus der Kiste tropfte und ihn auf den letzten Metern noch verriet.

»Habe ich zwei Trottel gemietet, die nicht einmal durch einen Flur gehen können!«, schrie der Chef.

»Es ist hier so eng«, klagte der hintere Student, wurde aber sofort von dem breithändigen Klatschen übertönt, mit dem Herr Spick die beiden vorwärtstrieb: »Weiter! Weiter! In einer Stunde ist die Wohnung leer!«

Die Kiste wurde in den Händen zurechtgerückt und nach dem nächsten Schritt hatten sie seine Wohnung, die er geliebt hatte, unendlich geliebt, verlassen. Die Schritte polterten die Treppen hinab. Durch das Gefälle wurde Georg, statt dass sich seine Position ein wenig gelockert hätte, nur noch immer tiefer und fester eingezwängt in die elend kleine Küchenbank. Wie schön musste es sein, in einem geräumigen Sarg zu liegen, mit einem weißen Kissen unter dem Kopf und genügend Platz, um die Beine auszustrecken.

»Was machen Sie denn da?«, gellte es durch das Treppenhaus. Frau Grubner, natürlich, die fehlte gerade noch. Mit einem Ruck waren die Studenten stehen geblieben, der vordere schon unten auf dem Flur, der hintere zwei Stufen darüber. Hoffentlich hielt die hellhörige Schachtel den Transport nicht zu lange auf. Sonst brachen die beiden noch unter seiner Last zusammen, und wer weiß, vielleicht würde Herr Spick dann einfach die Motorsäge anreißen und die überschwere Kiste in handgerechte Stücke sägen. Außerdem begann durch die Schräglage ein dünner Faden aus dem offenbar nicht ordentlich zugeschraubten Mammeljew herauszurinnen und seine Brust durchzufeuchten. Aber Frau Grubner würde den alkoholischen Gestank, wenn sie ihn überhaupt bemerkte, sicher den Studenten anlasten. Er sah hinaus. Leider aber wies das Guckloch auf das Treppengeländer. Wie oft war er lautlos darauf heruntergeglitten, um dem alten Biest zu entgehen! Eigentlich ein Wunder, dass sie vorhin, als er durch das Dunkel hinaufgeschlichen war zu seiner Wohnung, die Tür nicht aufgestoßen und ihn zurechtgewiesen hatte für das unverschämte Quietschen seiner neuen Schuhe.

»Lassen Sie uns bitte passieren«, bat der vordere Student.

»Was Sie da machen, habe ich gefragt«, wieder die Frau Grubner.

»Geht Sie einen Dreck an!«, stieß der hintere Student hervor.

»Wenn mitten in der Nacht zwei Gestalten die Wohnung des Herrn Röhrs leerräumen, dann soll mich das einen Dreck angehen?«, Frau Grubners Stimme klirrte durch das Treppenhaus. Jetzt mussten sich die Studenten aber schnell etwas einfallen lassen, sonst würde Herr Spick sie gleich wieder zusammenstauchen.

»Es hat alles seine Ordnung«, erklärte der vordere Student mit sanfter Stimme, »wir haben einen Auftrag.«

Dieser junge Mann würde es im Laufe seiner Anstellung bei Herrn Spick sicher leichter haben als sein Kollege, denn sogar jetzt, wo auf ihm der Großteil des Gewichts lastete, verstand er es noch immer, in jenem beruhigenden Ton zu sprechen, den Herr Spick so schätzte. Vielleicht waren die beiden aber auch insgesamt kein besonders glücklicher Griff gewesen und Herr Spick würde sie bald wieder auf die Straße werfen müssen, denn jetzt, wo der Transport zum Stillstand gekommen war, begann die Küchenbank zu zittern, erst nur ein wenig, dann so sehr, dass die Schrauben und Nägel auf dem Holzboden hin und her tanzten, denn offenbar hatten die Studenten auf dem Weg von der Küche bis vor die Wohnung der Frau Grubner bereits sämtliche Kräfte verbraucht.

»Das hat man von seiner Gutmütigkeit«, hörte man den Chef oben in der Wohnung.

»Hören Sie mal, das ist Herr Spick«, flüsterte der vordere

Student, offenbar in der Hoffnung, dass die bloße Namensnennung Frau Grubner in ihre Wohnung zurückscheuchen würde.

»Ein Herr Spick ist mir nicht bekannt«, erklärte Frau Grubner laut.

»Aber natürlich kennen Sie den, dem gehört doch die Wohnung dort oben.«

»So einem Schreihals soll eine Wohnung gehören?«, lachte Frau Grubner, »das glauben Sie doch selber nicht! Außerdem gehört die Wohnung Herrn Röhrs.«

»Sie sagt, sie kennt Sie nicht!«, rief der hintere Student, »sie kennt keinen Spick, hat sie gesagt!«

»Meine liebe Frau Grubner!«, dröhnte der Chef nun durch das Treppenhaus, »wenn Sie nicht augenblicklich den Weg freimachen, dann schaufeln meine Männer als Nächstes Ihre Wohnung leer, aber ratzekahl, haben wir uns verstanden!«

Auch wenn es natürlich nicht ganz richtig war, was der Chef da behauptete, schließlich gehörte ihm keineswegs das ganze Haus, sondern bloß die kleine Dachkammer, so war es doch überwältigend, zu hören, wie seine Stimme nunmehr ungedämpft das gesamte Treppenhaus erfüllte und jeden Widerspruch, der darin laut zu werden wagte, rücksichtslos niederschallte.

»Jetzt hören Sie mir mal zu«, sagte Frau Grubner, »ich bin fünfundachtzig Jahre alt.«

»Eine sehr alte Frau«, sagte Herr Spick in mühsam beherrschtem Ton und kam die Treppen so energisch heruntergestampft, als wollte er in jeder einzelnen Stufe einen Hackenabdruck hinterlassen, »Herr Röhrs ist verreist, verstehen Sie, er hat Linderstedt verlassen. Er war mein Lehrling, mein erster und einziger, ein Junge, dem ich vertraut und den ich vom Grund her aufgerichtet habe, aber jetzt ist er verreist und kommt nicht mehr zurück.«

»Sieh mal einer an«, sagte Frau Grubner überrascht, »wo ist er denn hingereist?«

Es war allerdings nicht sehr geschickt von Herrn Spick, sein, Georgs, Verschwinden als Verreisen auszugeben. Nur zu häufig hatte Georg ihr, der weit gereisten Frau Grubner, doch erklärt, wie sehr er Linderstedt liebe und wie wenig und im Grunde überhaupt gar keine Lust er habe, es jemals zu verlassen.

»Ich sage Ihnen eins, Frau Grubner, und ich sage es Ihnen im Guten«, die Stimme des Chefs war in eine knurrende Tieflage gesunken, »in dieser kriegerischen Lage, in der wir hier zu leben haben, und gerade hier in Linderstedt, da kann es sich ein Mensch nicht leisten, auch nur für einen Tag, nicht einmal für eine einzige Stunde, auf seine Mietansprüche zu verzichten.«

»Wovon reden Sie überhaupt?«, fragte Frau Grubner. Die Studenten waren in ein leises, anhaltendes Summen verfallen, offenbar raubte ihnen die Anstrengung jegliche Angst vor ihrem neuen Chef.

»Wann«, fragte Herr Spick scharf, »sind Sie das letzte Mal vor der Tür gewesen?«

»Ich? Na, vorletzten Sonntag.«

»Ich sollte Sie auf die Straße hetzen, damit Sie einmal sehen, in was für einem Krieg wir hier leben.«

»In einem Krieg sollen wir leben? Aber davon weiß ich ja gar nichts!«, rief Frau Grubner erstaunt.

»Wenn Sie bis heute nicht bemerkt haben, dass wir in einem Krieg leben, Frau Grubner, in einem gottverfluchten, dritten, alle Länder und Menschen erfassenden Weltkrieg aller gegen aller«, brüllte Herr Spick, brach aber ab, ohne die Drohung auszusprechen, und forderte mit leiser, heiserer Stimme: »Machen Sie Platz, bevor diese beiden Spacken hier zusammenbrechen!«

Frau Grubner sagte noch etwas über den Herrn Röhrs, aber was, das war nicht mehr zu verstehen, denn ruckartig ging es weiter. Als hätte man sie auf eine Bobbahn gesetzt, so schnell sauste die Küchenbank durch die Stockwerke hinunter bis ins Erdgeschoß, begleitet von dem nunmehr ungebremst hervorbrechenden Schleppgeheul der Studenten. Schon rammten sie die Haustür auf und galoppierten über die Gasse, immer schneller und offenbar im Wettlauf gegen die gleich zur Gänze aufgebrauchten Kräfte ihrer Arme. Georgs Kopf schlug gegen die Wände, rechts und links, Schrauben, Nägel, Schellen, Schappeln, und alles, was nur aus Metall und spitz und böse war, bohrte sich in seinen Rücken. Plötzlich war eine Tröte zu hören, helle, klare Stöße, die vom Sande bis in die Kiste drangen. Dann schlug auch die Tonne durch die Gasse, wie im Bus, nur schwerer, langsamer, dumpfer. Doch erst als noch die Mundharmonika hinzukam, vereinten sich die drei zu einem gemeinsamen Lied, das die Küchenbank, die in diesem Augenblick mit einem Erschöpfungsschrei nach vorn geschleudert wurde, weitertrug durch die Luft.

III.

Blinzelnd sah er hinauf zu den Gräsern, die über den Rand hingen, hellgrün und kornig gelb. Und darüber die Spitzen der Bäume, die in den Himmel ragten. Blau. Und wenn in seinem Kopf nicht ständig mit einem Vorschlaghammer auf Stahl geschlagen worden wäre, dann hätte er vielleicht die leichte, weiche Morgenluft genießen können. Das wäre eine schöne Ablenkung von seiner Wohnung gewesen, die vor lag, als hätte eine Bombe sie in Stücke gerissen. Die Glotze zersplittert, der Kleiderschrank aufgebrochen, ein Berg Hosen und Hemden in den Dreck gestürzt, daneben, in einer grünlich schillernden Grundwasserlache, der Kühlschrank, umgeben von einer Schar abgehackter Plastikhände, von Käse- und Wurstscheiben, die sich in den Zacken zerschmetterter Gläser verfingen, DVDs, Poster, Tassen und Kannen, Scherben überall, der ganze Boden war übersät, und selbst in der Matratze, die auf einem Gebüsch hing, steckten einige Stücke Porzellan. Nur der Computer war verschwunden, den hatten sich die gierigen Büttel sicher unter den Nagel gerissen. Aber bevor er sich noch ärgerte, womöglich noch darüber nachzudenken begann, ob er gestern Abend, anstatt sich wimmernd auf der Matte zu krümmen, noch schnell eine Mail hätte schreiben sollen, sodass Mama, wenn sie sie in hundert Jahren dann endlich abgerufen und gelesen hätte, zumindest auch von ihm, nicht nur von diesem verfluchten Heideblitz informiert gewesen wäre, wollte er lieber Ordnung machen. Vorsichtig kam er in die Höhe. Schon taumelte er durch die Milchschwaden einer Schwindelattacke. Er atmete tief und langsam durch, bis sich die Sicht wieder klärte. Dann grabbelte er ein paar Nägel aus der Küchenbank, griff sich einen Stein und mit behutsamen, bloß nicht zu festen, bloß nicht zu lauten Schlägen klopfte er ein paar neue Nägel in den Schrank, biss die Zähne zusammen und zerrte ihn dann, trotz der Schmerzen, die in ihm tobten, vor eine verwucherte Erdwand. Unkrautwellen fassten ihn ein, als sei dies sein natürlicher Platz. Anschließend raffte er noch schnell die Kleider zusammen, schüttelte den Sand heraus, dass es nur so spritzte, und legte sie gefaltet zurück in die Fächer. Den Wasserleichenkopf, den es leider fast zerrissen hatte, hängte er an einen Kleiderbügel. Zwischen zwei Felsen klemmte er ein Brett des in die Brüche gegangenen Küchenregals und sortierte die Reste des Geschirrs darauf, ein paar Gabeln und Messer sowie zwei unzertrümmerte Tassen. Bevor er auch das Spülmittel dazustellte, ließ er sich, sodass er wieder zur Besinnung kam, aber auch gegen den hochgeschwappten Magensaft in seinem Mund, einen klitzekleinen Tropfen auf die Zunge klecksen. Um ihn aufzuschäumen, ging er auf die Knie und schlürfte an der Grundwasserlache, und während er den Schluck von einer Wange in die andere strömen ließ, zog er die Matratze mit pochenden Schläfen vor den Schrank und legte sich rücklings darauf nieder.

Vor zwei Tagen hätte er im Traum nicht gedacht, dass er ohne seine festen vier Wände leben könnte, im Gegenteil, sterben, dachte er, müsste er, sobald er nur einen Tag ungeschützt im Freien stünde. Aber jetzt, auch wenn die Schraubenlöcher noch brannten, als hätte eine Maschinengewehrsalve seinen

Rücken gesiebt, jetzt war es wunderbar, hier zu liegen, in der Grube, und nichts anderes zu tun, als hin und wieder eine schmale, von Schaumblasen funkelnde Fontäne ins Blaue zu prusten. Der Chef war selber schuld. Hätte er seine beiden Tausendschlaus bis zum Schluss überwacht, so wie er es hätte tun sollen, bei ihrem vermutlich allerersten Einsatz unter seinem Kommando, dann wäre die Matratze, auf der er jetzt so gemütlich lag, genauso wie der Schrank, auch die Regale, die Glotze, die Kleidung, alles satt mit Benzin überschüttet und abgefackelt worden, sodass seine Wohnung am Ende bloß in Ascheflocken über das Land gesegelt wäre.

Da fielen ihm die Lider zu, eigentlich gefährlich, denn wer wusste schon, ob nicht gleich jemand schaulustig in die Grube linste, aber ein kurzes Schlummerchen zum Kräfteschöpfen musste er sich gestatten. Immerhin hatte er die letzte Nacht, statt zu schlafen, bloß zerquetscht in der Küchenbank gesteckt, übermannt von einer Bewusstlosigkeit, aus der er sich erst morgens, als ihm die Kälte in die Knochen kroch, herausgezittert hatte. Beine, irgendwelche Beine drückten aus dem Dunkel gegen seine Brust. Schwaden von Alkohol bissen ihm in die Nase. Endlich fand er das Riegelchen, klappte den Deckel hoch. Doch statt dass seine Beine in die Länge schnellten wie zwei zusammengepresste Federn, musste er sie regelrecht auseinanderklappen. Es prickelte, als krabbelten Scharen von Insekten durch die Schenkel. Kaum auf den Füßen, kippte er um. In Stößen kam das Blut zurück. Er krallte die Finger in den Boden, Kies, er lag in einer Kiesgrube und kam langsam wieder zu sich.

Plötzlich, als er schon eingeschlummert und einige hundert Meter in einer benzinfarben schillernden Riesenseifenblase über die Heide davongesegelt war, von einem leichten Windchen mal hierhin, mal dorthin gehaucht, unter sich Linderstedt als Spielzeugstadt, jagte er von der Matte hoch, riss die Türen auf und verbarg sich im Schrank. Durch einen Spalt spähte er zum Rand der Grube auf, angespannt prüfend, ob sich jemand näherte. Wieder knackte es, Blätter zuckten. Wühlte sich der Chef persönlich durch die Büsche, wollte er sich doch überzeugen, was für eine hundsmiserable, höchstens mit einem zackigen Satz Peitschenhiebe zu entlohnende Arbeit seine Studenten geleistet hatten? Er starrte weiter hinaus, bemüht, das Gleichgewicht zu halten und die Seitenwände nicht zu berühren, sonst krachte der notdürftig zusammengeklopfte Schrank noch auseinander. Aus dem Dunkel über ihm hing der Latexkopf herab und erwärmte langsam seinen Rücken. Da sprang ein kleines Tier über den Grubenrand, eine Ratte bloß, die jetzt die Wand hinunterrannte.

Erleichtert stieß er die Schranktüren auf und trat an den Schreibtisch, stützte sich auf. Er musste nur alles gut planen und genau überlegen, dann konnte ihm nichts geschehen. Also, er würde den Brief vor Papas Hütte legen, sich ins Hotelzimmer schleichen, den Koffer retten und wieder hinausjagen, raus aus Linderstedt und raus auch aus dem Heidekreis. Eigentlich ganz einfach. Zumindest, wenn er im Hotel erwacht wäre und ein Frühstück bekommen hätte, so eine saftige Kraftfuhre, die diesen dummen Schwindel ausmerzte und die das Magenzucken milderte und die seinen Verstand in eine knallrote Alarmbereitschaft versetzte, mit glänzenden Bratkartoffeln und einem Streifen Speck, mit dicken, gelben Bohnen und einem Liter knackig schwarzen, das Herz in Galopp versetzenden Kaffee. Oder würde der Chef, wenn er den Koffer zurückbekäme, wenn er, der Lehrling, sich vor ihn hinstellte, ohne Gegenwehr und bereit, sagen wir, ein halbes oder von mir aus auch ganzes Jahr lang ohne Lohn zu dienen, würde Herr Spick ihm dann vielleicht doch vergeben können? Plötzlich, vielleicht angeregt durch seine Frühstücksfantasien, kam Bewegung in ihm auf, ein paar Schritte konnte er noch von seinem Schreibtisch wegstolpern, dann musste er die Hose herunterzerren und herausdrängen lassen, was sich dort in knapp achtundvierzig Stunden angestaut und eingedickt hatte zu einem faustgroßen Brocken. Zur Ablenkung von den prickelnden Schmerzen, die ihm Tränen in die Augen jagten, überflog er die ausgelaufenen Tüten, die Lachen von Milch und von Saft, den aufgeplatzten Fernseher, die silbern schillernden DVDs und die leicht vom Wind bewegten Berufsschulunterlagen, die sich über die ganze Grube verteilt hatten. Als er schließlich, unter einer Tüte sah es hervor, das Küchenradio entdeckte, hatte es endlich ein Ende genommen mit der Presserei, und er, der gestöhnt und gejault hatte, als würde er durch den Wolf gedreht und käme als Bündel blutiger Fleischnudeln zurück auf die Welt, war wieder still. Kurz wartete er. Dann, da kein Papier zur Hand war, andererseits der trockene Brocken kaum Spuren hinterlassen würde, zog er die Hose hoch, scharrte Sand auf sein Geschäft und ging hinüber zum Radio. Glück gehabt, die Batterien waren nicht herausgesprungen, und obwohl sie in dem dunklen Kästchen seit gut zwei Jahren tatenlos geschlummert hatten, gaben sie noch Strom. Am Morgen vor dem Einzug, als er gefürchtet hatte, in der neuen Wohnung abends allein zwischen seinen schweigenden Möbeln zu hocken, ohne Lieder und Stimmen im Dunkeln, da hatte er sie schnell aus Mamas Küchenuhr geraubt, völlig umsonst, wie er dann feststellen musste, da der Strom gar nicht abgeschaltet worden war.

Er zog das Jackett aus und schnürte das Kabel so oft um seinen Oberkörper, bis das stabförmige Radio fest und senkrecht auf seinem Brustbein saß. Durch den Druck von vorn schienen die Schmerzlöcher im Rücken weniger zu brennen. Jetzt zerrte er das graue Hemd aus der Plastikfolie, das seltsamerweise fleckenfrei geblieben war, und stellte sich vor die

Reste des Schrankspiegels. Als er das Hemd bis knapp unter den Radiostab zugeknöpft hatte und wieder in den muffligen Vogelschreck geschlüpft war und sich zusätzlich noch einen Schal umgewickelt hatte, fiel die Beule auf der Brust kaum noch auf. Er prüfte, ob er die Lautstärke mit einem geschickten, vom Rest des Gesichts abgelösten Rucken des Kinns regulieren konnte, und tatsächlich, hinter dem Schal sah man so gut wie nichts. Allerdings drückten ihm das Gerät und vor allem die Kabel so hart gegen die Brust und die Rippen, dass ihm das Atmen nun ungewöhnlich schwerfiel. Er wollte den Knoten schon lockern, da spürte er, wie die Stimme des Heidefunksprechers, die seine Ohren als bloßes Gezischel erreichte, durch den festen Druck in seinem Brustbein zu vibrieren begann, heimlich seine Knochen durchlief und augenblicklich nur davon zu sprechen schien, dass dem Linderstedter Kaufhaus die Kunden ausblieben, jedoch nicht von ihm, kein Bericht über Robert Görges oder über den Mörder von Robert Görges, von dem ja der Heidefunk, heute Morgen in der Grube, genauso gut berichten könnte wie der Heideblitz letzte Nacht im Hotel, denn wenn der Heideblitz etwas behauptete, beispielsweise, dass die Linderstedter Innenstadt ein glänzendes Geschäftsjahr hinter sich habe und vor allem der Einzelhandel sich nicht beschweren dürfe, obwohl es das ganze Jahr bloß bergab gegangen war, wie es ja schon seit Jahren nur bergab ging, dann konnte man sicher sein, dieselbe unverschämte Lüge auch gleich beim Heidefunk präsentiert zu bekommen, und umgekehrt genauso, obwohl der Heideblitz und der Heidefunk regelmäßig ihre gegenseitige Unabhängigkeit bekundeten, die aber nichts als das Gegenteil ist, nämlich eine maschinengleiche Programmverzahnung, ein dreistes Räderwerk, dem man sich nur aussetzen sollte, wenn man wieder einmal wissen will, wie sehr sich der ganze Heidekreis den Kopf waschen lässt, was für

Kampagnen sie wieder gestartet haben, wen sie jetzt wieder ins Visier genommen haben, denn wenn sie dich einmal ins Visier genommen haben, dann dauert es nicht lang und sie schießen dich über den Haufen, das steht fest, dann jagt eine Meldung die andere, dann behaupten sie wochenlang, dein Laden wäre zu klein, dein Laden wäre zu dunkel, verlottert, eine Mottenkiste, vollgestopft mit dem ältesten Gerümpel, beherrscht von einem Sack, der bloß zu faul sei, mit der Zeit zu gehen, der faulste Geschäftsmann des Jahres wirst du dann genannt, der rückständigste Geschäftsmann Linderstedts, mit einer solchen Hetze wirst du überschüttet, dass es an ein Wunder grenzt, mein Junge, wenn du vor Wut nicht eine Bombe legst.

Beidhändig an den Grubenrand geklammert, guckte Georg durch eine Lücke in den Büschen, ein braunes Feld war zu sehen, an dessen Ende Häuser aufstiegen, eckige, weiße Kästen, die wie eine Wand in der Landschaft standen. Er warf sich herum und rutschte zurück in die Grube. Wenn er sich nicht täuschte, lag dort hinten Kaltenmoor, der Rand von Linderstedt. Während er den Kies von seinem Hintern klopfte, schritt er langsam über die hart gewordenen Reifenspuren der Lastfahrzeuge und Bagger, vorbei an der Grundwasserlache, die fast ein Drittel des Bodens bedeckte. Er griff prüfend nach dem Brief und den Scheinen in der Innentasche, wie durch ein Wunder waren sie trocken geblieben, verstaute den Hammer und den Schraubendreher in einer Außentasche und zog seine alte, graue Wollmütze über die neuen Haare.

Von oben warf er einen letzten Blick zurück auf seine Wohnung. Sicher würde sie bald jemand entdecken und es sich dort gemütlich machen. Wer immer es wäre, hoffentlich würde er die wiederhergestellte Ordnung bewahren, zumindest ein Weilchen, dachte er und stapfte, immer noch unsicher auf den Beinen, über die Felder nach Kaltenmoor. Für

Ende September war es auffällig warm, auch wenn das Licht schon heller wurde, fast weiß, und man die Kälte erahnen konnte, die mit dem Winter heranrückte.

Als er schließlich den Bürgersteig erreicht und sich die Erdklumpen von den Sohlen gestampft hatte, begann er zu weinen. Wie Spuren brennender Lunten, so heiß glitten die Tropfen über seine Wangen. Woher, wenn nicht aus seiner Wohnung, sollte er künftig die Kraft nehmen, um morgens aufzustehen und weiterzumachen den ganzen Tag? Und was würde Mama von ihm denken, die täglich in ihr Krankenhaus tigerte. Und was Papa, der all diese elend langen Jahre in der Firma abgesessen hatte. Georg war in die Knie gesunken und hatte das Gesicht in die Hände gelegt. Minutenlang hockte er so da, schwankend unter den ruckartig hochstoßenden Schluchzern. Schließlich, als es einfach kein Ende nehmen wollte, sog er die Lungen voll Luft und stockte den Atem, bis das Geschluchze langsam erstickte.

Er stellte sich wieder hin. Er rubbelte mit einem Jackettärmel über sein Gesicht, bis es glühte. Er sah sich um. Die Rasenflächen lagen mattengleich zu den Seiten der Wege. Die Mülltonnen waren eingegittert und die Straßen streckten sich sonntäglich leer vor ihm aus. Ganz Kaltenmoor schien noch zu schlafen. Bis auf drei kleine Frühaufsteher. Vielleicht hatten sie auch die Nacht durchwacht. Sie lagen in einem Bushäuschen auf dem Boden, alle drei mit riesigen Sonnenbrillen auf der Nase. So ein Paar Fliegenaugen hätte Georg auch gebrauchen können, so verheult und zerschrammt, wie er aussah. Der Kleinste der drei schleckte ein Eis. Türkis glänzte der nassgeleckte Stab im Licht. Das Radio zu ihren Füßen, eine zerschrammte Dudelkiste, schien dasselbe Lied zu spielen wie jenes auf Georgs Brust. Als ihm die Kiste plötzlich in den Weg gestoßen wurde, hüpfte er kommentarlos darüber hinweg, lächelte ihnen zu und sah sich, gespiegelt in einer

Sonnenbrille, über einen stark gekrümmten Horizont fliegen, von dem die Häuser schräg in alle Richtungen ragten. Während er weiterschlenderte, hörte er hinter sich, wie die drei ihre verschlafenen Hintern vom Boden hochhievten.

Ohne sich umzudrehen, auch ohne auf die Pfiffe zu reagieren, auf die Rufe, ob er sich für einen Sportler halte, und wenn ja, warum er gar nicht wie einer aussähe, wie ein Sportler, sondern wie ein Schwein, und ob er vielleicht Streit suche, indem er hier als Schwein so sportlich herumturne, ob das vielleicht ein neuer Trick sei, um zu verbergen, was er in Wahrheit sei, ein Dreckschwein nämlich, das sich als Sportler tarne, ging er einfach weiter. Wenn sie ihn kriegen wollten, das war klar, dann würden sie ihn kriegen. Jetzt die Beine in die Hand nehmen und loshetzen, bis er in Sicherheit wäre, wo immer das sein sollte, das war unmöglich. Dazu hatte er keine Kraft. Schon der kleine Hüpfer über das Radio hatte sich sofort mit maschinenhaftem Stampfen und Pumpen in seinen Schläfen gerächt. Es blieb ihm keine andere Wahl, als ganz ruhig so weiterzugehen, als hätte er keine Angst.

An der nächsten Kreuzung, als er vorsichtig den Kopf drehte, so, als müsse er prüfen, ob tatsächlich kein Auto käme auf der totenstillen Straße, da bemerkte er, dass hinter ihm das Bushäuschen, auch der Bürgersteig, der Asphalt und der Rasen im Schatten der Häuser, dass alles leer war. So leer und so still wie die Kreuzung vor seinen Augen. Dünne Laternen neigten sich über den Gehsteig. Die Stoßstangen der geparkten Wagen schimmerten. Gebüsche bewegten sich schwach am Rande des Wegs. Nur in den Scheiben der Kneipe gegenüber flackerte Fernsehlicht. Er überquerte die Kreuzung, schlenderte unauffällig näher, spähte hinein. Nicht, dass man ihn schon wieder fotografiert hatte und diese Bilder jetzt, so wie letzte Nacht, hinausjagte in alle Welt. Doch es lief bloß eine Reiseshow. Zwei Männer und eine Frau standen am

Strand und blickten aufs Meer. Ansonsten war niemand zu sehen. Aber wenn ihn jemals wieder jemand fotografierte, dann würde er die verfluchte Knipskiste solange gegen den Kopf des Fotografen schmettern, bis beide, der Kopf und die Kiste, den verdammten Geist aufgaben.

Er drehte sich langsam im Kreis, guckte, ob die drei Jungs ihm vielleicht heimlich hinterherkamen, doch ringsherum war niemand zu sehen. Fast hätte er das Haus nicht erkannt. Nicht nur, weil diese Kästen alle gleich aussahen, alle gleich weiß, alle gleich groß, gleich dumm, gleich tot, sondern auch, weil er die wenigen Male, die er früher hier gewesen war, immer den Weg durch das verdreckte Wäldchen genommen hatte, aus der Stadt gekommen war, über die Eisenbahnbrücke, aber niemals von den Feldern her. Trotzdem, hier hatte Lars gewohnt oder wohnte vielleicht immer noch dort. Aus seinem Zimmer konnte man ganz Linderstedt überblicken, wenn es auch kaum zu erkennen war, zumindest im Sommer nicht, unter dieser dichten Schicht von Bäumen, die, bis auf die Kirchtürme und den Wasserturm, alles, die ganze Stadt und vor allem die Schule, den Direktor, diesen hechelnden Schießhund, alles schön erstickte.

Obwohl er seit über zwei Jahren nicht mehr vor dieser Tür gestanden hatte, fand sein Finger unter den unzähligen Klingeln doch sogleich die richtige. Noch immer liefen die Buchstaben so verschwommen über den Zettel, dass der, der es nicht wusste, kaum erahnen konnte, dass hier die Gehrmanns wohnten. Es summte. Behutsam senkte er den Mund an das rostige Gitter der Gegensprechanlage. Es knisterte.

»Lars?«, seltsam knarrend kam der Name aus seinem Mund. Auf dem Parkplatz wurde ein Motor angelassen. Er drehte sein Ohr noch dichter heran, doch außer einem fernen Rauschen war nichts zu hören.

»Nein«, hieß es dann, »die Mutter.«

»Ist Ihr Sohn zu Hause?«, fragte er mit der Stimme eines kaltschnäuzigen Polizeibeamten, damit sie ihn nicht erkannte.

»Nein.«

»Kommt er bald zurück?«

»Nein.«

»Wo ist er hin, ist er verreist?«

»Wer spricht denn da?«, ihre Stimme war so dünn und heiser, als könnte sie jeden Augenblick komplett versagen, »bist du das, Georg?«

Bevor er lange grübeln konnte, wie sie ihn so schnell erkannt hatte, war plötzlich Musik zu hören, ganz leise nur, er sah sich um. Der Rasen, die Wege, der Parkplatz, alles leer, oder nein, da hinten, kaum hundert Meter die Straße hinab und halb verdeckt von den Glascontainern, da hockten die drei Affen und drehten an ihrem Radio.

»Wenn du es bist, Georg, mach den Mund auf!«

»Sagen Sie mir dann, wann er wiederkommt?«, fragte er flüsternd zurück. Sie wollte antworten, brachte aber bloß einen Ton hervor, ein rasselnd in die Länge gezogenes A, dann musste sie husten. Schließlich stieß nur noch ihr Atem aus dem Knistern.

»Frau Gehrmann?«, fragte Georg. Wenn sie nicht gleich antwortete, musste er gehen.

»Er wohnt jetzt in der Anstalt«, sagte sie, oder sang es mehr, so, als würde die Trauer sie zwingen, alle Worte zitternd in die Länge zu dehnen.

»In der Anstalt, aber wieso, wieso denn in der Anstalt?«, fragte Georg schnell, sah sich wieder um. Auf keinen Fall wollte er riskieren, den dreien noch einmal in die Arme zu laufen. Doch hinter dem Glascontainer und auf dem gesamten Parkplatz war niemand mehr zu sehen, und auch die Musik war kaum noch zu hören. Vermutlich hatten sie gedacht, dass er gleich ins Haus gehen würde, und waren aufgebrochen.

»Haus 24«, jetzt hatte ihre Stimme das Gleichgewicht vollends verloren und sie stieß die Zahlen schrill und einzeln hervor.

»Kann ich irgendetwas für Sie tun?«, fragte er und lauschte, was sie sagen würde. Doch sie blieb still, ein Glück, er hatte ja gar keine Zeit, ihr stundenlang zur Hand zu gehen, womöglich irgendwelche hartnäckigen Weinschwaden, die Lars so oft beklagt hatte, aus der Wohnung zu wedeln oder das eingestinkerte Sofa auszuwaschen oder was ihr sonst noch einfiele. Zügig stieg er die Stufen herab. Doch kaum dass er ein paar Schritte auf das Wäldchen zugelaufen war, brach sie in seinem Rücken in einen leisen, heiser lallenden Gesang aus:

»Er wohnt jetzt in der Anstalt,
und nicht mehr hier bei mir,
ach, lieber bei Kantinenbrei,
bei Presskopfsülze ohne Ei,
als daheim bei mir,
ach, lieber bei den Geisteskranken,
hinter Schlössern, hinter Schranken,
als daheim bei mir,
als daheim bei mir.«

Erst als er das Wäldchen erreicht hatte, wurde ihr Lied, dessen letzten Vers sie immer weiter wiederholte, langsam überlagert vom Geräusch seiner Schritte. Er blickte auf die abwechselnd aus dem Laub emporschnellenden Schuhe. Nicht zu fassen, dass Lars, ausgerechnet Lars, in dessen Kopf immer so ein rasend schneller Scharfsinn geherrscht hatte, plötzlich abgeholt worden war und jetzt in der Anstalt steckte, in einer geschlossenen Station vielleicht, womöglich eingeschnürt in eine Zwangsjacke, damit er niemanden anfallen konnte, vielleicht sogar mit Spritzen zur Ruhe gebracht war, sodass er den lieben langen Tag lang aufgebahrt dalag wie eine Leiche, gefüttert werden musste, damit er nicht ganz und gar zugrunde ging, abends ans Bett geschnürt wurde, damit er nicht durch die Gänge tobte und die Schwestern aus dem Fenster warf. Oder freute er sich? Ja, vielleicht freute er sich, hatte vielleicht sogar erleichtert aufgelacht, als die bulligen Kittelmänner vor der Tür gestanden hatten, wer immer sie gerufen hatte, die Nachbarn wahrscheinlich, denen er im Heruntergetragenwerden noch gegen die Tür trat, aber nein, nicht aus Zorn, sondern zum Dank, denn statt gezwungen zu sein, sich eine Arbeit zu suchen, irgendeine irrsinnige Plackerei, die dir das Gehirn eindörrt, durfte er endlich mit all denen zusammenleben, die für eine Plackerei, einerlei, mit was für Bergen von Geld sie entlohnt werden würde, überhaupt nicht zur Verfügung standen, einfach darum, weil sie gar nicht in der Lage waren, morgens auch nur aufzustehen, geschweige denn, die Arme stramm anzulegen an den Körper, die Hacken zusammenzuknallen und dann, Achtung, die Beine hochzuwerfen zu blitzsauberen Neunziggradwinkeln, und sich in Marsch zu setzen, vorwärts Marsch, durch die Straßen in die Firma, in der Firma vor den Chef, mit festgezurrten Schlipsen, mit vor lauter Gelächel ausgeleierten Mündern, und mit Augen, die vor Stolz fast aus den Höhlen springen, weil sie es geschafft haben, weil sie einmal pro Tag hineinwieseln dürfen in das Zentralbüro, um das Herz des Chefs mit Kaffee zu betanken, himmelblaue Glücksaugen sind das, die einmal, und vielleicht ja morgen schon, einen Unfall sehen müssten, so einen herrlichen, das Blut in meterhohen Strahlen verspritzenden Massenunfall, beispielsweise mit einem Zug, der mit zweihundertfünfzig Kilometern in der Stunde von den Schienen springt, in genau jenem Augenblick, in dem er den Bahnhof passieren und die Jacketts und Röcke der geduldig auf die Regionalbahn wartenden Pendler in die Höhe wehen lassen sollte, aber Achtung, in diesen kleinen Bahnhof springt er jetzt hinein, reißt das Dach über dem ersten Bahnsteig fort, durchbricht das Gebäude, die Eingangshalle, die Dachschindeln raspeln in die Höhe, und all jene Menschen, die eben noch schnell ein mit schwarz gebrutzelten Stinkebuletten und mit sumpfig miefenden Gurken und mit einem uralten, traurig angemümmelten Hasensalat belegtes Brötchen zwischen die Zähne schieben, sich den Kopf damit verstopfen, damit sie ja auf keinen Gedanken kommen, und erst recht nicht auf die Idee, einfach einmal dem Juweliergeschäft, dem Papierwarenfuzzi, den Mobilfunkverbrechern, dem Porzellanhöker die Scheiben einzuschlagen und alles, alles, alles auf die Straße zu pfeffern, all jene werden jetzt am Boden zerquetscht oder in die Luft gepfeffert und fliegen kreischend auf den Vorplatz, den der Zug nun gleichfalls verwüstet, überhäuft mit Waggons, auseinandergerissen, ineinandergeschachtelt, bis in die Spielhölle gegenüber geschleudert, die sofort zusammenbricht und die Menschen, die mit knallrot blubbernden Nasen und Ohren und elektrisch zuckenden Gliedern aus den Waggons krabbeln, unter sich begräbt.

Wie aus dem Nichts rammte da jemand gegen seine Schulter, mit einer solchen Wucht, dass es ihn einmal um die eigene Achse wirbelte und die Blätter und Stämme und Büsche als gelbbrauner Farbenstrom vorüberwischten. Dann, vor ihm auf dem Weg, der durch das kleine, trotz des morgendlichen Sonnenlichts scheinbar schon abendlich eingedunkelte Waldstück führte, standen vor ihm die drei mit ihren Fliegenaugen.

»Entschuldigung«, sagte Georg möglichst kleinlaut und zerknirscht, damit sie ihn passieren ließen.

»Und das, Sportler, wie willst du das entschuldigen?«, fragte der Kleinste der drei, hob sein Eis in die Höhe und löste nacheinander alle Finger vom Stiel. Und während der langen Sekunden, die der fast schon aufgeschleckte Stängel auf den Boden zustürzte, überschlug Georg seine Handlungsmöglichkeiten, entweder ließ er sich gleich, zur Strafe, dass er sie angerempelt hatte, was er ja in Wahrheit gar nicht hatte, aber egal, zusammenklatschen, oder, doch da platschte das Eis schon auf den Boden und unzählige türkis schillernde Tropfen spritzten auf die Blätter. Der schwabblige Kumpan des Kleinen stellte das verstummte Radio zur Seite und begann die Luft durchzukneten wie einen störrischen Keksteig.

»Für immer und immer verloren«, meinte der Dritte und Größte und zog sich lächelnd die Sonnenbrille auf die Nasenspitze.

»Ich habe Geld«, sagte Georg schnell, denn es war ja klar, dass sie Geld wollten, diese kleinen Geier, »leider nur ein bisschen, aber für ein Eis wird es reichen.«

»Er meint, wir müssten ihn anbetteln«, der Kleine trat dicht vor ihn hin, unangenehm dicht, wenn auch nicht gefährlich, schließlich reichte ihm seine Stirn nur knapp bis ans Kinn.

»Anbetteln, ha, ha«, machte Georg, »nein, als Geschenk, wäre doch schade um das schöne Eis.«

»Geschenk, ich höre immer nur Geschenk«, der Dicke schlug die Hände zusammen, offenbar ein Signal, denn kaum dass der Klatscher durch den Wald hallte, schnellte der Kleine, der zunächst nur unruhig wippend dagestanden hatte, in die Höhe und warf mit Schwung die Stirn nach vorn, um Georg die Nase zu zerschmettern.

»Verstoß gegen die Regeln«, hieß es dann.

»Welche Regeln denn?«, fragte Georg, der gerade noch rechtzeitig zur Seite gewichen war.

»Regel Nummer 1«, begann der Kleine, der nach der verfehlten Attacke keuchend ins Leere gestolpert und fast in einen umgestürzten Einkaufswagen gelaufen war, »einer gut gemeinten Kirsche auszuweichen«, er kam grimmig durch die Blätter zurückgeraschelt, »das ist verboten!«

»Regel Nummer 2«, erklärte gleich darauf der Schwabbelige, »eine Saufnacht auszuschwitzen, hier bei uns im Wald, das ist«, er machte eine Pause.

»Verboten! Verboten! Verboten!«, brüllten die drei im Chor. Kaum dass sie wieder verstummt waren, holte Georg tief Luft.

»Regel Nummer 3!«, kreischte er ihren rot gefleckten Visagen dann so laut und schrill entgegen, wie er nur konnte. Auch wenn er gar keine Regel wusste. Doch statt erschrocken zurückzutappen, vielleicht sogar Reißaus zu nehmen vor diesem durchgedrehten Streuner, der sie gleich bei den Füßen packen und mit seinen geisteskranken Überkräften wie Puppen durch den Wald schleudern könnte, blieben die drei auf Kampf getrimmten Trottel lauernd vor ihm stehen, während sein Gekreische wirkungslos zwischen den Bäumen verfistelte. Genauso wie leider auch er selbst vor ihnen stehen blieb, schreckensstarr festgefrostet, statt wie der Wind davonzufegen, sodass er mit ein bisschen Glück die Straße erreichte, wo man ihn gesehen hätte, wo er hätte schreien, nach Hilfe brüllen können, wo vielleicht sogar die verdammte Polizei vorbeigebummelt wäre, aber nein, er blieb einfach stehen.

»Jemand zu Haus?«, fragte der Zwerg, und noch ehe Georg den Mund öffnen konnte, um zurückzufragen, was er damit meine, war der Kleine vorgesprungen und hatte sich eine unter Georgs Mütze dumm hervorgeschlängelte Strähne geschnappt und zerrte daran wie an einem Glockenstrang. Mit Karacho ruckte es Georg den Kopf herab, einmal und noch einmal, dann endlich bekam er die Griffel des kleinen Angreifers zu fassen und versuchte zu verhindern, dass ihm die Strähne aus der Kopfhaut riss.

»Ruhe sanft!«, rief der Dritte und warf die Arme auseinander wie ein Opernsänger. Doch bevor sie ihn zu Fall bringen konnten, hatte sich Georg von selbst auf die Knie geworfen, war blitzartig vorgekrabbelt und stieß seine Zunge in die Lache des abgestürzten Eises. Zwar hatte er dabei seine Strähne befreit, doch leider blieb ihm keine Sekunde Zeit, hochzuschielen, in welche Richtung er gleich aufspringen und davonsprinten könnte, denn nach den ersten drei Schleckern schwang sich der Zwerg auf seinen Rücken und drückte ihm, als reite er, die Knie in die Rippen.

»Sportlich! Sportlich!«, schrie er und rutschte mit seinem Knochenhintern direkt auf einer Schraubenwunde herum. Damit er sich vor Schmerzen nicht aufbäumte und dann womöglich einen Stiefel ins Gesicht bekäme, schleckte Georg schneller, immer schneller und eifriger, wie ein Hund schleckte er, grunzte und kläffte zwischendurch, sodass die drei vor Vergnügen zu pfeifen begannen und niemand seine linke Hand bemerkte, die, von der Schulter abgeschirmt, heimlich hinunter in die Jacketttasche wanderte. Schon berührten seine Fingerspitzen die Griffe des Hammers und des Schraubendrehers, feine, an die Haut sich anschmiegende Holzgriffe waren das, eine unerhörte Seltenheit, für jede ernste Arbeit aber nichts als die blutigste Notwendigkeit, denn ein jeder Mensch, dem sich einmal ein solcher Griff in die Hand geschmiegt hat, der kann sich nicht mehr herunterlassen auf ein anderes Materialniveau, ein solches, zum Beispiel, wie es im Kaufhaus angeboten wird, denn wenn man sich einmal gründlich umgesehen hat in dessen sogenannter Metallwarenabteilung, dann sieht man schnell, wie sehr man sich täuschen ließ, als man glaubte, es gäbe eine einzige echte Metallware dort, nicht einmal einen Schraubendreher haben sie, bloß sogenannte Schraubenzieher, geradezu so, als könnte ein Mensch das Wort Schraubenzieher aussprechen, ohne dass sich seine Zunge in zwei Hälften zerspaltet, schließlich existiert auf dem gesamten Planeten kein einziger Schraubenzieher, und es hat auch niemals einer existiert und es wird auch niemals einer existieren, da bereits die Möglichkeit eines Schraubenziehers, dass er nämlich Schrauben zieht, statt sie zu drehen, in Wahrheit nicht gegeben ist, aber die Wahrheit spielt natürlich keine Rolle in der Metallwarenabteilung, denn in der Metallwarenabteilung wird der Mensch allein gelassen mit diesen verlogenen, falschen Begriffen, und zwar so lang, bis er den damit bezeichneten Schrott verwirrt nach Hause trägt, wo er langsam wieder zu sich kommt und endlich begreift, dass die Griffe der sogenannten Schraubenzieher aus Plastik sind, nicht aus Holz, wie es zu sein hat, sondern aus einem holzfarben übergelackten Plastik, das dem Kunden, der ursprünglich etwas Natürliches wollte, künstlich vorkommt, vorkommen muss, billig und künstlich, und dann hasst er sich selbst für diesen widerlichen, künstlichen, billigen Kauf, wenn auch nicht für lang, da der Kunde nämlich ein vergesslicher Mensch ist, so sehr sogar, als trage er, statt eines Gedächtnisses, nur ein Loch im Kopf, einen hohlen, schwarzen Krater, in den du klar und streng hineinrufen musst, damit er nicht vergisst, dass er in Wahrheit die Härte des Metalls an seinen Fingern spüren will, den handgeschliffenen Klingenstahl auf der Haut, und Holzgriffe aus rötlichweißem Weißdorn, die seinen Schweiß aufsaugen und wieder ausstoßen wie lebendige Wesen.

Es rauschte. Er kniff die Lider fester zu, wollte verhindern, dass der pulsierende Sprengstoff, mit dem er ausgestopft schien bis unters Schädeldach, explodierte und ihn auseinanderriss. Es rauschte und rasselte. Er hätte verhandeln sollen. Wenn sie schon kein Geld annehmen wollten, kein Geschenk, dann hätte er etwas anderes anbieten müssen, eine kleine Dienstleistung vielleicht, meine Güte, Schuhe putzen, Tüten schleppen, irgendwas. Es rauschte und rasselte und drehte sich alles. Dann würden auch die Werkzeuge noch in seiner Tasche stecken. Wie sollte er denn jetzt den Koffer knacken? Eine Hupe jagte ihn hoch. Eben schwenkte der Einkaufswagen, in dem er rücklings lag, mein Gott, er lag in einem Einkaufswagen, über den Mittelstreifen, auf die Gegenfahrbahn, er raffte sich hoch, packte die orangefarbene Lenkstange und riss und zerrte daran, doch wie sehr er sich auch bemühte, der Kurs blieb unbeirrt derselbe, er drehte sich lediglich um hundertachtzig Grad im Kreis und schoss nun mit dem Rücken voran die Stadtbrücke hinab. Flimmernd senkte sich die Straße auf die Kreuzung zu. Offenbar in Angst, dass ihm der Lack zerkratzt würde, blieb der Wagen, der gehupt hatte, knapp hinter ihm, schwenkte nervös nach rechts und nach links. Erst als die Lücke groß genug war, zog er vorüber. Georg winkte, versuchte zu erkennen, ob ihn hinter den abgedunkelten Scheiben jemand anschaute, ihm vielleicht sogar ein Zeichen gab, einen Tipp, was er tun könnte, doch stattdessen erblickte er bloß sich selbst, seine Haare, die fahnengleich flatterten, und sein Gesicht, eine von Eis und Erde grün und braun verschmierte Visage. Abgase wehten über ihn hin. Er hustete. Er krallte sich ins Gitter. Er starrte hinab auf den Asphalt. Die winzigen, auf den spiegelglatten Boden eines Supermarkts ausgerichteten Rädchen zuckten hin und her, überfordert von der Geschwindigkeit, die sich immer weiter steigerte auf der immer steiler in die Tiefe sich neigenden Stadtbrücke. Ein Steinchen bloß und er schmirgelte über die Straße, bis die Kleidung die Haut freigab, und die Haut das Fleisch, und das Fleisch die Knochen. Schon mahnte eine

Ampel zum Halt. Aber so sehr er auch wollte, er konnte doch nicht halten, und noch bevor die Autos sie erreichten, schoss er über die riesenhaft weite, leere, stille Mitte hinweg, stocksteif und ohne den geringsten Versuch, den Kurs zu korrigieren, der geradewegs hinführte auf den Kantstein am Rande der Kreuzung. Einen Augenblick lang betrachtete er das Blut, das eingesickert war in die Falten seiner Finger und deren Nägel dunkel umrandete, ein schön ins Schwarze spielendes Rot war das, dann wurde er aus dem Wagen katapultiert und wirbelte durch die Luft. In Zeitlupe kam der Boden näher. Plötzlich schlug er auf, Schmerzen blitzten durch eins seiner Beine und er rutschte mit vorgestreckten Händen über Kiesel und Scherben, die vor ihm in die Höhe spritzten.

Jemand drückte seine Mundwinkel ein, setzte eine Flasche an. Er wollte noch etwas sagen, da gluckerte es schon durch seinen Rachen, eine Säurespur, die sich in den Magen hinunterfraß und für Augenblicke jede Wunde zu markieren schien. Die Beine, der Rücken, die Schultern, alles brannte, eine Stichflamme, die in alle Richtungen ausschoss und erst nach und nach sich auflöste in ein mildes Magenglühen. Auf den Flächen um ihn her waren Schritte zu hören. Noch einmal wurde die Flasche angesetzt. Dann nahm der Mann einen Schluck in den Mund, beugte sich über Georgs zerrissene Hose und pumpte den Alkohol in die Wunde, offenbar zum wiederholten Male, denn die Hose war feucht, genauso auch die linke Schulter, auch der Bauch. Georg spürte den stacheligen Bart und die Lippen des Mannes, der jetzt, was sich an Dreck und Erde festgesetzt hatte, aus seinem Fleisch saugte.

»Wo ist meine Mütze?«, murmelte er, als der Mann sich aufgerichtet hatte und dunkel abgehoben dastand vor dem immer noch metallblauen Himmel. Statt Antwort zu geben, zog sich der Mann zurück, Schritte knirschten über den Schotter, es begann zu pfeifen, zu quietschen, schrill, kalte, auf Metall knallende Schläge prasselten los, bis schließlich eine unmerklich hereingeschlichene Melodie den gesamten Lärm zu einem kleinen Lied zusammenzwang, das ihm fast den Schädel sprengte. Er wandte sich um. Reinhard und seine Kollegen! Keine fünf Meter hinter ihm, da standen sie und spielten und spielten nur für ihn. Er hob eine Hand, versuchte sie zu besänftigen, denn trotz der Ehre des Konzerts war der Krach kaum auszuhalten. Sofort begann die Tonne, das Besteck nur noch leise kratzend über die Schlagfläche zu rühren, und die Tröte verlegte sich auf ein untergründiges, nur ab und an noch katzenhaft auffahrendes Kreischen, allein Reinhards Mundharmonika spielte ihre Melodie unverändert weiter und verhinderte, dass sich alles wieder vollends vernebelte. Wenn er doch einfach auf dem Sofa liegen könnte, zu Hause bei Mama im Brockwinkler Weg, sie würde ihm eine Suppe bringen und ihn pflegen, mit all ihren Krankenschwesterntricks, so gründlich und so lang, bis er in der Lage war, Linderstedt allein zu verlassen. Plötzlich wurde er auf die Füße gestellt. Er blinzelte. Er taumelte. Eine Sekunde länger und er wäre Gesicht voran auf den Boden geknallt. Und liegen geblieben. Bis zum Tode. Da griff ihn Reinhard und hob ihn, als wäre er eine Pappfigur aus der Videothek, hoch in die Luft und bettete ihn rücklings in den Einkaufswagen.

»Sie sind sehr gut zu mir«, sagte er. Reinhard zog schweigend seinen Mantel aus und legte ihn zur Polsterung unter Georgs Kopf. Leider stiegen aus diesem Ungetüm derart bissige Gerüche auf, dass Georgs Sicht zu flimmern begann wie seine alte Glotze bei Gewitter. Bevor er gar nichts mehr sehen konnte, legte er sich die Hände auf die Wangen und klemmte heimlich seine Nase zu. Automatisch ermattete sein eben noch zitternd hochgehaltener Nacken und er sank widerstandslos herab auf das wunderbare Kissen und wäre gern noch fünf oder fünfzig, oder meinetwegen auch fünfhundertfünfundfünfzig Stunden lang so liegen geblieben, leise die Schmerzen herausklagend, die Lider flatternd, hätte die Tage heraufsteigen und vergehen sehen, hätte die Abende erlöschen und vergehen sehen, hätte die Nächte leuchten und tintig wabern sehen, doch da kamen sie heran, alle drei, und quälten die verfluchte Gitterkiste mit einem solch brutalen Gereiße und Gestoße durch den Schotter, als wollten sie ihn anschließend als blutigen Hautsack voller Klapperknochen und zerplatzter Organe in die nächste Mülltonne stopfen.

Dann aber wich das Gerüttel einer sanft über die Wege rasselnden Fahrt und gemütlich ging es die sonntäglichen, nur hin und wieder von einem Auto zart durchbrummten Straßen entlang. Aufatmend ließ er das verwundete Bein über den Rand des Käfigs baumeln, blickte hoch zu den Balkonen, den Satellitenschüsseln und Antennen, die über ihm dahinzogen und sich linienklar abzeichneten gegen das kühle Blau. Es war egal, wo sie ihn hinbrachten, solange er nur aus Linderstedt nicht fortgeschoben wurde, zumindest nicht gleich, solange er noch hierbleiben durfte, wenn auch nur ein bisschen, hier in seiner Stadt, die er am liebsten in einem den ganzen Tag und die ganze Nacht und im Grunde für immer währenden Zickzack durchkreuzt hätte.

Später, als er die im Geschaukel schwer gewordenen Lider wieder aufschlug, hatte man ihm einen Ärmel des Muffmantels über das Gesicht gelegt. Gähnend spähte er hervor. Er stand im Liebesgrund unter Bäumen. Eine Brise ging durch die Blätter. Er musste geschlafen haben, wer weiß, wie lange schon. Kaum dass er sich regte, geisterten noch einmal die Schlummerbilder über seine Augen, aus denen er eben erwacht war. Ein himmelblauer Himmel. Eine alte Frau mit einem Gewehr. Protest gegen ein Lärmkonzert am Sonntag. Reinhard, der die Blechtonne hinaufschleudert. Mit einem solchen Schwung, dass es der Alten, die eben die Sicherung ihrer Waffe gelöst hat, laut klickt es über ganz Linderstedt hinweg, die Mündung unters Kinn hebelt. Der vor Schreck ausgelöste und ihren Kopf zu einem breiten Fleck über die Hauswand zerspritzende Schuss. Der Blutstrahl, der aus ihrem Hals in die Höhe steigt und weinrot herabzustürzen beginnt. Georg schüttelte das Gehirn zurecht und sah sich um. Reinhard und seine Kollegen saßen auf einer Bank, keine zehn Meter entfernt, und waren damit beschäftigt, sich gegenseitig eine Flasche zu entreißen und so viel wie möglich daraus wegzusaufen, bevor der nächste sie erkämpfte. Nach einer Weile verdrückten sich Reinhard und die Tröte ins Gebüsch. Nur die Tonne hockte noch da, ein breiter, kleiner Kerl, dessen Beine kaum zum Boden reichten. Als er schließlich in dem Abfalleimer neben sich herumzufischen begann, stemmte sich Georg behutsam in die Höhe. Mit einem Fiepen, das er sich vor Anstrengung aus der Kehle quetschte, glitt er aus dem Einkaufswagen und machte auf Zehenspitzen einen ersten, von Schmerzen dunkel durchpumpten Schritt auf die Treppe zu, die hinausführte aus dem Liebesgrund, fort von diesen dreien, die er doch eigentlich gar nicht kannte und die wer weiß was mit ihm vorhaben konnten, als Reinhard raschelnd das Gebüsch zerteilte. Breitbeinig blieb er stehen, die Hände gespreizt, als wollte er gleich einen Revolver aus dem Halfter reißen und Georg, sobald er zuckte, niederknallen wie einen staubigen Duellgegner. Sollte er es darauf ankommen lassen? Einfach die Beine in die Hand nehmen und sehen, wie weit er käme? Jetzt marschierte Reinhard auf ihn zu, mit den Händen schaufelte er unsichtbare Barrikaden aus dem Weg. Nein, warten, lieber wollte er warten und sich später langsam und mit der nötigen Rücksicht auf seinen angeschlagenen Oberschenkel und die puckernden Rückenlöcher unbemerkt davonschleichen, als jetzt bei einem Sprintversuch nach drei Metern schreiend zusammenzubrechen und unter einem Berg von Stinkemännern zu ersticken.

Reinhard, als er schließlich vor ihm stand, griff stumm in sein Jackett und zeigte ihm zwei Artikel, die vom vielen Auseinander- und Zusammenfalten bereits mehrfach durchbrochen waren und nur mit Mühe erkennen ließen, was dort geschrieben stand über die offenbar vorbildliche Tätigkeit des Arztes Dr. Reinhard Ott in der Ambulanz des Städtischen Krankenhauses von Linderstedt.

»Das ist ja fünfzehn Jahre her«, Georg wies erstaunt auf das verblasste Datum über dem ersten Artikel. Wie sein Finger zitterte. Reinhard starrte ihn an. Gut, gut, dann schaute er auch auf den zweiten Artikel. Sicher stand dort, dass der jetzt so verwilderte Mann noch bis vor wenigen Jahren der strahlend weiße Chef von eins, zwei, drei Stationen war, da plötzlich riss Reinhard die Arme auseinander, und bevor Georg auch nur einen Zentimeter zurückweichen konnte, hatte ihn der Bär umschlungen und drückte ihn mit aller Gewalt an seine offenbar seit fünfzehn Jahren ungeduschte Brust. Georg bekam keine Luft mehr, seine Arme waren eingeklemmt und er spürte, wie die kloakigen Dämpfe aus Reinhards Wollpullover, der sich zu kleinen harten Platten verkrustet hatte, in seinen Hals eindrangen. Dann, im Dunkel dieser modrigen Armzwinge, hörte er schließlich, ganz leise nur, ein Schluchzen. Reinhard, der Riese, der Anführer, er weinte! Wie ein Maulwurf wühlte sich Georg mit einer Hand ins Freie und klopfte ihm auf den Rücken, zaghaft zuerst, da er den armen Kerl nicht erschrecken wollte, dann, als sich die Umarmung unter den tröstenden Klopfern nur noch enger zusammenschraubte, etwas nachdrücklicher, bis er schließlich, bevor sein Bewusstsein zur Gänze vernebelt und verdunkelt und erloschen war, gegen den Rücken drosch wie gegen die krachend zugeschlagene Eichentür eines alten Folterkellers.

Mit einem Ruck ließ der Bär ihn frei und warf sich, während Georg luftschnappend zur Seite wankte, einen seiner haarigen Arme über das Gesicht und wurde von der Tonne und der Tröte zurück zur Bank geleitet. Georg stand da wie ein Flamingo, das verwundete Bein in der Luft, und blickte keuchend auf die Artikel, in die er sich verkrallt hatte, insbesondere auf das Foto, das einen kräftigen, vielleicht am Anfang seiner Vierziger stehenden Mann zeigte, in einem weißen Kittel, mit einer grimmig plattgedrückten Lippenlinie im Gesicht, und den man sich, wenn man ihm ein stachliges Bartgebüsch anklebte und eine senfig gelbe Farbe ins Augenweiß tuschte sowie zwei schwarze Schießscharten in die obere Zahnreihe boxte, durchaus als Reinhard vorstellen konnte.

Der Hinweis auf das Zeitungsdatum, das war dumm gewesen. Das konnte man sich ja denken, dass einer, der so lange auf der Straße lebte, hin und wieder zeigen wollte, was er früher mal gewesen war. Georg räusperte sich, so lang und so laut, bis Reinhard schließlich den Kopf anhob. Sollte er ruhig herkommen und zeigen, was er konnte. Vielleicht ließe er ihn dann auch gehen. Als könnte er Gedanken lesen, erhob sich Reinhard aus der Umarmung seiner Kollegen, mit denen er zu einem vielgliedrigen Riesenkerl verschmolzen schien, und kam nun mit der leichten, aber bestimmten Gangart eines Arztes, der sich zügig zum OP bewegt, auf ihn zu. Im Laufen klemmte er den Schal mit einem Ende unters Kinn und zog das andere nach vorn, kurz sah es so aus, als strecke er Georg eine überlange, schwarze, fransige Zunge entgegen, dann übergoss er die Bahn mit dem restlichen Fusel. Als er Georg erreichte, ging er in die Knie, vorsichtig rutschte er näher. Bereitwillig winkelte Georg den verletzten Oberschenkel an, sodass ihn Reinhard mit dem korngetränkten Schal fachmännisch umwickeln konnte. Manchmal musste man einem Menschen einfach das Gefühl geben, dass sein Handeln sinnvoll war. Außerdem war es wirklich eine Wohltat, wie die Wunde, je fester der Verband sie umschloss, immer weniger schmerzte.

»Danke schön«, meinte er, überlegte kurz, ob er vielleicht auch seinen Rücken bearbeiten lassen sollte, hatte aber keine Lust, das Radio zu erklären und reichte dem weiterhin am Boden knienden, ihn jetzt reglos von unten her anstarrenden Reinhard die Artikel, »man merkt gleich, dass Sie ein guter Arzt gewesen sind.«

Kaum dass Georg fertig gesprochen und die Mundwinkel zu einem aufmunternden Lächeln hochgezogen hatte, wurde er zur Seite gerissen. Bäume, Boden, Himmel, alles rauschte vorüber, als würde er im Schleudergang einer Waschmaschine stecken. Dann fand er sich mit eingeklemmtem Hals unter einer beißend sauren Achsel wieder. Mit einem zischend an die Lippen gepressten Finger zeigte ihm die Tröte, dass er stillzuschweigen habe, dann ließ sie ihn frei. Georg nickte benommen. Dabei hatte er bloß ein Kompliment machen wollen. Aber das Thema war wohl schwierig. Er rieb sich den Hals. Ach, natürlich, gewesen, er hatte gewesen gesagt!

»Sie sind immer noch ein guter Arzt, ein sehr guter Arzt!«, rief er schnell, um den Schaden wieder gutzumachen, »und außerdem würde ich mich freuen, wenn ich Sie noch ein wenig begleiten dürfte«, fügte er an, denn im Grunde war es nach all diesen haarsträubenden Bildern, die das Fernsehen von ihm gezeigt hatte, viel vernünftiger, sich von drei Obdachlosen durch eben diese Stadt schieben zu lassen, in der er gesucht und gejagt wurde, statt sich draußen in der Heide zu verkriechen. Reinhard, der am Boden gehockt hatte wie eine sprungbereite Kröte, erhob sich zu voller Größe und blickte ihm nachdenklich ins Gesicht. Zweifelte er, ob man mit einem, der sich so undankbar in die Büsche schlagen wollte, nachdem er zuvor gemütlich durch die Gegend gegondelt worden war, überhaupt noch eine Minute länger zusammenbleiben sollte? Doch als wäre das alles schon wieder vergessen, packten die drei ihn plötzlich und hoben ihn mit einem lauten, im Chor gesprochenen »Hui!« hoch in die Luft und legten ihn sanft zurück in den Wagen. Wange an Wange über den Käfig gebeugt, blickten sie ihn fragend an.

»Zu den Gärten am Ochtmisser Kirchsteig, bitte«, sagte Georg, und Reinhard schob den Wagen an. Seinem Mund nach zu urteilen, der hin und wieder als vergnügter, wenn auch stummer, schwarzer Lachkrater im Bart aufriss, hatte Georg das Richtige getan. Ein Glück. Aber was für ein trostloses Leben musste das sein, wenn es schon als Vergnügen galt, einen ausgebüchsten Lehrling zum Schutz vor seinen Jägern durch die Straßen zu chauffieren. Andererseits war das sicher auch eine willkommene Ablenkung von dem eigenen, tagtäglichen Herumgehusche, dem nächtlichen Gebibber in der Kälte, dem Gestank und dem hektischen Gewühle nach einem noch nicht total zerfaulten Happen. Aber er durfte nicht ans Essen denken. Sonst erwachte noch der Hunger, grollte und biss wütend um sich in seiner ausgeleerten Magenhöhle. Einen Zwischenstopp an einer Tankstelle wollte er nicht riskieren. Nicht nur wegen der ewigen Kameras, sondern auch, weil er die drei ungern so behandeln wollte, als wären sie seine Angestellten. Nicht dass es ihnen zu viel würde und sie ihn einfach auf den Gehweg kippten, sodass er sich die Stöterrogerstraße ganz allein hinaufquälen müsste. Denn Verband hin oder her, am besten war es sicher, noch ein Weilchen stillzuliegen. Zumal auch noch die Müdigkeit in seinen Schläfen lauerte. Gähnend steckte er sich eine Haarsträhne in den Mund und saugte daran. Vielleicht hatten sich ja zumindest die Gerüche des Fleisches darin verfangen, das er gestern Abend, aber nein, er schmeckte nichts. Er prüfte, ob das Radio den Sturz überstanden hatte. Ein leises Rauschen schwang durch die Knochen seiner Brust bis hinauf in den Kopf. Nur durch ein umständliches Gedrehe erwischte er schließlich wieder den Heidefunk. Eben endete ein Kommentar zur Krise des Kaufhauses, das über die letzte Zeit regelrecht blau angelaufen sei, so sehr werde ihm von der Konkurrenz die Luft abgeschnürt, dann verkündete der Sprecher, dass beim Kreisleistungspflügen draußen bei Oertzen allein derjenige zum Sieger gekürt werde, der schnurgerade und exakt in der richtigen Tiefe seine Furche zu ziehen verstünde.

Beruhigt, dass kein Bericht ihn selbst betraf, drehte er leise. Wieder gähnte er. Offenbar hatte sich der Moment, den er heute Morgen darauf verwandt hatte, alles genau zu planen, doch ausgezahlt. Zwar hatte dieser Plan nicht verhindern können, dass er in den Waldboden gedrückt und bewusstlos getreten und aus einem Einkaufswagen durch die Luft geschleudert und fast zur Gänze zerschrammt und zerschmettert und zerstört worden war, aber, und das war das Entscheidende, man hatte ihn nicht entdeckt, bisher. Außerdem war es immer schwierig, einen Plan in die Tat umzusetzen. Aber ein Plan, ja, allein das Planen selber schon führte dazu, dass man nicht nur zerzaust und konfus über den Planeten stolperte, sondern, ganz im Gegenteil, zielbewusst zur Tat schritt. Und was, wenn man fragen darf, ist im Leben wichtiger? Die Antwort lautet: Nichts, meine Herrschaften, gar nichts! Denn wer nicht zielbewusst zur Tat schreitet, der geht schon bald den Bach herunter, der strudelt hinab auf den dunkelsten Grund und der bleibt allein, immer allein, einerlei, wie laut er ruft, ich habe alles falsch gemacht, falsch und falsch und nochmals falsch, einerlei, wie sehr er hofft und fleht, noch einmal zurückkehren zu dürfen in die herzliche Wärme der Schule, in den Schutz des Klassenraums, zurück vor die Tafel, von der er, was zu tun und was zu denken ist, bloß abzupinseln braucht, denn nur wer plant und genau überlegt, der wird in Zukunft, wenn auch natürlich in einer noch galaktisch fernen Zukunft, sonntags seine Beine kreuzen und durch den Garten in sein wohlverdientes Haus rufen dürfen: Ich habe es geschafft, mein Schatz, denn nur wer plant und genau überlegt, wird, statt das Leben grinsend zu verjuxen, kämpfen, rasen, sich bewerben, damit er sich, sobald die Schultüren hinter ihm zusammenschlagen, wieder neu einfügen darf, auf einen neuen Platz setzen darf, neue Lektionen lernen darf, von seinem Chef, das sind Arbeitslektionen genauso wie Lebenslektionen, Gehorsamkeits- und Ordnungslektionen, Leistungslektionen, tausend Lektionen, mein Junge, für die du dich bedanken musst! Denn wenn du heute etwas lernen darfst, musst du schreien und jubeln vor Glück. Dass du nicht angefeindet wirst, angebrüllt, dass du, der faule Strick, der Dämlack, die Schnarchnase, allen auf der Tasche liegst. Denn wenn du nichts mehr lernen willst, dann bist du verloren, mein Junge, dann kann dich niemand retten, nein, auch die Mama nicht, auch nicht, wenn du röchelst und dich zuckend am Boden wälzt, denn wer nichts mehr lernen will, den schickt man vor die Tür, und wer dann vor der Türe sitzt, der kann sich nichts mehr leisten, hörst du, keins dieser übertreuerten Hemden, keins deiner grässlichen Poster, keinen deiner Messerstecherfilme, keine einzige deiner Filmmonstermasken, der Gummileichenhände und ausgestochenen Plastikaugen, nichts, hörst du, gar nichts von all diesem Firlefanz, der immerzu auf deinem Bildschirm blinkt, auch nichts von all dem Käse aus den Schaufenstern der Bäckerstraße, wo du deine Nachmittage verbummelst, mit diesem

Lars und mit Marlies, nichts von alledem wirst du in deine Wohnung tragen können, und warum? Weil du keine Wohnung haben wirst, und warum? Weil du auf der Straße leben wirst, im Freien, mein Junge, wo dich keiner mehr kennt, die Freunde nicht, die Eltern nicht und nicht einmal du selbst.

Mit dem letzten Wort marschierte sie hinaus in die Küche, vor sich das grimmig umkrallte Tablett, das sie bei jedem Satz wütend weiter vollgeknallt hatte mit dem abgegessenen Abendbrotsgeschirr.

»Du klingst schon wie der Direktor«, sagte Georg, erschöpft von der erneuten Zukunftshetze, mit der sie ihn seit Wochen regelmäßig überschüttete, und blies die Kerzen aus.

»Dr. Grabbitz hat einen kristallklaren Kopf«, erklärte sie und rammte einen Teller in die Spülmaschine.

»Ja, das stimmt«, erwiderte er sofort, obwohl der Direktor keineswegs einen kristallklaren, sondern einen Nebelkopf hatte, einen schwarz zugeräucherten Dummkopf, der keine Ahnung hatte, was sich außerhalb des Schulgebäudes abspielte, doch wenn er noch raus wollte, musste er sich jeden Widerspruch verkneifen.

»Falls du mit deinem schicken Hemd noch raus willst«, als hätte sie seinen Gedanken gehört, so ruckartig streckte sie den Kopf aus der Küche, »vergiss es, morgen ist Schule!«

»Schule«, wiederholte er mit lang gedehntem u, klappte dabei die rechte, entspannt über der Stuhllehne hängende Hand hoch und prüfte den Anblick seiner Fingernägel, »es ist doch erst kurz nach neun.«

»Wenn ich Frühschicht habe, gehe ich auch nicht abends raus.«

»Du gehst auch nicht raus, wenn du Spätschicht hast«, erwiderte er.

»Sag mal, ich mache mir Sorgen, weil ich weiß, wie schwierig es ist, eine Lehrstelle zu bekommen, zumal mit einem so widerlich zusammengestoppelten Notensalat, wie du ihn mir abzuliefern wagst, und du? Du willst gemütlich in der Nacht rumlatschen!«

»Willst du meine Hefte sehen?«, er tat, als wollte er sich in die Höhe quälen, um die Schulsachen zu holen, »die Aufgaben sind längst erledigt.«

»Das hoffe ich! Aber du musst auch wach sein, Georg, sobald du das Klassenzimmer betrittst, muss dein Verstand strahlen und glühen wie ein ganzes Sonnensystem«, sie kam auf ihn zu, »oder hast du vergessen, was unter deiner letzten Arbeit stand?«

»Naja«, er griff den herunterhängenden Zipfel der Tischdecke und rollte ihn zu einer Wurst.

»Eine Fünf hat da gestanden, hörst du, eine Fünf!«, bei dem letzten, laut herausgebellten Wort hatte sie ihre Hände energisch auf den Esstisch gesetzt und sich vorgebeugt, »nun, Georg, keine Antwort?«, bohrend sah sie ihn an, »Himmelnocheins!«, sie ließ den Kopf fallen, »ich habe so eine Angst um dich«, sie packte den Kerzenhalter, »so eine wahnsinnige Angst!«

»Aber Mama, warum?«

»Dass du es nicht schaffst!«, schrie sie und knallte den Kerzenhalter bei jedem Dass auf den Tisch, »dass dich keiner will! Dass du zurückbleibst! Dass du auf der Straße landest! Verkommst! Verdirbst! Verlotterst! Und dass ich dich wieder auflesen muss!«

»Nein, nein«, sagte er bloß und glotzte auf das Gestrüpp ihrer kürzlich silbrig eingefärbten und seit einigen Monaten morgens mit giftig riechenden Spraywolken in Stachelform gebannten Haare.

»Georg«, sie hob den Kopf, so schwerfällig, als wöge er fünfzig Kilo, »ich will, dass es dir gut geht.«

»Aber mir«, er räusperte sich, »es geht mir gut.«

»Darüber haben wir schon gesprochen.«

»Also gut«, seufzte er, sonst gab sie heute gar keine Ruhe mehr, »aber wenn ich deine dumme Ausbildung mache, dann könnte ich wenigstens ...«

»Meine dumme Ausbildung?«

»Schon gut, meine, nicht deine«, sagte er schnell, »aber dann könnte ich doch wenigstens hier bleiben.«

»Wo?«

»Na, hier in meinem Zimmer.«

»Wieso?«

»Die Wohnung ist groß genug und außerdem ...«

»Außerdem hättest du mehr Geld«, sie blickte ihm starr ins Gesicht.

»Ja, genau.«

»Es geht aber nicht immer nur ums Geld, Georg!«

»Sondern?«, fragte er, denn seit Papa sich in seinem Weltraum verkrochen hatte, ging es immerzu nur um das liebe Geld.

»Es geht darum, dass du nicht immer nur zu Hause hocken und darauf warten kannst, dass die Mama dich weckt, dich füttert, dir ein Scheinchen in die Taschen steckt, das geht nicht mehr«, sie schob die Hände ineinander, als wollte sie beten, »außerdem«, begann sie schließlich wieder, »weißt du ja auch, dass ich nicht immer allein ...«

»Ich weiß es«, sagte er laut, und für einen Augenblick saßen sie stumm in der abendlich warmen, ab und an leise knackenden Wohnung.

»Es tut mir leid«, sagte sie schließlich, doch bevor sie doch noch begann, umständlich um Papa herumzustottern, griff er die Tüte mit der Maske und erhob sich.

»Ich gehe raus«, erklärte er.

»Gut, ja, gut«, sie rieb sich die Nase, »aber nicht so lang, in Ordnung?«

»Nein, nicht so lang«, erwiderte er automatenhaft und ging in Richtung Tür, heilfroh, dass er die Maske bereits in der Hand hielt und jetzt ohne Umweg über sein Zimmer hinauseilen konnte.

»Eins noch«, sagte sie, kaum dass er die Klinke ergriffen hatte

»Was?«, ohne sich herumzudrehen.

»Ihr fahrt nicht mit dem Auto herum, versprochen?«

»Mama, Lars ist siebzehn«, sagte er gegen die Tür.

»Ja, das weiß ich.«

»Na also.«

»Ich weiß aber leider auch, dass ihr schon herumgefahren seid, du und dein Lars.«

Genervt schloss er die Augen und drehte sich herum: »Das. Stimmt. Nicht.«

»Eins lass dir gesagt sein, mein Junge, nach allem, was ich gehört habe, und ich habe viel gehört, sehr viel, bin ich zu dem Urteil gekommen, dass dieser Lars ein ganz und gar konfuser, ein großmäuliger und auf nichts als nur den Abgrund zusteuernder Irrläufer ist!«

Als er die Augen wieder aufschlug, sah er, dass Reinhard mit erschöpft auf die Brust gesacktem Kopf auf einer Bank hing. Seine Kollegen, der eine nach hinten über die Lehne gebogen, der andere schräg gegen seinen Anführer gekippt, hatten ihre Instrumente in den Schoß gesenkt. Er kletterte aus dem Wagen und für einen Augenblick, in dem sein ganzer Körper nach einem jahrelangen Urlaub schrie, zerflimmerte ihm die Sicht. Dann, als die Welt sich wieder geordnet hatte, konnte er einen ersten Schritt machen, den Testschritt, und siehe da, das lädierte Bein, trotz der noch nervös unter dem Schalverband pulsierenden Wunde, ließ sich wieder belasten. Jetzt musste er sich nur noch bedanken und verabschieden.

Reinhard hob den Kopf und auch die anderen beiden richteten sich auf.

»Ruhen Sie sich nur aus«, sagte Georg und legte sich eine Hand auf die Brust, »ich bin gleich zurück.«

Als die drei ihn bloß stumm anblickten und es bald so schien, als könnten sie diesen stummen, blinkerlosen Blick noch eine halbe Stunde fortsetzen, wenn nicht den ganzen Tag, da zeichnete Georg mit der Spitze seines linken Gummitreters ein kleines Feld in den Sand, stieg hinein, stellte die Füße fest zusammen und erklärte: »Hier, meine Herren, sehen wir uns wieder.«

Reinhard hob die Melone und schirmte den Blick ab gegen das seitlich einfallende Licht, sodass sein Gesicht im Schatten versank und von wer weiß was für Mienen durchzuckt werden konnte.

»Und meinen Schatz bringe ich auch mit«, sagte Georg schließlich, da er fürchtete, sie würden ihn sonst nicht gehen lassen. Da setzte Reinhard den Hut wieder auf und entließ ihn mit einem knappen Nicken.

»Bis gleich«, sagte Georg und eilte los, so schnell es ging, über die lang gestreckten Kieswege, am Spielplatz vorbei, am Vereinshaus vorbei, bis er schließlich Papas Häuschen sah, schon von Weitem angezeigt durch den Sessel, der auf dem Dach stand und hinausragte über die anderen Dächer und Lauben.

Knapp an der Hecke entlangstreifend schlich er bis zur Pforte vor. Zwischen den Rosen, die den Torbogen so dicht überwuchert hatten, dass man kaum eintreten konnte, ohne dass einem die Stacheln das Gesicht zerrissen, spähte er in den Garten, bereit, sogleich wieder abzutauchen und davonzuhumpeln, im Notfall von Röchlern und Krächzern untermalt, die ihn als verwahrlostes Straßenwrack ausweisen würden, statt als den heimlich herangepirschten Sohn, doch leer, der ganze Garten war leer. Er guckte rechts und links den Kiesweg hinab, ob jemand zu sehen war, womöglich Papa, der eben von einem Einkauf zurückgeschlendert kam, doch nein, da war niemand, nur die Büsche, die hoch und dunkel die Wege säumten.

Leise quietschte die Pforte, als er eintrat. Das dschungelhaft aufgeschossene Heckenungeheuer überragte ihn um gut zwei Köpfe. Er strich mit der Hand über das undurchsichtige Grün, das den Blick unwillkürlich aus dem Garten in die Höhe lenkte, hinauf in das sich rötlich verfärbende Blau. An der linken Häuschenseite lehnte die Leiter. Unbegreiflich, wie sie den Sessel damals aufs Dach bekommen hatten, nur zu zweit, oben Papa, der zähnefletschend an einem Seil zerrte, und unten er, der den Sessel die Leiter emporschieben musste.

Er legte den Brief auf die Fußmatte und wollte eben wieder zurück auf den Kiesweg und hinauslaufen aus der Schrebergartenkolonie, wollte den Koffer aus dem Hotel befreien und Linderstedt verlassen, endlich verlassen haben, da lauschte er an der Tür. Normalerweise rappelte Papa ja um diese Zeit so unruhig herum, dass man ihn bereits von Weitem hören konnte. Jetzt aber herrschte Totenstille in der Hütte. Probehalber drückte Georg die Klinke herab, und als sich die Tür, statt zugeriegelt zu sein, sodass man nur davonlaufen konnte, doch öffnen ließ, trat er hinein. Obwohl er ja sicher alle vier bis fünf Wochen hier war und die Nachlässigkeiten seines Vaters ausgiebig kannte, kam es ihm in dem kurz hereingefallenen, sogleich wieder ausgesperrten Licht so vor, als stünde er mit einem Schlag in der verwilderten Behausung eines Müllbergbewohners. Erschrocken drückte er den Brief an die Lippen und blickte so lang ins Schummerlicht, bis sich der Boden abzuzeichnen begann, über und über mit zerknüllten Papieren bedeckt, mit Zetteln und Zeitschriften, dahinter der Tapeziertisch, überhäuft mit verschmierten Tellern und Rotzfahnen, von Fliegen umwimmelten Früchten, angeknabberten Gürkchen und irrsinnigen Ansammlungen alter Kaffeetassen und Kondensmilchkartons. Was genau Papa tat, seit er die Firma verlassen hatte, um, wie er sagte, das Weltall im Auge zu haben, das hatten weder Mama noch er, Georg, je wirklich verstanden und es schließlich, nach einigen blitzartig in Gebrüll ausgebrochenen Abendbrotsgesprächen, auch gar nicht mehr versucht.

Wenn das Chaos den Brief nicht schon verschluckt haben sollte, bevor Papa zurückkam, dann müsste er an einem gut sichtbaren und sicheren Platz postiert werden. Er trat an den Tapeziertisch, doch das war völlig aussichtslos, er blickte zur Küchennische und zum Kloverschlag, was nur noch schlimmer war, und schwenkte schließlich den Kopf zur Schlafkammer hinüber, musste allerdings ein Weilchen warten, bis er in der dort noch dichteren Dunkelheit etwas unterscheiden konnte und dann langsam erkannte, dass die seltsamen, wie zwei erfrorene Erdmännchen aufragenden Formen, dass das Füße waren, das waren Papas Füße! Schreckensstarr rollte Georg die Augen zur Seite, prüfte die Entfernung zum Ausgang, drei Schritte waren es und vier durch den Garten. Nach Verstreichen einer atemlosen Ewigkeit, in der die Füße des Vaters nur leblos zur Decke gezeigt hatten, setzte sich Georg in Bewegung, schlich auf Zehenspitzen immer näher, bis er die Hände sah, die locker auf dem Bauch ruhten, und die Lippen, die hin und wieder kleine Schlafwinde entließen, und die Lider, die bombenfest verschlossen waren. Der Vater lag so kraftlos vor ihm da, mit einem derart ermatteten Pfannkuchengesicht, dass es für einen Augenblick fast möglich schien, doch alles im Gespräch zu klären. Dann aber, da er ja nicht umsonst geschrieben haben wollte, außerdem auch gar keine Zeit hatte und überhaupt ein solches Gespräch, so friedlich es auch beginnen mochte, mit einem falschen

Wort gleich wieder abirren konnte in das grässlichste Geschrei, legte ihm Georg den Brief sacht, ganz sachte auf die Brust, den vermutlich einzigen Ort in der Hütte, wo ihn die gefräßige Unordnung nicht sofort verschlingen würde. Kurz wartete er, ob der leichte Druck des Umschlags womöglich vordringen würde in die Schwärze des väterlichen Schlafs, doch es lief nicht die geringste Regung durch das Gesicht. Also raus hier, nichts wie raus! Oder sollte er die Gelegenheit nutzen, um kurz eine kleine Ordnungsbresche in diese Wildnis zu schlagen? Offenbar war der arme Vater ja hoffnungslos überfordert. Schnell, schnell stapelte er vier Pappbecher, in denen bereits Schimmel die Wände hochkroch, auf einen mit Käsegeflechten verklebten Pizzakarton, dazu drei Aschetassen, aus denen sich beim Anheben kleine Atompilze wölkten, und trug alles eilig in die Küche. Wie ein Mensch so leben konnte. Vor vier Wochen war es noch nicht so schlimm gewesen. Oder war es ihm nur nicht so aufgefallen? Oder war er tatsächlich doch schon wieder ganze acht Wochen lang nicht hier gewesen? Er hatte eben alles in den Ausguss gestellt, da nahm ihn kurz der Anblick einer Spülmittelflasche gefangen und verlockte ihn, sich zum Abschied eine neongelbe, sicherlich herrlich beißend frische Zitrusperle auf die Zunge fallen zu lassen, als er plötzlich spürte, dass es zu spät war. Langsam drehte er sich herum. Und sah den Vater. Vornübergebeugt wie ein seit Stunden starr dasitzender Schnorrer hockte er auf dem Mattenrand und beobachtete ihn mit einem derart scharfen Adleraugenblick, dass ihm im Grunde keine Wahl blieb, als gleich alles zu gestehen, dass er aus dem Bus gesprungen war, Spick, Nore, der Koffer, die Leiche, die Wohnung, der ganze unwahrscheinliche Strudel, in den sein Leben so jäh hinabgerissen wurde.

»Ich rieche es«, meinte der Vater, bevor Georg etwas sagen konnte, und kam mit einem Ruck in die Höhe.

»Wirklich?«, fragte Georg blöde, als wäre es nicht sonnenklar, dass er nach all dem Zeug, das ihm Reinhard und seine Kollegen eingeflößt und auf die Kleidung geschüttet und in den Verband geträufelt hatten, zudem nach der kopflosen Sauferei des letzten Tages, stinken musste wie ein bis zum Rand mit Schnaps vollgepumpter Saufhund. Mit einer Handbewegung scheuchte ihn der Vater aus dem Weg und warf sich in der Kochnische Wasser ins Gesicht. Mit zitternden Tropfen auf der Stirn fummelte er sich eine Zigarette aus der Hemdtasche.

»Der Vorrat an guten, klaren Nächten ist ja unerschöpflich, was?«, das Feuerzeug flammte vor seinem Gesicht auf.

»Aber was ...«

»Gute klare Nächte kann sich der Trottel ja im Supermarkt besorgen, stimmt's?«, er sog den Rauch ein, »ist ja eh der reinste Unfug, die ganze Nacht lang auf dem Dach zu hocken, nicht wahr?«

»Nein, nein, gar nicht«, sagte Georg, auch wenn er keine Ahnung hatte, wovon die Rede war.

»Habe ich dir gesagt, dass ich keinen Kaffee kaufen kann, oder habe ich es dir nicht gesagt?«, der Vater knallte einen Kessel auf die Elektroplatte, »ich habe es dir sogar auf dem Anrufbeantworter gesagt, dass ich keinen Kaffee kaufen kann am Tag, dass ich schlafen muss am Tag, dass ich wach sein will, und zwar die ganze Nacht.«

»Ach das«, meinte Georg gedehnt, wieder dieser Affentanz um die Kaffeetrinkerei, doppelt geröstet, frisch gemahlen und so weiter.

»Seit Wochen endlich eine wolkenfreie Nacht«, er aschte in die Luft, »und was machst du?«

»Es tut mir leid, Papa, aber«, er unterbrach sich, »sag mal, wie sehe ich aus?«

»Na, wie einer, der eben aus der Müllverbrennungsanlage

entwichen ist«, der Vater streifte ihn unwillig mit dem Blick, dann schüttete er Wasser in den Kessel, »glaubst du denn im Ernst, ich würde dich nicht erkennen unter deiner lächerlichen Verkleidung?«

»Verkleidung, aber willst du gar nicht wissen, wieso ...«

»Wieso! Wieso!«, rief der Vater, »du bist die ganze Nacht auf irgendeiner Fete rumgetorkelt. Du hast dich mit irgendeinem Lovergirl auf dem Feld gewälzt. Du bist morgens verschmutzt und bescheuert nach Haus gekrochen. Du hast ...«

»Aber so war es nicht!«

»Na und? Dann war es eben anders. Mich interessiert nur eins, und zwar: Hast du den Kaffee vergessen? Ja! Kann ich mich auf dich verlassen? Nein! Und säge ich jetzt die ganze Nacht in Stücke mit meiner Schnarcherei? Ja! Und ist mein Magen morgen so mit Ärger aufgeblasen, dass er einfach explodiert? Ja, verdammt noch mal, ja!«

»Aber Papa ...«

»Dabei darf ich keinen Ärger spüren, nicht den kleinsten Funken, hat der Arzt gesagt.«

»Was denn für ein Arzt?«

»Ach, so ein Affe, der dich zehn Minuten nackt auf der Liege zittern lässt, während er seine lächerlichen Notizen macht. Sie dürfen keinen Ärger spüren. Sie dürfen sich nicht aufregen. Sie! Sie! Sie!«, bei jedem Sie stach der Vater mit dem Finger in die Luft, »aber weißt du, was mich am meisten ärgert? Dass er recht hat. Wenn ich auf dem Dach sitze, dann darf ich nichts spüren, keinen Ärger und auch sonst nichts, dann muss ich alles vergessen, einfach alles!«

»Das könnte ich nicht.«

»Aber wenn du hinaufschaust, dann musst du es können«, der Vater senkte das Teesieb in den Kessel und kratzte sich am Hals, der aufstieg aus einem stellenweise zerschabten und befleckten, seltsam klebrig wirkenden Hemd.

»Ziehst du dich eigentlich um, bevor du deine Sterne anschaust?«

»Es geht doch nicht um die Sterne«, ärgerlich steckte sich der Vater eine neue Zigarette an.

»Worum denn?«

»Tja, worum denn?«, rauchausblasend lehnte er sich zurück und hielt einen Moment lang inne, »um die Weltraumtiefe, darum geht es, mein Junge.«

»Die Weltraumtiefe«, wiederholte Georg, »verstehe.«

»Ganz genau, denn erst wenn es dir gelingt, nicht mehr an das Dach zu denken, auf dem du sitzt, an deinen zurückgelehnten, dummen, alten Kopf im Sessel, an deine vorgestreckten Beine, die Füße und die Spitzen der Zehen, erst dann kannst du hinausblicken in die Weltraumtiefe.«

»Aber könnte man das nicht auch vom Dach im Brockwinkler Weg, das Haus ist ja viel höher und ...«

»Niemals!«

»Aber die Mama ...«

»Nichts da die Mama! Ich sage: Niemals! Und warum? Weil ich nichts und niemand spüren darf, nicht den geringsten Menschen, der mit seinen Fingern auf die Tischkante trommelt vor lauter Ungeduld und Unverständnis.«

»Das stimmt ja gar nicht.«

»Und wie das stimmt! Ihr beide hattet immer nichts als Ungeduld und Unverständnis für mich übrig, vor allem, seit meine Mutter gestorben ist, seit ich diesen kleinen Schrebergarten gekauft habe, seit ich auch mal ein kleines bisschen an mich gedacht habe, aber auch vorher schon, als ich noch ...«

»Aber warum hast du niemals was erklärt?«

»Was gibt's da zu erklären? Wenn du alles vergisst, die Uhrzeit, die Jahreszeit und dein müde gewordenes Herz, auch Linderstedt, den Heidekreis und den Rest der ganzen Welt, erst dann nimmt dich der Weltraum auf, erst dann spürst du die Weltraumtiefe.«

»Wie ein Astronaut?«

»So ein Quatsch! Blödsinn! Du hast ja gar nichts begriffen!«

»Ja, wie denn sonst?«

»Nein, nein, nein«, plötzlich flüsterte der Vater, er schüttelte den Kopf, »das ist falsch.«

»Was denn?«

»Ich darf nicht so schreien.«

»Naja, schon gut.«

»Doch, doch, wenn du mich fragst, was ich tue, darf ich nicht so schreien mit dir«, der Vater zog das Sieb aus dem Kessel, goss Tee in zwei mit bräunlicher Teehaut eingeschmuddelte Tassen, »das erste Mal, dass du mich fragst, was ich hier tue, und was kann ich dir erklären?«, er schüttelte den Kopf, »nichts.«

»Das meiste hast du doch gesagt.«

»Nein, ich habe nichts gesagt.«

»Vielleicht das nächste Mal«, begann Georg, um behutsam den Abschied einzuleiten, da sah der Vater auf.

»Du musst es selbst erfahren!«, rief er und packte Georgs Arm, »natürlich nur, wenn du dich bereit fühlst, fühlst du dich bereit?«, fragte er, und obwohl Georg daraufhin bloß einmal unauffällig genickt hatte, wo er in Wahrheit hatte nein sagen wollen, nein, keine Zeit, ich muss los, da zerrte ihn der Vater zur Tür hinaus und durch den Garten.

»Aber nur kurz«, Georg ruckte widerwillig mit den Schultern, während er die Leiter hochgeschoben wurde. Vielleicht konnte er von da oben zumindest erkennen, ob Reinhard und seine Kollegen noch auf der Bank hockten oder schon ausgeschwärmt waren und die Ausgänge belauerten. Doch die Sicht vom Dach war ringsherum von Bäumen und Dächern blockiert.

»Uns erwartet eine prächtige Nacht«, sagte der Vater, der hinter ihm das Dach erklommen und gleich begonnen hatte, die verwitterten Plastikplanen von dem Sessel zu zerren, der in der Mitte des Dachs thronte. Von einer jähen Müdigkeit durchströmt, setzte sich Georg auf den Versenkungssessel, wie Mama ihn immer nannte, und lehnte sich zurück. In Kopfhöhe wölbten sich Stützen vor, die den Blick begrenzten, und die Rückenlehne war so weit zurückgestellt, dass man nicht anders konnte, als geradewegs hinaufzusehen in den augenblicklich noch rot glühenden, in weniger als einer Stunde aber schwarz geöffneten Weltraum.

»Georg«, flüsterte der Vater, der vor ihm auf die Knie gegangen war, »willst du erfahren, womit dein Vater seine Zeit verbringt?«

»Papa, das weiß ich doch.«

»Nein, erfahren, habe ich gesagt, du musst es selbst erfahren.«

»Aber ich habe schon oft in der Nacht zum Himmel hochgeschaut.«

»Ja, verstehst du das nicht? Einmal hochgucken, wenn man von der Kneipe nach Hause bummelt, das ist doch etwas ganz anderes, als so lang hinaufzuschauen, bis alles, was dein Herz abschnürt, auf Erbsengröße zusammengeschrumpft und endlich ganz und gar verschwunden ist.«

»Na gut«, meinte Georg knapp, er war schon viel zu lange hier.

»Oder willst du nicht?«

»Doch, schon, wieso?«

»Weil du so sprichst.«

»Wie denn?«

»Und weil du immer gähnst, wenn man dir etwas sagt.«

»Aber ich habe die ganze Nacht nicht geschlafen.«

»Ich auch nicht!«, schrie der Vater und schnellte in die

Höhe. Keuchend stand er da, sekundenlang, bis plötzlich alle Luft aus seinem Körper zu weichen schien und er wie eine kraftlose Hülle neben Georg in den Sessel sank. Eine Hand an der Brust, schloss der Vater seine Augen. Sein Gesicht schien wieder zu erstarren, wie eben im Schlaf, nur die Unterlippe zitterte leicht, wenn der Atem darüberwehte.

»Papa, was ist mit dir?«, Georg richtete sich auf. Der Vater atmete konzentriert.

»Wenn du früher gekommen wärst«, meinte er schwach.

»Was dann?«

»Dann hätten wir mehr Zeit gehabt.«

»Wie soll ich das erklären, ich bin …«

»Ich weiß schon«, sagte der Vater, dann kam eine Weile nur ein helles Pfeifen aus seinem Mund, »der Koffer.«

»Was denn für ein Koffer?«, fragte Georg langsam.

»Spick«, stieß der Vater hervor.

»Was weißt du von Herrn Spick?«

»Nichts weiter, nur, dass er dir nicht böse ist.«

»Du hast mit meinem Chef gesprochen?«

»Bloß telefoniert.«

»Und jetzt erst rückst du raus damit!«, Georg sprang aus dem Sessel. In einem der Gärten sah ein Mann von seinem Grill auf.

»Vielleicht habe ich einen Fehler gemacht«, meinte der Vater mit schwacher Stimme, »statt Nacht für Nacht allein zu bleiben, hätte ich dich längst mit dem Weltraum vertraut machen müssen, weißt du, diese unerhörte Finsternis, in der wir schweben, aber wenn …«

»Papa …«

»Hör mir doch mal zu.«

»Papa, ich muss los.«

»Aber wenn du dich einmal eingeschwungen hast in diesen Blick hinauf, und wenn du mit der Zeit wieder hinabzuschauen imstande bist, dann wirst du lachen müssen, über alles, über den blöden blauen Ball, der so verloren durch das Dunkel kreist, genauso wie über irgendwelche darauf verlorenen Köfferchen, das wird dir alles klein erscheinen, mein Junge, lachhaft, sogar ein Herr Spick wird einschrumpfen auf die Größe einer Laus«, der Vater massierte sich die Brust, »wo ist denn euer dämlicher Koffer?«

»Der Koffer?«, Georg räusperte sich, »na, auf dem Bett, ich meine, zu Hause, also, der liegt bei mir zu Hause auf dem Bett.«

»Dann bringst du ihn gleich morgen zurück und bis dahin können wir ...«

»Seit wann telefonierst du mit meinem Chef?«

»Seit wann, was weiß ich, erst ein paar Mal.«

»Und wann das erste Mal?«

»Vielleicht vor einem halben Jahr, wieso?«

»So lange schon!«

»Ich wollte mich nach dir erkundigen.«

»Aber wozu denn?«

»Herr Spick sagt wirklich nur das Beste über dich.«

»Ich kann mir schon denken, was er sagt.«

»Oh doch, du bist der Vorzeigelehrling.«

»Er hat keinen anderen, Papa, nur mich!«

»Na und?«

»Ich muss los.«

»Wo willst du hin?«

»Ich bringe Herrn Spick den Koffer zurück.«

»Jetzt? Kann das nicht bis morgen warten? Die Nacht ist doch so kurz.«

»Hat er geschrien?«

»Ach, was du denkst«, der Vater sah auf die Uhr, »du hast dich bisher derart makellos aufgeführt, sagte er, dass er sich schon fragte, wann dir endlich mal ein Fehler unterläuft.«

»Herr Spick ist mein Chef«, sagte Georg zum Abschied, dann fiel er dem Vater in die Arme, rutschte die Leiter hinunter wie ein Feuerwehrmann und eilte durch den Garten. Er hätte niemals herkommen dürfen! Er schlüpfte durch den Torbogen. Oder er hätte nur den Brief ablegen und gleich wieder verschwinden sollen. Er rannte rechts den Kiesweg hinunter. Statt der Putzerei zu verfallen, so ein Wahnsinn, zumal er nichts, gar nichts erzählt hatte. Er jagte links um die Ecke. Aber das stand ja alles im Brief. Das konnte Papa ja alles im Brief nachlesen. So gut, wie er es im Brief geschrieben hatte, zudem mit all den kleinen Kniffen und Ablenkungen, so gut hätte er das im Leben nicht mündlich formulieren können. Da vorn war schon ein Seitenausgang. Schon die Lüge, wo der Koffer war, hätte er fast verbockt. Er pirschte sich heran. Nicht dass er gleich Reinhard oder einem seiner Kollegen in die Arme lief. Aber nein, hier war niemand. Genauso wenig wie auf der anderen Seite der Straße, wo sich ein Feld erstreckte, eine stoppelige, schwarze Ackerfläche, hinter der die Nacht heraufstieg. Unfassbar, dass Herr Spick ihn als Vorzeigelehrling bezeichnet hatte. Am Ende der Straße leuchteten Scheinwerfer auf. Na klar, dem Vater gegenüber, der keine Ahnung hat, da war es geschickt, ihn so zu nennen. Lautlos kam der Wagen näher. Zur Vorsorge gegen die Fehler, die noch nicht geschehen waren, ein halbes Jahr im Voraus, oder noch länger. Vorsorge kann ja gar nicht früh genug betrieben werden, denn wer nicht vorsorgt, auf den fällt später der Verdacht, der scheint schuldig, auch wenn er nichts getan hat, nichts als sich zur Wehr zu setzen, sich zu schützen vor dem Rampenlicht, das niederstrahlt, sobald man handelt, wie man handeln muss, wenn man überleben will. Doch im Rampenlicht musst du spazieren können wie die Unschuld in Person. Sonst kauft dir keiner mehr was ab. Sonst gehst du vor die Hunde. Aber der Eisenwarenhandel, der geht nicht vor die Hunde. Der Eisenwarenhandel bleibt wachsam und schlägt im Dunkeln zurück. Mit seinem Lehrling bezieht er Stellung und schlägt im Dunkeln zurück. Immer näher kam der Wagen. Es sei denn, es ist der Lehrling selbst, der ihn verrät. Aber wer mich verrät, den werde ich zu packen kriegen, einerlei, wie gut er sich verkleidet und wo er sich versteckt, und wen ich zu packen kriege, den werde ich in den Keller sperren, den werde ich an die Werkbank ketten, rechts den einen, links den anderen Fuß, sodass er sich nicht wehren kann, wenn ich die Backsteine nehme, in jede Hand nehme ich einen großen, roten Backstein, hole aus und schlage sie zusammen, so oft, bis zwischen deinen Beinen nur noch Rührei klebt.

Georg sah dem vorüberrauschenden Wagen nach. Den Rücklichtern, die schon wieder kleiner wurden. Gleich wären sie verschwunden. Gleich war es wieder still. Und dunkel. Er wünschte sich, er könnte einfach, mit der bloßen Kraft seiner Gedanken, das Bremspedal herunterzwingen und den Wagen mit kreischenden Reifen zum Stillstand bringen, dann alle, die darin saßen, rauswerfen, anschließend den Rückwärtsgang einlegen und den Wagen zurückrollen lassen, einfach die Bewegung zurückdrehen, wie überhaupt die letzten zweieinhalb Jahre, bis das Jaulen der Rückwärtsfahrt immer lauter wurde und die Rücklichter wieder größer und der Wagen plötzlich an der Bordsteinkante stand. Kurz flimmerte er wie eine schlechte Filmkopie. Dann wurde schon die Beifahrertür aufgestoßen. Georg löste sich aus seinem Versteck und stieg, statt allein über die Straße zu laufen, allein an den Tennishallen vorbei, allein zur Anstalt hinunter, allein, immer allein, einfach ein. Noch bevor er die Tür wieder zuschlagen konnte, trat Lars, der angezogen war, als sei sein Schrank der reinste Kleidermüllcontainer, grußlos das Gaspedal herunter und sie jagten davon.

»Da ist er ja«, sagte Marlies und klappte ihm von hinten den Kragen hoch.

»Darauf habe ich schon gewartet«, meinte Georg und drehte sich den Rückspiegel zu. Vielleicht eine Sekunde lang erhaschte er den Anblick der weißen, wie Scheuklappen an seine Wangen gelegten Kragenflügel, dann riss Lars den Spiegel wieder zurück. Schade, dass er sich die Spitzen nicht wieder ordentlich in den Pulloverkragen stecken konnte, aber bevor Marlies ihm auch noch den Scheitel zerstörte, Röhrsverhunzung, wie sie immer sagte, verzichtete er auf die blinde Fummelei und wandte sich um.

»Guten Abend, junger Mann«, sagte Marlies mit übertrieben dunkler Bardamenstimme, während die Lichter der Laternen über die Hügel und Täler ihrer langen, blauen Polyesterjacke glitten, über die Knie und die Waden, die dick eingepackt waren in graue, stellenweise durchgeschabte Wollstulpen.

»Wohin fahren wir eigentlich?«

»Wirst du gleich sehen«, meinte Lars, »hast du deine Haut dabei?«

Ohne ein Wort zu erwidern, senkte Georg den Kopf zwischen die Knie, raschelte die glücklich aus der Wohnung geschmuggelte Maske aus der Tüte, wühlte sich hinein und kam dann mit einem untoten Gruselgestöhn und krallig ausgefahrenen Leichenhänden langsam wieder hoch.

»Hast du auch drei davon?«, fragte Lars.

»Sollen wir alle drei die gleiche Maske tragen?«

»Na klar, damit uns keiner erkennt.«

»Aber wenn wir verschiedene Masken tragen, erkennt uns doch auch keiner.«

»Wehe, du sagst wieder, ich soll die Wasserleiche sein!«

»Aber Marlies«, Georg steckte einen Finger in die Maschen der groben Naht, die die Gummihautlappen zusammenhielt, und zog ihn ploppend wieder hervor, »ich würde das so gerne einmal sehen.«

»Ich würde gerne was anderes sehen«, sagte sie, zauberte eine Flasche Erdbeersekt zwischen den Füßen hervor und begann sie zu schütteln.

»Mach doch, mach doch«, sagte Georg, schließlich war sein Gesicht geschützt und das Hemd müsste Mama morgen eh waschen.

»Das lässt du sein«, Lars, der Marlies im Rückspiegel beobachtet hatte, sprach jetzt mit gedämpfter Stimme, fast so wie der Direktor, wenn er, statt herumzubrüllen oder mit dem Schlüsselbund zu werfen, absichtlich so leise sprach, dass ein wildes Gezische und Gepssste in der Klasse ausbrach, damit man die hingemurmelten Themen verstehen konnte und bei der nächsten Klausur nicht ins Messer lief, »ich möchte nicht, dass der Wagen meiner Mutter nach Sekt stinkt.«

»Aber Georg hat gesagt, ich sehe wie eine Wasserleiche aus.«

»Habe ich nicht!«

»Hast du wohl!«

»Nimm lieber den da«, Lars zeigte nach vorn auf einen ältlichen, von seinem Hund an der Leine vorangezogenen Jogger, der hundert Meter voraus den Bürgersteig hinuntertrabte.

»Hast du ein Glück«, sagte Marlies.

»Oder Pech«, murmelte Georg, dem die Vorstellung eines kleinen Erdbeersektgefechts schon verlockend unter der Stirn geprickelt hatte. Lars schaltete die Lichter und den Motor aus und ließ den Wagen leise näherrollen, bis sie den Mann erreichten und Marlies, die eilig das Fenster heruntergekurbelt und noch einmal nachgeschüttelt hatte, den Sektkorken knallend abfeuern konnte auf dessen Kopf.

»Treffer!«, schrie Georg und fasste Marlies vor Aufregung ans Knie, drängte sogar mit einem Finger durch eine zerfaserte Stulpenstelle und stieß auf Haut, glatte, warme Haut, doch Marlies war vollends damit beschäftigt, den Sekt, der aus dem langen grünen Flaschenhals emporschäumte, mit dem Mund aufzufangen. Gleichzeitig, die Wangen gebläht wie Ballons, beobachtete sie, wie der Jogger, der eben, als der Korken sein Auge oder seine Schläfe getroffen hatte, rückwärts in die Hecke gestolpert war, jetzt brüllend hinter ihnen herrannte und mit einem zuvor kaum für möglich gehaltenen Tempo sogar sein kläffendes Tier überholte. Lars aber hatte den Motor längst wieder angelassen, und so rauschten sie gemütlich davon.

»Jetzt ist mir heiß«, sagte Marlies, obwohl es eben, als das Fenster offen gewesen war, ziemlich frisch hereingeweht hatte. Sie zog den Reißverschluss herab. Darunter trug sie wieder diese kilometertief ausgeschnittene, grasgrüne Bluse und den zerfransten Jeansrock. Sie trat sich die Turnschuhe von den Hacken, zupfte auch die Blümchensocken ab und begann, auf dem Rücken liegend, mit den nackten Füßen über das Seitenfenster zu tanzen. Auch Georg wurde nun warm, aber er wollte die Maske nicht abnehmen. Durch die schwarzen Hautlappenhöhlen, er hatte es unter den verschiedensten Beleuchtungssituationen genau überprüft, waren seine Augen nicht zu sehen, sodass er jetzt, während er den Kopf aufrecht hielt, als blicke er immer noch durch die Rückscheibe, unbemerkt ihre schmalen, weißen Zehen studieren konnte, die er gerne einmal in den Mund genommen hätte.

Eine Zeitlang fuhren sie schweigend und trinkend durch die Stadt, lauschten, wenn sie an einer Ampel standen, auf den im Leerlauf gurgelnden Motor, blickten, sobald es weiterging, stumm zu den Fenstern hinaus, auf die Leuchtschrift des Unionkinos, auf die weich ins Dunkle fallenden Wiesen im Liebesgrund, auf die Stereoanlagen, die Orientteppiche und Rennräder in den Schaufenstern an der Salzstraße oder auf die Gymnasiastenburg im Roten Feld.

»Jetzt zeig mir dein Ding«, sagte Lars schließlich, und Marlies reichte ihm irgendeinen aus der Hosentasche hervorgewühlten, in der Hand verborgenen, kleinen Quatsch, auf den man wohl neugierig sein sollte. Lars steckte ihn zwischen die Beine und besah ihn kurz.

»Bist du bereit für den Test?«, fragte er dann.

»Was denn für ein Test?«, fragte Georg zurück.

»Wir wollen sehen, ob deine Maske auch im Ernstfall funktioniert.«

»Aber dauert es lang?«

»Bis Mitternacht vielleicht.«

»So lang! Aber das hättet ihr mir sagen müssen, dann hätte ich Mama ...«

»Hätte, hätte«, fuhr ihm Lars dazwischen und hielt ihm das Ding vor die Nase.

»Na, gib mal her«, Georg schnappte sich den Stab, »also, wie ein Schlagstock sieht es nicht aus.«

»Ein Schlagstock!«, rief Marlies, »wie brutal du bist!«

»Hast du noch nie einen Glasschneider gesehen?«

»Natürlich habe ich schon mal einen Glasschneider gesehen«, sagte er, auch wenn er noch nie im Leben einen Glasschneider gesehen hatte, »aber ich dachte, ihr wolltet Backsteine in die Schaufenster schmeißen.«

»Das war der alte Plan.«

»Ach so, und der neue?«

»Ein Juwelier.«

»Wie, ein Juwelier?«

»Rate mal, welcher!«

Marlies boxte ihm gegen die Schulter.

»Süpke vielleicht, aber ...«

»Der hat Elektrofäden im Fenster, los, zweiter Versuch!«

»Keine Ahnung, Mahlberg, aber was …«

»Quatsch, der hat ein Gitter!«

»Was weiß ich, erklärt mir lieber, was machen wir dann?«

»Du fragst, was wir dann machen, wenn wir all die Silberuhren und Goldringe und Diamantohrstecker und Perlencolliers eingesackt haben?«

»Ach so, aber, also, und wenn uns jemand sieht, ich meine …«

»Wozu haben wir denn die Masken?«

»Aber«, Georg sah zwischen den beiden hin und her, »aber meint ihr das …«

»Schluss mit aber, wir sind da«, Lars fuhr mit entschlossenem Blick über die Holzbrücke nach Wilschenbruch, parkte neben einer schlotternd in den Nachthimmel aufragenden Pappel am Rand der Weide. Die restlichen drei Straßen gingen sie zu Fuß durch die februarkalte Nacht, pirschten sich durch den Garten des verwaisten Nachbarhauses an die Rhododendrenbüsche, die sich wenige Meter vor der Fensterfront zur Terrasse schutzbietend auffächerten. Stumm spähten sie ins Haus. Bloß ein Tischlämpchen war eingeschaltet, wenn auch weniger zur Beleuchtung des scheinbar grenzenlos ins Dunkle sich ausdehnenden Wohnzimmers als zur Abschreckung möglicher Einbrecher. Oben hingegen, im ersten Stock, da strahlte es aus zwei Fenstern grell gegen die wirr verästelten Zweige der Bäume.

»Warten«, bestimmte Lars, und so warteten sie, bis nach einer halben Stunde diese obersten Lichter erloschen, und es war diese, wenn auch rasend schnell dahingejagte, halbe Stunde, die Georg für jeden noch so dummen Test entschädigte, denn Marlies, ob mit Absicht oder nicht, das war ihm egal, drückte immer wieder ihren Oberschenkel gegen sein Knie, so kräftig, dass es kein Wunder gewesen wäre, wenn es plötzlich glutrot aufgeleuchtet hätte. Zur Sicherheit, als Einschlafzeit, ließen sie eine weitere Viertelstunde verstreichen, dann liefen sie vor bis zur Terrassentür, die sie mithilfe des Glasschneiders so leicht öffnen konnten, dass es ein Witz war. Jetzt stand die Tür offen. Einen Augenblick lang spürte Georg die ihn langsam voranschiebenden Finger seiner Freunde im Rücken, dann betrat er den ausladenden Wohnzimmersaal, knipste, zur Sicherheit, das Abschrecklämpchen aus, schlich über die unter jedem Schritt schläfrig ächzende Wendeltreppe hinauf zu einer Tür. Dahinter schlief, schmatzend wie ein Pferd, der Direktor.

Fünf Minuten lang hatte er vor der Tür gestanden und in panischer Starre gelauscht. Niemals hätte er jetzt, so wie Lars es wollte, auch noch die Klinke drücken und ans Bett vortreten können, um dem Direktor mit irgendeinem geisteskranken Geheul einen Schrecken einzujagen. Und manchmal, obwohl es ja schon zweieinhalb Jahre her war, dass er dann so gespensterhaft lautlos wie nur eben möglich wieder hinuntergeschwebt und dann, fast schon in Sicherheit, gegen Glasvitrinen und Kerzenständer rempelnd und stolpernd hinausgestürmt war zu Lars und zu Marlies, die augenblicklich hochschnellten hinter dem Rhododendron und sich kreischend über den Jägerzaun warfen, während im gesamten Haus die Lichter anflammten, manchmal hörte er heute noch einen dieser feuchten Schmatzlaute aus dem Mund des Direktors. Und für eine Sekunde befiel ihn die Angst, er würde ihn gleich wieder hören, denn aus der bläulich flimmernden Dunkelheit des Pförtnerhäuschens, an das er bereits dreimal geklopft hatte, kam jetzt, hervorgerufen vielleicht durch die kleine Erinnerungsfahrt zur Villa in Wilschenbruch, die ihm den langen Weg zur Anstalt verkürzt hatte, der Direktor auf ihn zu. Aber nur für eine Schrecksekunde. Denn als der Mann sich aufstützte und seine ausgeleiert von den Kiefern hängenden Wangentaschen vor die Sprechklappe senkte, da hatte er jegliche Ähnlichkeit mit dem Direktor, Herrn Dr. Grabbitz, von dessen prall gespannten Backen es immer hieß, er würde Tischtennisbälle darin verstecken, verloren.

»Zu Herrn Gehrmann möchte ich, Lars, der Vorname ist Lars, bitte«, sagte Georg, mit jedem Wort langsamer werdend, das abschließende »bitte« in zwei Hälften zerbeißend, da er eben gesehen hatte, wie auf dem zuvor verdeckten Minifernseher im Hintergrund die rosafarbenen Buchstaben des Heideblitzlogos herunterrieselten. Wenn nur nicht gleich sein Gesicht erschiene. Grell angeblitzt! Der Mörder von Robert Görges! Doch dann, er blies erleichtert die angehaltene Luft aus dem Mund, dann war bloß ein Reporter zu sehen, der in der Hocke durch ein Dickicht schlich, sich immer wieder herumdrehte, einen Finger an die Lippen legte und leise in die Kamera sprach, wahrscheinlich eine Tiersendung.

»Im Haus 24 soll er sein«, sagte Georg, da der Pförtner auf die Namensnennung nur mit einer ratlosen Leichenstarre reagiert hatte.

»Einmal gerade durchs Gelände«, erklärte der Pförtner nun und stapfte zurück in den bläulichen Fernsehschimmer. Georg drohte dem Heideblitz einmal mit der Faust, dann lief er los durch das Anstaltsgelände, vorbei an schwarzen Tannen und backsteinroten Gemäuern, sah in der Ferne, durch die Strahler vor dem Hauptgebäude zu Silhouetten verschattet, zwei Gestalten über einen Hubschrauberlandeplatz staksen, die Arme vorgestreckt, als hätten sie sich grad aus einem Grab gewühlt und suchten frisches Menschenfleisch, wahrscheinlich eine Wirkung der Tabletten. Er musste sich beeilen. Vielleicht wurde auch Lars zur Nacht mit irgendwelchen Pillen gefüttert, sodass er bald hinunterstürzen würde in einen alles, auch ihn, auch Georg, den alten Freund, auslöschenden Schlaf. Da blieb er stehen. Bereits das dritte Mal seit dem Pförtnerhäuschen hatte sich sein Magen derartig zusammengekrampft, dass ihm schwarz vor Augen wurde. Bloß ein Brot sah er noch. Er hockte sich auf eine Bordsteinkante. Ein aus der Schwärze niederschwebendes Brot mit Butter. Er schüttelte den Kopf. Ein aus der Schwärze niederschwebendes Brot mit Butter und mit Wurst, mit fingerdicken Wurstscheiben, unter denen rapsgelber Senf hervorquoll.

Kurz saugte er am Ballen seiner linken Hand, was immerhin den Geschmack im Mund veränderte, wenn auch nicht zum Besseren, dann raffte er sich wieder auf und lief leicht humpelnd, da von der Oberschenkelwunde erneut kleine Schmerzwellen ausrollten, bis zum Haus 24. Er betrat das Treppenhaus, klingelte und lauschte an der Stationstür. Endlich quietschten Gummilatschen über den Belag. Ohne aufzusperren fragte eine Frauenstimme, was er wolle. Er nannte den Namen.

»Gibt's hier nicht«, sagte sie.

»Aber der Pförtner hat es gesagt.«

»Vielleicht meinte er die Stinker.«

»Welche Stinker?«

»Die Treppe hoch und immer der Nase nach«, hieß es zur Erklärung, und während sie wieder davonquietschte, stieg Georg in den ersten Stock hinauf, Stufe für Stufe tiefer hinein in Gerüche verkommener Milch und staubiger Teppiche, vermischt mit süßlichem Rauch und Fahnen alten Bieres. Er klopfte an eine offen stehende Tür. Niemand antwortete, es kam auch kein Pfleger, auch kein Arzt, und statt eines verglasten Zimmers mit Dienstplänen und schlecht gelaunten Schwestern gab es hier nur eine Küche, mit einem zugeketteten, wütend gurgelnden Kühlschrank und einem von unzähligen Kochversuchen gelb und braun überkrusteten Herd. Bevor ihm wieder schwarz vor Augen wurde und er womöglich noch zusammenklappte, kratzte er ein paar Krümel zusammen und streute sie auf seine Zunge. Beim Zerbeißen knisterte es in seinem Kopf, aber immerhin, der Magen schien sich zu beruhigen, ein bisschen zumindest. Er trat in den nächsten Raum, eine Art Wohnzimmer, das vollgestellt war mit einigen leise vor sich hinseufzenden Möbeln. Offenbar hatten sie Lars nicht in eine anständige Station gesteckt, sondern in irgendein durchgedrehtes Wohnprojekt. In der Mitte stand ein Fernseher mit leise gestelltem Ton, der Georg den Rücken zukehrte. Er wollte schon näher treten, um das Programm zu prüfen, da bemerkte er, dass er nicht allein war. Eingesunken in ein ockerfarbenes Sesselungeheuer, saß hinter dem Fernseher ein junger Mann, der sein haariges Kinn hob und mit zu Schlitzen verkleinerten Augen zu erkennen versuchte, woher die Schritte kamen.

»Ich suche einen Freund«, sagte Georg sanft, man durfte sie ja nicht reizen, »Lars Gehrmann ist sein Name.«

Der Junge kniff ein Auge zu, peilte über den Lauf eines ausgestreckten Zeigefingers und fiel dann mit einem Schussgeräusch zurück in den Sessel. Georg sah sich um. Zwischen zwei verblassten Blümchentapeten verlief ein dunkler Gang. Während er die Länge abzuschätzen versuchte, tastete er nach dem Schalter. Kaum dass er ihn gefunden hatte, begann, begleitet von einem elektrischen Knistern, eine nackt von der Decke hängende Birne aufzuglühen, und ein rötlicher, die Augen verwirrender Schein erhellte den Raum, ähnlich wie hinter dieser Tür, durch die ihn Herr Spick, nachdem sie im Büro eine Flasche Rotwein hatten leeren müssen, mit einem Nackenklaps hindurchgestoßen hatte. So eine Flasche Rotwein gehörte für den Chef zu einem Vergnügen ja immer dazu. Wenngleich man zugeben musste, dass der Rotwein ziemlich geschickt auf das spätere Rotlicht angespielt hatte. Für solche Dinge hatte Herr Spick ein ausgezeichnetes Auge.

Nur das Gläschen Jägerwasser, das es nach dem Rotwein gab, zur Lustentflammung, wie der Chef erläutert hatte, schien farblich nicht so recht zu passen. Aber im Grunde genommen war das nicht so wichtig, da sich Georgs Brust durch das Lob für die bisher zur totalsten Zufriedenheit ausgeführten Kurierfahrten zur Kleinen Kassa, wie Herr Spick nach jedem Prosit wiederholte, kitzelnd auszuweiten schien und es nicht verwunderlich gewesen wäre, wenn er am Ende wie ein Luftballon an der Decke geschwebt und nur durch das Ziehen am Fuß wieder hätte heruntergeholt werden können auf den Boden der Tatsachen.

»Nicht allein als Belohnung für die bereits ausgeführten, sondern auch als eine Art Vordank für künftige, womöglich noch mehr Mannhaftigkeit, noch mehr Kampfesbereitschaft und noch mehr Glauben erfordernde Aktionen werden wir jetzt einen für einen jungen Burschen an Wichtigkeit nicht zu überschätzenden ersten Schritt unternehmen«, erklärte Herr Spick, »eine Art Vorstoß ins Leben.«

»Ja gerne, vielen Dank«, sagte Georg mit einer von Rotweinwellen sanft durchschwappten Stimme. Und nachdem er während des gesamten Weges, den sie vom Eisenwarenhandel durch das bereits im Dunkeln liegende Linderstedt gelaufen waren, seine Füße, die sich immer wieder gegenseitig in die Quere kamen, im Blick behalten hatte, hob er den Kopf und musste lachen, laut lachen! Das junge Mädchen, das sich vor ihm aus dem Fenster lehnte, hatte sich in ein so enges Mieder hineingezwängt, dass ihr die Brüste fast aus dem Ausschnitt sprangen.

»Die Wahl eines Mannes von Geschmack«, sagte Herr Spick und schob ihn durch die enge Tür in den rötlich schimmernden Gang, »ich spreche aus Erfahrung!«, rief er ihm hinterher, und Georg wollte noch sagen, dass er ihm voll vertraue, hier wie überall, doch die Tür war bereits ins Schloss gefallen und die in diesem Licht gar nicht mehr so jung und mädchenhaft wirkende Frau, Monique, wie sie ihm hustend erklärte, zog ihn hinein in ihr bloß dumpf erhelltes und betäubend duftendes Räumchen.

»Was kann ich mit dir anstellen?«, fragte sie und stellte zur Begrüßung ihr nur mit einem schwarzen Lackstiefel bekleidetes Bein auf die Kante des Betts.

»Ich habe sehr genaue Vorstellungen«, sagte er gleich, da sie nicht glauben sollte, sie habe es mit einem blutigen Liebesanfänger zu tun. Statt ihr nun aber seine Vorstellungen näher darzulegen, blieb er mit dem Blick an der Unterseite ihres weich und schwer zum Bett herunterhängenden Oberschenkels kleben.

»Ich verstehe schon«, Monique lächelte, dann drehte sie ihm, ohne ihn aus den Augen zu lassen, das Hinterteil zu, das solch ein leuchtend weißer, bloß von einem glitzernden Tangaschlüpfer durchfurchter, zudem noch verlockend zuckender Mond war, dass er automatisch die Hände vorstreckte und auf sie zuzuschweben schien. Er hatte ja schon einiges gesehen, Bilder, die Lars ihm zugeschoben hatte, aber auch eigenes, selbst organisiertes Material, doch jetzt nach so einem lebendigen, ballrunden und warm durchbluteten Körper greifen zu dürfen, das war unbezahlbar. Von hier an lief alles, wenn auch natürlich nicht ohne Moniques fachkundige Unterstützung, für die er sich im Anschluss gar nicht genug bedanken konnte, ziemlich selbstverständlich. Und später, nachdem er, der nunmehr um eine Erfahrung reichere Lehrling, vielleicht eine Dreiviertelstunde lang auf der Straße gewartet und sich schon gefragt hatte, was Herr Spick da drin so lange trieb, später dann grüßte er seinen entspannt heraustretenden, den Sitz der Hose zurechtruckelnden Chef, indem er lächelnd seine Hacken zusammenklackte. Was mit den Wabbeltretern, die eben wieder so widerlich unter seinen Schritten hervorquiekten, niemals möglich gewesen wäre.

Seufzend beugte er sich herab zu dem einzigen, von Licht erfüllten Schlüsselloch am Ende des Gangs. In einem vielleicht vier Meter hohen, blau angestrichenen Raum, unter einem Hochbett, zu dem eine Leiter hinaufführte, an einem Schreibtisch, da saß er, Lars, wie zu Schulzeiten saß er da, die Ellbogen spitz angewinkelt und die Stirn fast auf das Buch gesenkt, bloß aufblickend, wenn Dr. Grabbitz ihn ermahnte, bitte augenblicklich eine das Unterrichtsgeschehen wie überhaupt das Lernen und das Leben bejahende Sitzhaltung einzunehmen! Oder las er gar nicht mehr, war er längst auf den Tisch gesunken, betäubt von all den Spritzen und Tabletten, die nötig waren, um ihn nicht Nacht für Nacht ans Bett zu fesseln? Tastend überprüfte Georg die Schalsituation auf seiner Brust, dann drückte er die Klinke herunter und die Tür, statt ordentlich zugeriegelt zu sein, sodass sich zumindest für Toilettengänge und Nahrungsaufnahme eine Schwester hätte herbeibequemen müssen, ließ sich einfach öffnen. Er hatte sich schon ins Zimmer geschoben, grußlos, da er sehen wollte, wie lange er wohl unbemerkt bleiben könnte, als Lars sich plötzlich herumwarf, er trug einen übermäßig weiten, seinen Körper verschlingenden Pyjama, und zu schreien begann.

»Hiemke! Hiemke!«, schrie er, verstummte aber, kaum dass der alte Freund vorgetreten war in den Schein des Deckenlichts. Georg nickte zur Begrüßung und horchte gleichzeitig spitz nach hinten, ob der zu Hilfe gerufene Hiemke, wer immer das war, vielleicht der Junge aus dem Wohnzimmer oder doch ein Arzt, über den Gang herangaloppierte, doch nein, es blieb still. Auch Lars, der glotzte, als krachte im nächsten Augenblick eine Axt in sein Gesicht, schwieg.

»Deine Mutter«, begann Georg schließlich und räusperte sich, »sie meinte«, setzte er fort, »du wärst hier«, wieder musste er sich räuspern, »im Krankenhaus«, fügte er an.

»In der Anstalt«, Lars bewegte nur die Lippen in seinem ansonsten komplett erstarrten Gesicht.

»Ich weiß ja, was sie meint.«

»Als wäre ich krank.«

»Jeder ist ja mal krank«, sagte Georg und wollte die Wirkung des Satzes mit einem verständnisvollen Lächeln noch verstärken, da sprang ihm der Fleck ins Auge, ein himbeerroter Bauchschuss, der eben, als Lars sich aufgerichtet hatte, aus einem der Täler des Faltengebirges hervorgetaucht war, zu dem sich das Pyjamaungeheuer im Sitzen verknüllte. Mit einem Lätzchen hätte man so etwas leicht verhindern können, oder wenn im Füttergefecht gerade weiter nichts zu greifen war, dann zumindest mit einem Geschirrtuch. Andererseits, wenn man den Zustand der Küche und des Wohnzimmers und auch dieser Bude hier bedachte, die ja alle mehr an ein Übernachtungssilo für Obdachlose erinnerten als an eine vernünftige Krankenstation, dann war es wohl kein Wunder, dass man auf derlei Feinheiten keinen Wert legte und die Insassen lieber betreuungslos verkommen ließ.

»Ihr wäre es am liebsten, ich würde den Dienst zu Hause ableisten«, Lars schüttelte den Kopf, »bei ihr!«

»Den Dienst?«, fragte Georg und hoffte, er müsste sich nicht gleich irgendeine konfuse Geschichte anhören, dass er, Lars, der Durchgeknallte, womöglich selbst der Arzt sei und so weiter.

»Das kommt auch auf dich noch zu«, sagte Lars.

»Auf mich? Wieso?«

Lars glotzte ihn an.

»Zivildienst«, sagte er dann mit einer derart fragend in die Höhe fahrenden Stimme, als habe er einen lerngestörten

Nachhilfetrottel vor der Nase, »oder willst du lieber an die Waffen?«

Statt einer Antwort entfuhr Georg nur ein sich knarrend in die Länge ziehender Erkenntnisächzer, der erst abbrach, als ihm drei hustenförmige Lacher aus dem Hals platzten und sein Mund sich zu einem breiten Grinsen, einem Scham- und Trottelgrinsen, dass er zu einem derart dämlichen Missverständnis in der Lage war, auseinanderspannte. Da er nicht wusste, was er sagen sollte, und vermutlich eh das kleinste Sätzchen der Erklärung von zahllosen Ähs und Hms zerstottert und zerstört worden wäre, nahm er einfach die Fäuste hoch, sprang vor, sprang zurück, machte Huh, machte Hah und täuschte einen Schlag mit der Linken an, dann mit der Rechten und wieder mit der Linken, bis endlich auch Lars, der ihn zunächst nur steif betrachtet hatte, die Fäuste hochnahm, sich streckte und duckte, wie früher auf dem Pausenhof, wenn sie die vergrübelte Aufsicht, Herrn Weyer, hatten aufschrecken wollen, die Beinarbeit, die Beinarbeit, und jetzt den Uppercut antäuschen, von unten gegen das Kinn gezwiebelt, da hatte Lars ihn plötzlich in den Polizeigriff gedreht. Einen Augenblick standen sie so da, keuchend und schwitzend ineinandergeknotet, dann begann Georg zu singen.

»Er wohnt jetzt in der Anstalt«, sang er, »und nicht mehr hier bei mir, nicht mehr hier bei mir!«

»Hör auf!«, schrie Lars sogleich, stieß ihn fort und stemmte sich die Hände auf die Ohren. Georg, der froh war, sich so schnell befreit zu haben, wollte ihn nicht lange quälen und tat, als zöge er seine Lippen mit einem Reißverschluss zusammen.

»Ist es mit deiner Mutter noch schlimmer geworden?«, fragte er, nachdem Lars die Hände von den Ohren gelöst hatte. Doch statt darauf einzugehen und ihn, wie früher, mit einem unberechenbaren Redeangriff in die Ecke zu drängen, womöglich noch zu löchern, ob er tatsächlich geglaubt habe, er, Lars, sei hier eingebunkert wie der hinterletzte Knallkopf, führte er die Spitzen der Finger vor der Brust zusammen und kroch mit dem Blick an Georgs Vogelscheuchenjackett herab, über die zerrissene Hose und Reinhards Schalverband bis hinunter auf die erdig eingesauten Gummitreter. Bevor Georg aber nur das kleinste Wörtchen der Erklärung hervorbringen konnte, begann Lars schon zu sprechen.

»Eine lange Zeit«, sprach er, »da dachte ich, wir treffen uns erst wieder, wenn wir Pfeifenraucher sind, zwei alte Knochen, die auf einer Veranda in Schaukelstühlen sitzen und stumm in die Landschaft blicken«, er machte eine Pause und zog, während Georg überlegte, ob er etwas sagen sollte, eine Pfeife aus der Hosentasche, Tabak aus der anderen und stopfte dann den Pfeifenkopf so versonnen, als wäre Georg bloß ein geduldiger Zuschauer in einem Kinosaal, »Pfeifenraucher werden«, setzte er schließlich fort, »so ganz allein«, er sog die Streichholzflamme an, »das war eine Enttäuschung«, er stieß eine erste Rauchwolke aus, »eine große Enttäuschung«, setzte er nach.

»Das ist meine Schuld«, sagte Georg gleich, denn es war klar, dass Lars über den Pfeifenumweg nur auf eines aus war, darauf nämlich, dass Georg sie erklärungslos im Stich gelassen hatte.

»Umgezogen, abgetaucht, ausgelöscht«, bei jedem Wort klopfte Lars wie ein Richter auf den Tisch, »weißt du überhaupt, wie oft ich dir geschrieben habe, dich gefragt, wo du bist, warum deine Mutter zu keiner Auskunft, zu keinem einzigen Wort bereit war, immer nur geschwiegen, immer nur gelogen hat, abgewiegelt, abgewimmelt, die Tür vor meiner Nase zugeschmettert, als wollte ich um Suppe betteln. Keinen einzigen Brief hast du je beantwortet!«

»Aber gelesen«, murmelte Georg, da er bereits sechs Mal stumm und zerknirscht genickt hatte und nicht auch noch ein siebtes Mal stumm und zerknirscht nicken wollte. Auch wenn er sich augenblicklich an diese Briefe von Lars nur sehr dunkel und im Grunde gar nicht mehr erinnern konnte. Aber vielleicht hatte Mama sie abgefangen und alle vernichtet.

»Als hätten wir nicht das ganze letzte halbe Jahr nur von unserem Plan gesprochen, als wären wir nicht nächtelang herumgefahren, um die Lage zu erkunden, als hätten wir nicht in jeder Pause überlegt, wo wir untertauchen wollten, an der Nordsee, an der Ostsee, an der Südsee, und wem wir den Glitzerkram verkaufen könnten, doch als wir wirklich zuschlagen wollten«, er breitete die Arme aus, »wer war verschwunden?«

»Ich weiß es doch, ich weiß«, Georg schlug sich die Hände an die Stirn und zog sie abwärts, bis er durch die Fingerlücken blicken konnte, »ich will dir erklären, was geschehen ist, alles, die ganze Situation«, begann er und holte Luft, aber wie sollte er erklären, dass in Wahrheit nichts geschehen war, kein Umdenken, keine Einsicht, keine Entscheidung, gar nichts. Außer dass er, als Herr Spick wieder einmal zum Kuchen gekommen war, so sehr hatte lachen müssen wie schon seit Monaten nicht mehr. Fast auf der gesamten Couch saß dieser ausladende, stimmgewaltige, lebhaft auf und nieder federnde Kraftklotz, den Mama Oskar nannte. Er machte Witze über ihre Frisur, was sie keck fand, und er schnalzte mit der Zunge, als Papa den Kopf zur Tür hereinsteckte, um sich in den Garten zu verabschieden, und er sprang auf und mimte, indem er sein Kugelgesicht pferdeartig in die Länge streckte, einen Kellner, lief eine Runde um den Couchtisch und schoss dann, aus vielleicht drei Metern Entfernung, zwei Süßlidrops unter Mamas Protest zielgenau in ihre Kaffeetasse. Und als er später einen Ausbildungsvertrag auf den Tisch legte, den der Junge, falls er zufällig daran interessiert sei, das Leben in Angriff zu nehmen wie ein spanischer Stier, hier und jetzt unterschreiben könne, da war es Georg gewesen, als zöge sich hinter dem Schulende, das ihm seit einem halben Jahr bloß als schwarze, spitz gezackte Klippe erschien, statt eines krachenden und sich ungewiss ins Dunkle dehnenden Meers, mit einem Mal ein sicherer Boden hin.

»Ich möchte mich entschuldigen«, sagte er schließlich.

»Verstehe«, Lars ließ ein Wölkchen aus dem Mund entweichen, wabernd stieg es zur Decke auf, »aber wozu?«

»Na, weil ich falsch gehandelt habe.«

»Aber das hast du nicht.«

»Natürlich habe ich das.«

»Ja schon, aber letzten Endes hast du mich damit gerettet.«

»Ich soll dich gerettet haben?«

»Mich und Marlies und nicht zuletzt dich selbst. Stell dir einmal vor, wir hätten tatsächlich die Schaufensterscheiben in der Bäckerstraße eingeschlagen, um der Stadt, wie haben wir das genannt?«, er drückte Georgs Schulter, als könnte er dadurch sein eigenes Gedächtnis anregen, »einen Strafzettel, genau, um der Stadt einen Straf- und Denkzettel zu verpassen. Verrückt, nicht wahr? Genauso wie diese Juweliergeschichte! Wer weiß, wo wir heute wären, ohne dein Verschwinden, und wer weiß, in welchem Zustand.«

Georg, dem blitzartig der Rachen ausgetrocknet war, musste erst Speichel aus den Wangen saugen, bevor er fragen konnte, was Lars mit Marlies angestellt hatte.

»Nun ja, kurze Zeit nachdem du fort warst und niemand, weder deine Mutter noch dein Vater noch sonst irgendeine Sau in ganz Linderstedt, uns erklären wollte oder konnte, wo du dich verkrochen hast, da saßen wir voreinander«, er atmete laut durch den offenen Mund, »und der Abend wurde lang.«

Fast hätte Georg ihn am Hals gepackt und brüllend ins Verhör genommen, ob etwa Marlies, die ursprünglich doch mit ihm, mit Georg, und nie im Leben mit Lars, diesem aufgeblasenen Windhund, hatte davonfahren wollen, kaum dass der Juwelier geknackt worden wäre, mit dem Zug durch die Nacht und durch die Nacht in den Süden, um als Winterwacht ein Hotel zu bewohnen, ganz allein wir zwei, ob etwa Marlies ihn betrogen habe, ausgetrickst, womöglich schon von Anfang an, doch dann stemmte er sich bloß aus dem Stuhl.

»Davon hat meine Mutter gar nichts erzählt.«

»Wovon?«, Lars rückte die Pfeife von einem Mundwinkel in den anderen, »dass der Abend lang wurde?«

»Dass du angerufen hast! Sonst erzählt sie mir alles«, behauptete Georg, auch wenn er wusste, dass sie ihm keineswegs alles erzählte, schon gar nicht, wenn Lars an der Tür oder am Telefon gewesen war, schließlich hatte sie von diesem ziellosen Großhans, der noch auf der Straße enden werde oder als kahlrasierter Straftäter im Knast, keine allzu gute Meinung. Nicht zuletzt darum hatte sie sich wohl so wild über den Tisch geworfen und mit dem Zeigefinger fast ein Loch in den Vertrag gepickt, kaum dass Herr Spick in die Küche gegangen war, um neuen Kaffee aufzusetzen.

»Übrigens werde ich studieren«, meinte Lars, »Medizin, bevor du fragst, oder Psychologie.«

»Aber ich dachte, du hasst die Lernerei.«

»Das war einmal. Sobald ich die Schule fertig habe, bin ich fort. Ich will ja nicht das ganze Leben bei meiner Mutter hocken und aufpassen, dass sie nur Milch und Wasser trinkt, nein, ich will auf eigenen Füßen stehen, ich will mein eigenes Geld verdienen, ich will meine eigene Wohnung haben und ich will sicher in die Zukunft blicken.«

»Weißt du, was ich mich frage, Lars«, begann Georg langsam.

»Nein, Georg, das weiß ich nicht.«

»Ich frage mich, wie man zur Schule gehen kann, wenn man den ganzen Tag Zivildienst macht.«

»Das nennt man Pause«, Lars legte die Hände aneinander, »aber danach geht es weiter.«

»Und wo willst du hin?«

»Wohin, gute Frage, übrigens zusammen mit Marlies.«

»Zusammen mit Marlies«, wiederholte Georg stumpf, Übelkeit nebelte in ihm hoch und er musste sich konzentrieren, um schließlich die Frage stellen zu können: »Wo ist sie?«

»Das möchtest du wissen«, lächelnd streckte Lars einen Finger aus, zeigte erst auf Georgs Brust und dann, nachdem er zwei Ringe in die Luft gezeichnet hatte, geradewegs hinauf zu dem über ihren Köpfen hängenden Hochbett, »schau sie dir an, wenn du magst«, flüsterte er, hinterrücks angestrahlt von der Schreibtischlampe, »aber leise, sie schläft.«

»Gleich über mir?«, Georg starrte zum Hochbett auf, dann zur Leiter, mit drei Schritten wäre er oben, »nein«, sagte er endlich, die Stimme heiser, »nein, ich glaube es nicht.«

»Ich bin beruhigt«, Lars tippte ihm einmal locker an die Stirn, »in deinem Kopf strahlt immer noch ein klares Licht, das einen kleinen Scherz sofort durchschaut.«

»In Ordnung«, Georg ließ den angestauten Atem geräuschvoll aus der Nase strömen.

»Du darfst mich aber nicht falsch verstehen«, sagte Lars, »natürlich gehen wir fort, Marlies und ich, sie liegt nur gerade nicht da oben. Übrigens kennt sie einen deiner Kollegen.«

»Aber ich«, er musste sich räuspern, »ich habe keine Kollegen.«

»Ach, das sagst du bloß.«

»Doch wirklich, es gibt nur den Chef und mich.«

»Und einen Langweiler, der immer nur von Schach redet, kennst du nicht?«

»Meinst du Clemens?«

»Na, also!«

»Aber das ist doch kein Kollege!«

»Sondern?«

»Der geht auf meine Berufsschule. Aber wieso kennt sie ausgerechnet den? Was macht sie denn jetzt?«

»Das würde mich auch interessieren«, sagte Lars und blickte einen Moment nachdenklich gegen die Wand, »aber man kann nicht alles wissen«, er klatschte in die Hände, »was willst du mit deiner neuen Frisur eigentlich ausdrücken?«

»Ein neues Leben«, sagte Georg schnell, und damit es Lars erst gar nicht einfiele, ihn weiter auszuhorchen, fragte er, ob er eine Nore kenne.

»Nie gehört, wer soll das sein?«

»Ein Mädchen«, Georg tat, als schüttle er verträumt den Kopf, die falschen Locken pufften ihm ins Gesicht.

»Lass mich raten, es hat euch aus dem Nichts heraus aneinandergefesselt.«

»Das kannst du dir gar nicht vorstellen.«

»Ich denke schon«, Lars schob die Pfeife von einem Mundwinkel in den anderen und schien einer Erinnerung nachzuhängen. Georg betrachtete ihn. Hatte sich Marlies wirklich Lars in die Arme geworfen, kaum dass er, Georg, von der Bildfläche verschwunden war?

»Zeig mir was!«

»Von Marlies?«

»Nein, von meiner Mutter, natürlich von Marlies! Nicht einmal ihre Eltern haben mir gesagt, dass sie noch hier ist«, behauptete er.

»Eltern«, meinte Lars gedehnt und zog einen Zettel aus der Schublade, entfaltete ihn wie ein kostbares Dokument, und tatsächlich, Marlies, das war ihre Schrift und ihr Stift war es auch, der grasgrüne Kugelschreiber, mit dem sie immer ihre

Hausaufgaben geschrieben hatte und manchmal auch Postkarten, Linderstedter Urlaubsgrüße, eingesteckt am Weißen Turm und hinübertransportiert in den Brockwinkler Weg, über viele kleine Risse und Falten schlängelten sich die immer wieder in die Höhe springenden, gelegentlich schlingenförmig nach unten ausgreifenden Buchstaben.

»Nudeln, drei Zwiebeln, 400 Gramm Hack, Tomaten in der Dose, Streukäse, Wein«, las er laut und setzte sich.

»Das schönste Essen der Welt«, Lars zupfte ihm die Liste aus den Fingern und faltete sie vorsichtig wieder zusammen.

»Mehr nicht?«, fragte Georg tonlos.

»Also, wenn du so fragst, natürlich war da noch mehr, aber willst du wirklich alle Einzelheiten jener Nacht …«

»Mehr hast du nicht von ihr?«, unterbrach ihn Georg.

»Ach so, weitere Schriftproben meinst du. Nein. Aber weißt du, bei uns war das anders, wir haben uns keine Zettelchen und Karten geschrieben.«

»Das war anders, war, also damals.«

»Nein, nein, ist«, beeilte sich Lars zu sagen, »auch heute noch, das ist auch heute noch anders, natürlich, na klar.«

»Sag mir nur eins, Lars«, Georg legte die Hände vor sich auf den Tisch und spreizte die Finger, »bist du noch mein Freund?«

»Nun ja, zwei Jahre sind zwei Jahre.«

»Also nicht«, Georg drehte sich herum. Sie blickten einander still an.

»Ach, natürlich bist du noch mein Freund«, sagte Lars dann und stieß, als er das Wort Freund aussprach, mit dem Zeigefinger geradewegs auf Georgs Brust. Erschrocken über den Gesang, der plötzlich aufplärrte, zuckte er zurück.

»Nur mein Radio«, meinte Georg schnell und brachte das Gerät mit einem Schwenk des Kinns zum Schweigen.

»Jetzt verstehe ich«, begann Lars schließlich, nachdem er eine endlose Weile stumm auf Georgs Schal gestarrt hatte, »vorhin im Fernsehen, da pirschte ein Reporter in der Hocke durch den Wald, er sprach von einem Angriff und wollte zeigen, wie man sich den vorzustellen habe. Schließlich war ein Weg im Bild, ich erkannte ihn gleich, es war der Blätterweg durch das Wäldchen in Kaltenmoor, drei Jungen standen unter den Bäumen. Der eine mit verbundenen Füßen, der andere abgestützt von einem Rettungspfleger, der dritte die Hände vorm Gesicht. Sie wollten helfen, bloß helfen, erklärte der Reporter aus dem Off, doch sie ahnten nicht, mit wem sie es zu tun bekämen. Auf allen vieren sei er aus einem Gebüsch gekrabbelt und habe dann, vielleicht um Mitleid zu erwecken, am Erdboden geleckt. So tarnte er seinen geisteskranken Hinterhalt. Denn als ihm die Jungen auf die Beine helfen wollten, begann er mit einem plötzlich gezückten Schraubenzieher auf ihre Füße einzustechen.«

»Das stimmt gar nicht«, meinte Georg schwach und kam auf die Beine.

»Hör zu«, sagte Lars, »man kann ihn auch daran erkennen, dass er ein Radio unter dem Hemd trägt, wahrscheinlich, um auf dem Laufenden zu sein, was seinen Fall betrifft. Und willst du wissen, was dann zu sehen war, eine Kiesgrube, in der einige Möbel standen. Er müsse alles haargenau geplant haben, hieß es, aber was genau, das habe ich leider nicht verstanden, denn plötzlich überkam Hiemke wieder diese Lust, mich zu umarmen, das passiert immer, wenn er sein Zeug raucht, mir fiel das Marmeladenbrot auf den Bauch und ...«

»Egal, und weiter?«

»Weiter nichts. Dann war die Sendung vorbei.«

»Keine Rede von Herrn Spick?«

»Kein Wort.«

»Auch nichts vom Eisenwarenhandel?«

»Nichts.«

»Und von einem Koffer?«

»Nein.«

»Hast du etwas zu essen?«, fragte Georg, aber Lars schüttelte den Kopf.

»Wie hat das alles angefangen?«, wollte er wissen.

»Frag nicht«, sagte Georg, denn von dem Plakat an der Bushaltestelle würde er ihm im Leben nichts erzählen. Er sah aus dem Fenster. Nicht dass sich der Heideblitz schon vor dem Haus postierte. Doch auf der Wiese, die, bis auf einen gelben Fleck Laternenlicht, schwarz zulief auf das Haus, zeigte sich kein Mensch.

»Das Radio, das muss weg«, sagte Lars plötzlich. Georg, dankbar für den Hinweis, nickte und wühlte sich aus der Kleidung. Als er mit freiem Oberkörper dastand und eine Weile hilflos an dem Knoten herumgefummelt hatte, griff Lars sich eine Schere und trat hinter ihn.

»Mein Gott, wie sieht dein Rücken aus!«, er schnitt das Kabel durch.

»Das kommt davon«, meinte Georg müde.

»Wovon?«

»Dass ich aus dem Bus gesprungen bin«, er schob einen Arm zurück in den blutgefleckten Hemdlappen, »mit diesem bekloppten Koffer.«

»Das war der erste Fehler?«

»Ja, und seitdem«, begann Georg, merkte aber gleich, dass ihm für die Aufzählung aller seiner Verluste augenblicklich die Kraft fehlte, und so schüttelte er bloß stumm den Kopf.

»Leiste dir einen Fehler«, sagte Lars, »und du bist auf der Flucht«, mit dem Mundstück seiner erkalteten Pfeife zog er einen Strich durch die Luft, »für immer auf der Flucht.«

»Für immer«, Georg wickelte sich den Schal um den Hals, »meinst du wirklich?«

»Leiste dir einen Fehler und sie lassen dich fallen.«

»Aber vielleicht«, Georg blickte auf, »also, ich meine, wenn mir jemand helfen würde ...«

»Helfen? Wer denn?«, rief Lars, »diese Nore etwa? Denk doch mal nach! Du bist aus diesem Bus gesprungen, das war ein Fehler, noch dazu mit diesem Koffer, der vermutlich deinem Chef gehört, noch ein Fehler, du hast dir diese Lappen umgehängt, damit dich keiner erkennt, wieder ein Fehler, du hast dir wie ein Geisteskranker ein Radio auf die Brust geschnallt, Fehler, du hast drei kleinen Schuljungen mit einem Schraubenzieher die Füße durchstochen, Fehler, lauter Fehler, doch du darfst dir keinen Fehler erlauben, nicht in Linderstedt, denn in Linderstedt, wie überhaupt im Heidekreis, herrscht Feindschaft gegen jeden, der einen Fehler macht, auch gegen jeden, der einen bloßen Denkfehler macht, und vollends gegen jeden, der Kraft seines Fehlers oder Denkfehlers aus der Bahn gerät und nicht mehr pariert, so wie du, doch ein jeder, der nicht mehr pariert, wird bestraft werden, und ein jeder, der einen sieht, der nicht mehr pariert, wird ihn verleumden, verraten und bestrafen, sogar sich selbst, auch sich selbst wird er bestrafen, denn in seiner Brust, wie in jeder Brust im Heidekreis, schlägt ein Polizistenherz, pass auf, ein jeder Linderstedter ist im Grunde nichts als Polizist, wie überhaupt der ganze Heidekreis im Grunde ein Gefängnis ist, und zwar für Polizisten, perverse Wachtmeister, die sich bestrafen, wenn sie nicht parieren, und die parieren, um nicht bestraft zu werden«, er machte eine Pause, »hast du eine Waffe?«

»Was für eine Waffe?«

»Du kannst nicht jedem deiner Feinde in die Füße stechen.«

»Schade«, lächelnd knöpfte Georg das Jackett wieder zu.

»Nein, im Ernst, du musst dich richtig bewaffnen, sonst, warte mal, was habe ich gerade gesagt?«

»Dass ich mich richtig bewaffnen soll, aber ehrlich gesagt glaube ich nicht, dass ...«

»Nein, davor!«

»Dass es in Linderstedt viele Polizisten gibt?«

»Nein, nein, nein«, Lars wienerte sich so nervös über die Stirn, als könnte er den Gedanken dadurch erneut zum Vorschein bringen. Plötzlich warf er sich an den Schreibtisch, begann hektisch etwas hinzukritzeln. Doch statt zu erklären, was ihm eingefallen war, schnappte er sich noch einen zweiten Bogen, beschrieb auch diesen, auch die Rückseite und schleuderte schließlich einen ganzen Stapel weißer Papiere vor sich hin.

»Hör mal, Lars«, sagte Georg und legte ihm eine Hand auf die Schulter, doch Lars war derart gefangen genommen von seinem jäh aufgeblitzten Gedanken, dass er die Hand nicht einmal herunterschüttelte. Mit langem Hals versuchte Georg zu erkennen, was genau es eigentlich war, das Lars so aufgeregt notierte, doch die Schrift erschien ihm bloß wie die nach oben und nach unten wild auszackende Linie einer Herzschlagmessung. Einen Augenblick lang spürte er den Schreibbewegungen in der Schulter seines alten Freundes nach, dann entfernte er sich. Die Klinke in der Hand guckte er, ob Lars sich am Ende vielleicht doch herumdrehte, aber er schrieb bloß immer weiter und füllte den Raum mit seiner nervös über das Papier kratzenden Mine. Georg zog die Tür ins Schloss. Auch wenn er nur zu gerne gehört hätte, wie sich Lars an seiner Stelle herausgewunden hätte aus dieser verfluchten Abwärtsfahrt hinab ins Nichts, oder nicht herausgewunden, sondern einen Plan entwickelt hätte, einen Angriffsplan, wie er, statt lädiert durch die Nacht davonzuhuschen, zurückgeschlagen hätte, oder noch besser gleich eine komplett ausgeklügelte Strategie, wie er, als der totale Feind, durch Linderstedt gepirscht wäre, um die besten Anschlagspunkte auszuspähen, und wie er dieses Linderstedt dann, in der Frühe, angezündet hätte, abgefackelt, niedergebrannt bis auf den Grund, um sich abschließend die Asche der ganzen verdammten Kaufmannsstadt von den Schultern zu pusten und als freier Mensch davonzuschlendern. Stattdessen tischte er ihm tausend Geschichten auf und machte stumm seine blöden Notizen. Eigentlich müsste man sofort zurückmarschieren und alle seine Papiere aus dem Fenster werfen. Oder war es am Ende sogar besser so? Immerhin konnte der Heideblitz ihn jetzt so lang und grell und fies mit seinem Fernsehlicht anstrahlen, wie er lustig war, Lars könnte ihm, selbst wenn er wollte, doch nicht mehr erzählen, als dass er keine Ahnung habe, wohin sein alter Freund verschwunden sei.

Als hätte der bloße Gedanke an das Fernsehen die Lautstärke des Geräts im Wohnzimmer telepathisch hochgeregelt, war auf einmal eine Moderatorenstimme zu hören. Diesmal durfte er nichts verpassen, er eilte nach vorn. Doch aus dem Fernseher, der in dem verlassenen Wohnzimmer allein vor sich hinsprach, blickte nicht er selbst, sondern Moritz Reck, der erste Kommandeur des Schützenvereins Deutsch Evern, der alle Königsanwärter auf die Plätze verwiesen und nach einem Fackelumzug zur Feier des Sieges ins Landhotel *Alter Adler* geladen habe. In Großaufnahme peilte er über den Lauf seiner Pistole, deren Mündung riesengroß in der Bildmitte aufklaffte.

Beruhigt wandte Georg sich ab und wollte noch einmal nach etwas zu essen schauen, schließlich konnten sie hier doch nicht allein von Rauch und Wasser leben, da krümmte ihn ein faustartig in den Hals fahrender Brechreiz vornüber und ließ ihn krächzen und würgen, als würde er auf links gedreht. Keuchend spuckte er den hochgeschossenen Schwups Galle auf den Teppich, atmete ein Weilchen mit weit aufgeklapptem Mund, dann schleppte er sich weiter in die Küche. Schau an, jemand war am Kühlschrank gewesen und hatte vergessen, wieder zuzuketten. Leider war bis auf eine Packung dick gewordener Milch und eine knüppelharte Wurst, aus der sich nicht das kleinste Fitzelchen heraisnagen ließ, schon alles weggefressen. Auch die Küchenschränke bargen bloß die Gerüche verdorbener Speisen. In einer Schublade entdeckte er eine Dose schwarzen Spraylack. Er steckte sie ins Jackett. Ein Angreifer, dem er damit ins Gesicht sprühte, am besten direkt in die Augen, der wäre bedient. Trotz all der Geschichten, die ihm Lars von Marlies und der Schule und dem Studium vorgeschwafelt hatte, damit hatte er doch recht, er musste sich bewaffnen. Aber zuerst müsste der Hunger gestillt sein, sonst unterliefe ihm gleich wieder irgendein dummer Fehler oder Denkfehler und versaute die ganze Flucht. Er boxte die große schwarze Tonne auf und hustete sich, da ihm eine große graue Aschenwolke entgegenwirbelte, fast die Lunge aus der Brust, schob dann die Hände durch die oberste, offensichtlich ungenießbare Schicht, zog hartgetrocknete Socken hervor und ausgedörrte, unter dem ersten Biss zersplitternde Pizzaränder und gelangte schließlich, als er mit dem Bauch bereits auf der Kante hing, in die unteren Regionen, wo sich die Lebensmittelreste vielleicht eine gewisse Saftigkeit bewahrt hatten. Von den Rumfläschchen, die Marlies und er manchmal freitags hinter der Turnhalle heruntergegluckert hatten, wusste er noch, dass man so gut wie alles geschmacksneutral in sich aufnehmen konnte, solange man nur die Nase kräftig zuklemmte. Am Grund griff er in eine feuchte Masse, vermutlich ein zu Brei gedrücktes Brot, kniff seine Nase zu und hatte eben einen Batzen in den Mund gestopft, als er etwas hörte.

Steif vor Schreck versuchte er herauszuhorchen, ob das wieder nur die Glotze war oder doch ein Pfleger, ein Arzt oder wieder dieser Hiemke, aber stets knisterte und raschelte irgendeine verdammte Verpackung oder Tüte an seinen Ohren. Er glitt zurück auf den Boden, wagte nicht, die Nase freizulassen, aus Angst vor dem Geschmack, der ihm vielleicht gerade den Gaumen zerfraß, und lauschte. Als nach einem Augenblick regelrechter Ausgestorbenheit der gesamten Station sowie des ganzen Hauses plötzlich Schritte zu hören waren, über ihm, massige, laut die Treppen herunterrumsende Elefantenschritte, da riss er, ohne lange nachzudenken, den Sack aus der Tonne, zog ihn sich mit einem Ruck über den Kopf, stieß, während der Müll an ihm herunterrauschte, zwei Armlöcher durch die Seiten und jagte, eine Hand am Geländer, die Treppen hinab, vor der Haustür blieb er stehen. Er hielt den Atem an, über ihm das Stampfen, immer noch, aber leiser, doch bevor es wieder näherkäme, bohrte er zwei Gucklöcher in den Sack und spazierte, als er draußen weit und breit keinen Reporter herumschleichen sah, geschweige denn ein feuerbereit in Stellung gebrachtes Kamerageschütz, so locker und so langsam, wie er nur konnte, durch das nunmehr in vollkommener Finsternis liegende und bloß vereinzelt von Laternen erhellte Anstaltsgelände, an Pflegern vorbei, die zur Nachtschicht kamen oder nach Hause gingen, an einem ausgebüchsten Zigarrenraucher auf einem Dreirad, der lautstark zur Attacke rief, sowie an unzähligen, pechschwarzen, leise in der Abendluft zitternden Gebüschen. Sollte der Heideblitz hier im Hinterhalt liegen, so würde er ihn sicherlich für eines dieser Gespenster halten, die hilflos durchs Gelände spukten, bevor man sie wieder einfing und ans Bett fesselte, verdammt noch mal, so wie man auch Lars ans Bett fesseln sollte, diesen Geschichtenverzapfer, von wegen, Marlies liegt da oben oder Marlies ist in Linderstedt oder Marlies geht mit ihm studieren, alles Lügen, nichts als Lügen, aber warte mal! Wenn Lars ihm wirklich nur Geschichten aufgetischt hatte, wie konnte er dann Clemens kennen? Denn dass er Clemens kannte, daran konnte kein Zweifel bestehen, schließlich hatte er ja dessen elende Schachleidenschaft erwähnt. Andererseits, er raschelte über die Straße, wen kannte man nicht in Linderstedt, früher oder später lief man doch jedem über den Weg. Allerdings, wieder blieb er stehen, wenn Lars dem ewigen Schachsieger Clemens über den Weg gelaufen war, wie konnte es dann sein, dass er, Georg, nicht auch Marlies über den Weg gelaufen war? Er betrachtete eine Nudel, die sich heimlich die blaue Sackwand hinunterschlängelte. Aber wer den ganzen Tag im Laden von Herrn Spick versauerte und abends und am Wochenende und überhaupt fast immer in der Wohnung hockte und seine Lebenszeit mit alten Schockern verglotzte, wie sollte dem wer über den Weg laufen?

Nachdenklich überquerte er die Wiese und verließ das Gelände durch den Seitenausgang bei Mönchsgarten. Menschenleer neigte sich die Straße hinunter in die Stadt. Aus den Häusern fiel Licht in die Gärten. Mit kurzen Schritten, damit der Sack nicht so lärmte, lief er den Bürgersteig hinab. Immer wieder war ihm, als lauerten Augen in den schwarzen Gebüschen der Gärten. Aber er musste aufpassen. Er durfte keine Verfolgungsangst entwickeln, Verfolgungsängste, das hatte er vor Kurzem erst gelesen, verdunkelten den Verstand, und mit einem verdunkelten Verstand, das war klar, latschte man, ganz gleich, mit was für entsetzlichen Knarrgeräuschen sie ihre gezackten Mäuler aufspannten, blindlings hinein in die gewaltigsten Fallen. Durch ein Fenster sah er eine Küchenuhr. Zwanzig vor acht war es schon! Einerlei, wie laut der Sack raschelte und krachte, jetzt rannte er los. Gerade noch rechtzeitig. Denn als er das Hotel erreichte, standen die goldenen Zeiger am Turm von Sankt Johannis, der am Ende des Platzes raketengleich in den Himmel aufragte, bereits auf zwei vor acht. Er verstaute den Sack im Jackett und drückte sich ans Eingangsfenster. Wie vor vierundzwanzig Stunden schon lehnte der Rezeptionist in der Tür zum Speisesaal und der Empfang war unbesetzt. Georg wollte sich eben hineinschleichen, da entdeckte er einen Tropfen dunkelbrauner Soße, der wohl aus seinem Haar gesickert war und jetzt, eine saftige Spur hinterlassend, die Scheibe herunterrobbte. Auch wenn er im Grunde natürlich eine komplette, zu Steaks zerhackte Kuh benötigt hätte, um seinen Magen zu stopfen, der schon knurrte wie ein Kampfhund, so musste er doch nehmen, was zu kriegen war und fuhr gierig die Bahn mit der Zunge hinauf. Eine gute Entscheidung, denn der Geschmack, leicht brandige Wildsau, umwabert von einer gärigen Preiselbeersüße, versetzte ihm augenblicklich einen derart prickelnden Kraftschub, dass er hinter dem rot livrierten Rücken schnell und lautlos vorbeifedern, die Treppen hinaufhuschen, unterwegs den Schlüssel, der wie durch ein Wunder noch in seiner Hosentasche steckte, hervorwühlen und die Nummer 103 blitzschnell auf- und gleich wieder zusperren konnte.

Drei schwere Atemzüge lang lehnte er von innen an der Tür, überprüfte das Zimmer. Alle Befürchtungen umsonst. Unter dem Vorhang guckten keine Schuhe hervor, weder die schwarz glänzenden Lackschleicher irgendeines Reporters noch die verdreckten Werkstatttrampler des Chefs, und bis auf die ordentlich gefaltete Decke und das frisch aufgebauschte Kissen, auf dem die Fahrradklingel ruhte, schien hier alles unberührt. Selbst der verfluchte Koffer steckte noch unter dem Kopfende. Für einen Augenblick warf er sich rücklings auf das Bett und hätte weiß der Geier was gegeben, wenn er einfach unter diese dicke Federdecke schlüpfen und bis zum nächsten Morgen oder bis zum nächsten Abend oder auch gern bis Mitte nächster Woche hätte durchschlafen dürfen, statt jetzt, noch bevor die Nachrichten vorüber waren und der Rezeptionist unten erneut Stellung bezogen hatte, zurück auf die Straße zu hetzen. Er zwang sich wieder hoch und bückte sich unter die verlockende Bettlandschaft, hatte eben den Koffer hervorgezogen, als er plötzlich, leuchtend wie die Scheibe des Mondes, im Fenster die Uhr von Sankt Johannis bemerkte. Eine Minute nach acht war es erst, blitzschnell schaltete er den Fernseher an.

»... für die Informationen!«, sagte ein Reporter, und für einen Augenblick spannte sich Clemens' lächelndes Gebiss über die ganze Bildschirmbreite. Dieser Clemens! Am liebsten hätte Georg ihm eine Faust in sein verdammtes Plaudermaul gezimmert, zur Strafe, dass er sich diesen Fernsehschnüfflern in die Arme werfen musste. Dann hüpften schon die rosafarbenen Buchstaben des Heideblitz-Logos aus dem babyblauen Himmel und reihten sich tänzelnd nebeneinander auf. Nach dem Unfall, das war klar, hatte er alles erzählt, was ihn, Georg, seinen alten Schul- und Schachkollegen, madig machen würde, ganz gleich, ob es wahr war oder bloß heimtückisch zusammengefaselt. Hauptsache, Georg wurde in den Dreck gezogen! Hauptsache, auf Georg war die Jagd eröffnet! Hauptsache! Hauptsache! Doch statt einer Erklärung, was Clemens offenbart hatte, wurde es still im Bild. Langsam schwenkte die Kamera über den Nachthimmel. Ohne den Blick vom Fernsehschirm zu lösen, grabbelte Georg in der Minibar herum. Jetzt schob sich ein Hausdach ins Bild. Erschrocken, da er das Reihenhaus im Brockwinkler Weg sogleich erkannte, setzte er den blind aufgeschraubten Piccolo an die Lippen und gluckerte ihn, während die Kamera auf die Eingangstür zuschwebte, in einem Zug hinunter.

»Der Fall Görges«, raunte die Reporterstimme, als sich die Tür nun öffnete und die Dunkelheit des Treppenhauses über die gesamte Bildfläche quoll, »das ist der Titel einer Geschichte, die Linderstedt sowie den ganzen Heidekreis, bereits seit achtundvierzig Tagen, Entschuldigung, Stunden in Atem hält. Viele Begriffe und Namen schwirren durch die Luft. Die Mehrzahl der Menschen ist verwirrt«, sagte der Reporter, während in der Finsternis der irrlichternde Punkt eines Türspions aufschien, »wir fragen eine Frau, die sich auskennen müsste. Verraten Sie uns bitte, wie er heißt, Ihr Sohn.«

»Er kann sich Robert Görges nennen, so viel er will«, die Wohnungstür schwang auf, Licht platzte herein, und plötzlich füllte sie überlebensgroß das Bild, »sein Name ist Georg, Georg Röhrs.«

»Vieles, liebe Zuschauer, ist rätselhaft an diesem Fall. Weder die Mutter des Täters noch die Polizei hat die geringste Spur. Doch dank unseres Nachforschungseifers, der, wenn die Bemerkung gestattet ist, keine noch so kalte Morgenstunde scheut, ist es uns gelungen, einige aktuelle Bilder einzufangen. Frau Röhrs, was haben Sie bei diesen Aufnahmen gedacht?«

»Das ist er nicht.«

»Dann war er nicht zu erkennen?«, fragte der Reporter, der bloß das Mikrofon ins Bild hielt, doch Mama saß so stumm und reglos da, als wäre sie zu Eis erstarrt, »ich verstehe ja, dass Sie aufgeregt sind, Frau Röhrs, aber könnten Sie trotzdem ...«

»Er hat sich fremde Haare angeheftet«, sagte sie plötzlich, »und einer Vogelscheuche die Kleidung von der Stange gerissen, aber glauben Sie im Ernst, eine Mutter würde deshalb ihren Sohn nicht erkennen? Ich habe doch gesehen, wie er dastand, allein am Grund dieser Grube, verzottelt, verdreckt, verwüstet. Von mir aus kann er sich eine Einkaufstüte über den Kopf ziehen, ich würde ihn trotzdem erkennen.«

»Selbstverständlich, Frau Röhrs. Ist Ihnen der kriminelle Betätigungsdrang Ihres Sohnes eigentlich auch schon aufgefallen, als er noch unter Ihrem Dach wohnte?«

»Sie sprechen im Zusammenhang mit meinem Sohn von Kriminalität?«

»Wie stark sich Ihr Leben auch verdunkeln sollte, und sei es zur schwärzesten Nacht, der Heideblitz, Frau Röhrs, steht fest hinter Ihnen. Allerdings wollen Sie sicher nicht leugnen, dass ...«

»Jetzt kommen Sie mal her«, sie packte seinen Arm und kurz ruckte ein eisern umklammertes Mikrofon ins Bild, dann kurvte die Kamera durch das Wohnzimmer, jagte über die Couchgarnitur, den griechischen Hirtenteppich, die Mahagonianrichte mit dem Fernseher und verharrte schließlich auf einem kalkweißen Häkeldeckchen, auf dem ihr geliebter Kerzenhalter stand.

»Ein sehr schönes und auffällig ordentliches Wohnzimmer haben Sie«, kommentierte der Reporter aus der Ferne. Mechanisch schraubte Georg das zweite Fläschchen auf.

»Was wollen Sie damit sagen?«, hörte er Mama lauernd fragen.

»Nun, wenn man hier bei Ihnen ist, dann erscheint es wenig wahrscheinlich, um nicht zu sagen, im höchsten Maße unwahrscheinlich, dass Ihr Sohn, ich sage mal vorsichtig, in so eine Situation geraten konnte, verstehen Sie mich?«

»Glauben Sie vielleicht, in meinem Schädel kugelt bloß eine verdörrte graue Erbse im Kreis?«, fragte sie und betastete den Sitz ihrer Stachelfrisur, »er muss da plötzlich hineingerutscht sein.«

»Sie meinen, in die Situation?«

»Anders ist es nicht zu erklären«, sagte sie bestimmt und blickte Georg, der sich den Koffer an die Brust drückte und am liebsten nie zur Welt gekommen wäre, geradewegs in die Augen. Er versuchte ihrem Blick standzuhalten, fünf Sekunden lang, oder zumindest zwei, doch sie sah ihn derart rabiat und stechend an, dass seine Augen nur hilflos an der Mattscheibe hinabglitten. Wenn er nur gleich zu ihr gegangen wäre, gleich nachdem er mit dem Koffer aus dem Bus gesprungen war, gleich nach Hause, gleich gestanden hätte, dann wäre vielleicht, aber nein, nein, nein, er hatte doch nicht wissen können, ob der Chef nicht längst seinen Hintern in ihre Couch gepresst hatte und sie ratternd unter Beschuss nahm mit all den durchgedrehten Fakten über seinen Kofferraub.

»Manche Ursachen sind ja unsichtbar«, begann der Reporter langsam.

»Ich weiß, worauf Sie anspielen«, sagte sie gleich, und die Art, wie sie sich dabei nach vorne beugte und das Kinn vorstreckte, in Richtung des verborgenen Reporters, zeigte, dass sie für ihn, Georg, ihren Sohn, kämpfen würde bis zuletzt, »aber ich habe Beweise!«, unter dem Tisch zog sie mehrere Papiere hervor, »hier, der Chef spricht nur in den höchsten Tönen von meinem Sohn, und hier, noch aus den Grundschultagen, sehen Sie!«, rief sie, warf sich nach vorn und drückte ein Papier gegen die Kamera.

»Aber Frau Röhrs, so kann der Zuschauer ja gar nichts erkennen!«

»Betragen: Eins!!«, schrie es aus dem dunklen Bild. Mit einem wilden Schwenk befreite sich die Kamera, kurz verstrudelte die gesamte Einrichtung zu einem Gewirr aus Linien und Farben.

»Das Rätsel bleibt bestehen«, sprach der Reporter aus dem Off, als Mama wieder zu sehen war, keuchend auf den Tisch gestützt, »aber gestatten Sie eine letzte Frage, Frau Röhrs: Zweifeln Sie an den Bildern aus der Grube?«

Sie hob den Kopf.

»Zweifeln Sie an dem, was die Schuljungen aus Kaltenmoor erzählt haben?«

»Jetzt hören Sie mir mal zu«, mit einem Schritt war sie verschwunden und kehrte nach einem Augenblick, in dem man nur das Geschnaufe eines Handgemenges hörte, mit dem Mikrofon zurück ins Bild.

»Frau Röhrs, ich bitte Sie!«, hörte man den Reporter schwach.

»Ich kann nicht begreifen, was geschehen ist, und auch nicht warum«, begann sie mit verstärkter Stimme und trat so nah an die Kamera heran, dass ihr Gesicht zu einem gelblichen Teig verschwamm, »ich weiß auch nicht, warum er, der einen solchen Wert auf sein Aussehen legt, auf seine Kleidung, seine Haare und sogar auf seinen Geruch, wie er derart herunterkommen konnte, noch dazu in bloß zwei Tagen, aber ich weiß sehr wohl, was ich gesehen und gehört habe, und ich habe gehört, dass in Kaltenmoor drei kleine Jungen mit einem Schraubenzieher angegriffen wurden, und ich habe ihn gesehen, meinen Georg, sein Gesicht, wie es auftauchte am Rand einer Grube, zerkratzt und verdreckt, und ich habe gesehen, wie er sein Geschäft erledigte, ohne zu wischen, und ich habe gesehen, wie er über einen Acker lief und dann verloren ging zwischen den Häusern von Kaltenmoor, und schließlich habe ich gehört, dass mein Sohn, mein über alles geliebter Georg, den Namen eines jungen Mannes angenommen hat, der hinterrücks niedergestreckt wurde, draußen bei Bieskamp, mit einer Kugel in den Kopf, dies alles habe ich gesehen und gehört und kann es doch nicht glauben, ich will es auch nicht glauben. Aber wenn, ich sage wenn, wenn es doch wahr sein sollte, dann will ich sehen, wie man ihm, meinem Georg, die Arme auf den Rücken dreht und in Handschellen schlägt, dann will ich sehen, wie man ihn über den Marktplatz führt, und zwar mit gebeugtem

Kopf, eine Hand in seinem Nacken will ich sehen, und eine an den Handgelenken, und Kameras sollen auf ihn gerichtet sein, von vorne, von hinten und auch von oben herab, damit man ihn betrachten kann, auf jedem Fernsehschirm in Linderstedt und auf jedem Fernsehschirm im Heidekreis, wie er über das Kopfsteinpflaster stolpert, mit einem Sack über dem Kopf am Rathaus vorbei, mit einem schwarzen Plastiksack die Treppen hoch, Schritt für Schritt zum Gericht hinauf, bis er mit der Stirn gegen die Türen klopfen und um Einlass bitten kann, immer wieder, wie sehr ihm auch der Schädel dröhnt, immer wieder muss er klopfen, bis er plötzlich ins Leere klopft, vornüberstürzt und die jählings aufgeschlagenen Türen hinter ihm zusammenkrachen, mit einem solchen Donner, dass ganz Linderstedt das Herz stehenbleibt.«

Kaum dass sie geendet hatte, hoppelten wieder die rosafarbenen Logo-Buchstaben über den Bildschirm. Gleich, so hieß es, würde der Chefredakteur, ein Herr Dr. Bauske, noch einen Kommentar sprechen, der vielleicht ein wenig Licht bringen könnte in das Dunkel des Kopfes des Täters. Erschrocken boxte Georg den Fernseher aus. Konnten sie jetzt schon in ihn hineingucken, mein Gott, was kam als Nächstes? Projezierten sie gleich noch seine Träume auf die Rathausfront, gafften ihn an wie im Freiluftkino? Hektisch raffte er, was in der Minibar verblieben war, drei, vier, fünf, sechs Schnäpse und ein paar Piccolos, in die Jacketttaschen und stürmte aus dem Zimmer. Dem nächsten Reporter würde er die Kamera ins Maul stopfen, bis sie unten wieder rausguckte. Er galoppierte die Treppen hinab. Nein, Schwachsinn, das würden sie auch noch filmen. Erst in letzter Sekunde gelang es ihm, sich den Koffer auf die Schulter zu hieven, um mit verdecktem Kopf durch die Lobby zu jagen. Ohne zu schauen, ob da einer war, der ihn hätte sehen können, rammte er den Eingang auf und raste quer über den totenstillen Sande, ringsum die totenstillen Häuser, die totenstillen Straßen, wurstelte sich nebenbei, da er nicht stehen bleiben wollte, zur Tarnung zurück unter den Sack und rannte raschelnd weiter durch die Bäckerstraße, vorbei an den strahlenden und blinkenden, teils kohlrabenschwarz gähnenden Schaufenstern, während der Rest der Welt auf dem Sofa saß und knabbernd seinen Fall verfolgte. Nach fünfzig Metern blieb er stehen, sackte erschöpft auf die Kofferkante. Wer, zum Teufel, würde ihm noch glauben, wenn ihm die eigene Mutter nicht mehr glaubte? Verdammtes Elend, im Fernsehen! Wer denn? Wer? Er kippte zwei Kräuterlinge runter. Nein, aus, niemand. Auf dem gesamten Planeten würde ihm nicht einmal eine Heidschnucke mehr glauben, geschweige denn ein Mensch, nachdem ihn Mama gerade, zur besten Sendezeit, aber Stopp! Hatte sie nicht wenn gesagt? Ja, ja, genau, sie hatte wenn gesagt, sie hatte das Wenn für die Trottelzuschauer sogar extra noch betont! Nur wenn es doch wahr wäre, hatte sie gesagt, nur dann wollte sie sehen, wie man ihn, Georg, ihren lieben Sohn, im Nacken packte und über den Marktplatz schleifte und ins Strafgericht, ja, war er denn verrückt? Es war doch wahr! Das ganze dumme Wenn! Meine Güte, verdammt, er musste aufpassen, für eine Blitzsekunde war ihm das ganze irrsinnige Wochenende bloß wie ein unwahrscheinlicher Traum erschienen. Dabei war er doch im Stürzenholz gewesen und er war in der Grube gewesen und er hatte die Füße durchstochen! Ha, drei Stück sogar! Zack und zack und noch mal zack! Das hatten sie sich selber eingebrockt, diese Giftzwerge aus Kaltenmoor, das würden sie so schnell nicht vergessen, diese Löcher würden sie immer, nein, nein, Dummkopf! Er klatschte sich eine Ohrfeige ins Gesicht. Denn das, genau das, verdammt, war der Fehler gewesen, der supersaudumme Dummkopffehler, und er war auch noch stolz darauf. Hätte er sich nämlich schön in Klump und Stücke treten lassen, dann hätten sie ihn jetzt behutsam ins Studio geleitet, statt Mama zu so einer rasenden Bestrafungsrede aufzuhetzen, hätten ihn mit zarten Fingern auf die Couch gesetzt, hätten ein gepolstertes Mikrofon an sein ramponiertes Gesicht gehalten und flüsternd gefragt, was er denke, was er fühle, was er wolle. Obwohl, er war doch in Klump und Stücke getreten worden! Hatten sie das vergessen? Außerdem war er in den Einkaufswagen gestopft worden, außerdem die Straße hinuntergestoßen und durch die Luft katapultiert und am Boden zerschmettert worden, hatte noch dazu seine Arbeit verloren, auch die Wohnung, auch die Eltern, auch die Freunde, auch, nein, Schluss, halt die Schnauze, er musste überlegen, ganz ruhig und klar überlegen.

Nachdem er eine Weile stocksteif dagesessen hatte, ohne dass auch nur die allerkleinste Gedankenblase aufgestiegen wäre aus seinem vernebelten Kopf, da fummelte er schließlich die Dose aus der Tasche und färbte sich den Zeigefinger schwarz, so satt, dass ihm drei Farbnasen in die Handfläche rannen, dann den Mittelfinger, dann lüftete er hustend den Sack, verwedelte den Lackgestank. Schwarz schimmerte die Haut vor seinen Augen. Vielleicht sollte er sich die ganze Hand einsprühen. Oder gleich beide Hände? Ach, am besten auch gleich das Gesicht. Jetzt, wo sein Name mit all diesen verrückten Geschichten verrührt und verkleistert worden war, Gott noch mal, selbst von Mama, da war es vielleicht das einzig Wahre, sich in einen lackschwarzen Schrecken zu verwandeln, abzutauchen in die Kanalisation und hin und wieder eine Klaue aus einem Gulliloch auffahren zu lassen, um einen weiteren Menschen niederzureißen in die stinkenden Röhren unter der Stadt. Er hatte bereits Augen und Mund zugekniffen, den Sprayknopf auf sich ausgerichtet und zu einem ersten schwachen Zischen herabgedrückt, eine hauchfeine Gischt pünktelte schon über seine Stirn, da hielt er inne.

Das wäre eine schöne Geschichte! Der schwarz gefärbte Schrecken, der Linderstedt in Atem hält. Das könnte man schön breittreten, was! Das könnte man über Wochen und Jahre schön zu Tode schreiben, nicht wahr? Mit einem Ruck hatte er den Sack vom Kopf gezerrt, weggeschleudert, nachgetreten, und marschierte bis zum Ochsenmarkt. Er sah zum Rathaus hoch. Halb neun war es jetzt. Der Marktplatz lag so still und leer vor ihm da wie eine alte Fotografie. Offenbar hatte sich ganz Linderstedt ins Wohnzimmer verkrochen und glotzte sich die Augen dumm. Trotzdem schlich er lieber die Hauswände entlang, zur Sicherheit, fluchte, wenn die Treter aus dem Supermarkt wieder so quietschten wie zwei misshandelte Hamster, am Touristenbüro neben dem Rathaus warf er den Koffer auf den Infokasten. Dann kontrollierte er den Knoten des Schalverbands, trank, um das Pumpen in der Wunde zu betäuben, ein weiteres Fläschchen aus, gleich noch eins hinterher, und sprang mit hochgeworfenen Händen an das Ratskellerschild. Keuchend und strampelnd zog er sich zur Justitia hinauf und blickte, als er ihr Schwert umklammerte, prüfend über die Schulter. Nicht dass er am Ende ahnungslos die Rathausfront hinaufkraxelte, während sich in seinem Nacken ganz Linderstedt im Sessel rekelte und gemütlich darauf lauerte, dass er geschwächt ins Leere griff, und dann, Großaufnahme des zitternden Zäpfchens in seinem Rachen, brüllend in die Tiefe stürzte. Da aber auch das hartnäckigste Starren den Schattenflecken rings um den Marktplatz nicht den kleinsten Lichtreflex entlocken konnte, der verräterisch über eine Heideblitzlinse tänzelte, war er wohl in Sicherheit. Er setzte einen Fuß in die Beuge des Schwertarms. Auch wenn er natürlich nie in Sicherheit war! Er drückte sich weiter empor. Vor allem dann nicht, wenn ringsherum nichts als die reinste Totenstille herrschte. Über den steinernen Kopf gelangte er auf das kleine Vordach des Erkers und kämpfte sich hoch zur nächsten Figur, Misericordia, hatte Dr. Grabbitz ihnen eingehämmert. Wo nichts verdächtiger war als die reinste Totenstille. Das hatte ihn der Morgen doch gelehrt. Da hatte das Gebüsch gezuckt und geraschelt, weil der Reporter gierig näherrobbte, und er, was hatte er getan? Wenn er sowieso nicht richtig hinsah, konnte er sich ja gleich die Augen ausstechen. Schon stand er auf dem nächsten Erkerdach, also Konzentration und Sprung. Segen der Minibar! Denn dem alten Soßentröpfchen war es wohl kaum zuzuschreiben, dass er sich trotz der endlosen Tage, die hinter ihm lagen, trotz der schlaflos und eingesperrt verbrachten Nächte, jetzt mit einem einzigen Klimmzug heraufziehen konnte auf den Balkon. Erschöpft überwand er das Geländer, lehnte sich mit stoßendem Atem in den Schatten neben der großen Uhr und prüfte erneut den Platz. Immer noch niemand zu sehen. Na also, wenn er sich nur richtig konzentrierte, dann hatten sie keine Chance. Er reckte die schwarz gefärbten Finger in die Luft und spreizte sie zum Zeichen des Sieges. Vielleicht sollte er dem Heideblitz ein Interview geben, aber nicht auf einer kuscheligen Studiocouch, sondern aus einem Gulli heraus, ja genau, aus so einem gluckernden Rinnsteingitter würde er hochflüstern und der schwitzend niedergebeugten Ratte von Reporter verkünden, mit was für einer bestialischen Gewalt er Linderstedt, das ihn verstoßen und verraten und vernichtet habe, in die Mangel nehmen und, nein, Blödsinn! Statt sich in Gedanken zu verlieren, hier oben, wo ihn ein blinder Greis mit Tatterhänden runterballern könnte, musste er endlich anfangen. Eilig platzierte er den ersten Buchstaben links neben die Uhr, nicht zu groß, sonst passte nicht alles hin, aber auch nicht zu klein, sonst könnte man von unten nichts erkennen und es würde nur gewettert und gezetert werden über die Verschandelung des Rathauses, wenngleich natürlich ohnehin gewettert und gezetert werden würde über die Verschandelung des Rathauses, aber vielleicht würde trotzdem, trotz allem, irgendjemand sagen: Georg Röhrs ist nicht allein. Vielleicht sogar Mama. Denn dass er selbst in der Nacht wie ein Affe am Rathaus hochkletterte, nur, um die Wahrheit anzuschreiben, das war doch im Leben nicht zu glauben. Da allerdings, er schrieb bereits am letzten Wort, hatte schon die ersten Buchstaben rechts neben die Uhr gesetzt, da zischte bloß noch ein hauchfeiner Film auf die Mauer, winzige Farbpünktchen, die sich niemals zu einem weiteren Buchstaben zusammenfügen würden. Er schüttelte die Dose. Er hätte sich die Finger nicht einsprühen dürfen, mindestens zwei, wenn nicht ganze fünf Buchstaben hatte er damit vergeudet. Beide Daumen übereinandergesetzt, drückte er und presste er und folterte den verfluchten Schweinehund von Sprühknopf, doch mehr als ein immer leiser werdendes Zischen war der Dose nicht zu entlocken, am Ende verreckte sie ganz. Vielleicht würde sich das letzte Wort von selbst im Auge des Lesers vervollständigen. Nein, würde es nicht. Die ganze lebensmüde Kraxelei, das hirnverbrannte Risiko, hier oben entdeckt, womöglich wieder gefilmt zu werden, alles umsonst. Er stützte sich auf das Geländer und ließ die Hände herunterhängen. Mit einem mechanischen Geräusch ruckte hinter ihm der Zeiger vor. Was blieb ihm anderes übrig, als wieder hinunterzuklettern und sich aus der Stadt zu stehlen, für immer hinaus aus Linderstedt, diesem Loch, in dem ihn jeder, die gesamte Menschheit, als Räuber und als Mörder und als binnen zweier Tage zugrunde gerichtete Bestie in Erinnerung behalten würde? Nichts. Er sank mit der Brust auf das Geländer. Wo sollte er nur hin? Nach Bieskamp? Er hielt den Atem an. Er lauschte. Minutenlang lauschte er. Ob in der Totenstille ringsherum vielleicht doch etwas zu hören war. Schritte zum Beispiel. Sich heimlich heranpirschende Schritte. Begleitet von einem erlösenden Tröten und Trommeln. Auch im Bus und nach dem Sturz waren sie ja so unverhofft aufgetaucht und hatten ihn gerettet mit ihrer Musik und ihrem Schnaps. Da wäre es doch keine Überraschung, wenn Reinhard und seine Kollegen auch jetzt unverhofft aus dem Rathausgang hervortreten würden, oder nicht? Vielleicht hatten sie ihn ja die ganze Zeit im Blick gehabt. Auf dem Weg von der Hütte durch die Schrebergärten und auf dem Weg von den Schrebergärten zur Anstalt und auf dem Weg von der Anstalt hinunter in die Stadt, für den Fall, dass er einen Fehler machte, denn wer auf sich alleingestellt war, zum allerersten Mal, der machte Fehler, das war klar, das kannten sie doch, vor allem Reinhard, der immer noch mit seinen Zeitungsartikeln durch die Gegend lief, dieses Gefühl, dass man, so beknackt das Ergebnis auch geraten mochte, doch alles daransetzen musste, um die eigene Person, die mit irgendwelchen Bildchen und Geschichten zu einem Untier umgedichtet wurde, reinzuwaschen. Doch so angestrengt er auch lauschte, es kam niemand aus dem Rathausgang hervor und es spannte auch niemand einen Mantel als Sprungtuch auf und es ermutigte ihn, Georg, den vierten Mann, auch niemand, sich einfach vom Balkon zu stürzen, hinab in die Mitte seiner Retter.

Erschöpft schwang er ein Bein über das Geländer. Wenn ihn die Fassade abgleiten lassen wollte, bitteschön. Wer würde es hören, wenn er kreischend in die Tiefe stürzte? Doch bloß er selbst. Im Grunde brauchte er nicht einmal zu kreischen. Er könnte einfach stumm abwarten, bis ihm der Aufprall das Licht auslöschte, stumm und dankbar, dass es vorbei war, endlich vorbei. Wen würde es denn jucken, wenn er morgen zerschmettert auf dem Marktplatz lag? Na klar, der Heideblitz, der käme gleich herangewieselt und würde zentimeterdicht auf seine Todesfratze zoomen, aber sonst, wen denn? Doch wie sehr er auch hoffte und die blöden Figuren anflüsterte, sie mögen ihn doch bitte von sich stoßen, am Ende hing er wieder mit langen Armen am Ratskellerschild und landete sicher auf den Füßen. Er zerrte den Koffer vom Infokasten und schleppte ihn über den Platz, von allen, einfach allen, außer Nore, verraten und verlassen und allein.

»Hier bin ich!«, schrie er, damit sie endlich aus ihren Löchern kämen, Reinhard, die Reporter, irgendwer. Doch es seufzte ihm nur das letzte Wort als langsam verebbendes Echo von den Mauern entgegen, dann umfasste ihn wieder die wattige Stille, die ganz Linderstedt zu ersticken schien. Er drehte sich langsam im Kreis. Die Straßen ringsherum waren leer. In den Schaufenstern des Kaufhauses standen Puppen. Vermutlich könnte er die ganze Nacht lang durch Linderstedt streichen, ein einsam versauerndes Nichts, das niemand bemerken, geschweige denn in seine Arme schließen und beschützen würde. Beidhändig den Griff umklammernd puffte er den Koffer mit schlaffen Schenkeln voran. Schritt für Schritt überquerte er den Marktplatz, den Blick auf den Boden geheftet, auf das jahrhundertealte, von zahllosen Menschen, die alle längst vergraben und vermodert waren, glatt gelatschte Kopfsteinpflaster.

Als er aufsah, stand er am Eingang zur Gasse an den Brodbänken. Langsam ging er weiter. Er sah schon das kleine, kaum zwei Meter breite Schaufenster, das leuchtend herausstach aus der Reihe der angrenzenden, nächtens nur müde befunzelten Geschäfte und sogar die Mauern des gegenüberliegenden Kaufhauses grell anstrahlte. Nach wenigen, zuerst stockend, dann im Laufschritt absolvierten Schritten stand er mitten im Licht des Eisenwarenhandels. Das kleine Schild lag noch da. Erst letzte Woche hatte er die Buchstaben eingebrannt, die schönsten Äxte des Oktobers, so hatte der Chef diktiert. Wie gut es geduftet hatte, als er mit dem glühenden Lötkolben durch das Holz gefahren war. Auch die Äxte standen noch exakt so da, wie Herr Spick es angeordnet hatte. Rechts die Spaltäxte und Freizeitbeile, links die Forst- und Fälläxte und in der Mitte im Boden verankert, mit ihrem Doppelblatt aufragend wie gehörnter Dämon, die unverkäufliche, zweitausend Gramm schwere, siebenhundertsiebzig Millimeter lange Große Wurfaxt des Chefs. Er drückte sich den Koffer an die Brust und lehnte sich weit in den Rücken, dann warf er seine Stirn mit voller Wucht nach vorn. Es krachte, ob Schaufenster oder Schädelknochen, war nicht zu unterscheiden, sein Gehirn schien zu zucken, irgendetwas floss über sein Gesicht, doch weiter geschah nichts. Wie war das möglich? Gerade wollte er ein weiteres Mal ausholen, als plötzlich doch die Kameras, die Herr Spick in den oberen und unteren Ecken des Schaufensters, gemeinsam mit seinem Lehrling, angeschraubt hatte, zu blitzen begannen. Gleichzeitig setzte die Sirene ein. Einen Augenblick lang präsentierte Georg sein Gesicht, die rechte und die linke Wange und einmal lächelnd von vorn, dann hielt er nicht mehr stand und taumelte, von dem grell klirrenden Alarm fortgeschoben wie von einer Brandungswelle, zurück auf die Straße.

Eigentlich hatte er seinen Chef noch einmal sehen wollen, Oskar Spick, wie er vor seinem Schaufenster stand, blutrot angelaufen angesichts dieses allerersten Angriffs auf sein Geschäft, doch als der Bus den Laden passierte, drückte er sich nur noch tiefer in den Sitz, schloss die Augen und lauschte auf die fünfzig Turbinen, die im Leerlauf durch seinen Kopf dröhnten. Als sie gleich darauf den Marktplatz umrundeten, schlug er sie wieder auf und blickte automatisch zum Rathaus hoch. Die Schrift war gut zu erkennen, schade nur, jammerschade, dass es für mehr nicht gereicht hatte als nur für *Georg Röhrs ist unsch.*

Nachdem sie die Stadt verlassen hatten und schon eine Weile über Land gefahren waren, drehte er sich um und sah noch einmal durch das Rückfenster. Felder, nichts als dunkle Felder, hin und wieder Bäume, die, von den Rücklichtern angestrahlt, rot aufflammten, dann langsam am Straßenrand verglommen. Nicht einmal die Kirchturmspitzen konnte man noch erkennen oder den Kalkberg oder die Häuser am Weißen Turm, und wo Linderstedt sich überhaupt befand, ließ sich allein ausmachen anhand der Wolken, der eilig aufgezogenen, hell schimmernden Nachtwolken, die die Lichter abfingen, die unzähligen Strahlen, die ansonsten hinausgegangen wären in den Weltraum, die Lichter in den Kneipen am Stint, im Rotlichtviertel an den Sülzwiesen, die Lichter der Kerzen im Brockwinkler Weg, auf Mamas Küchentisch, und das Licht der Taschenlampe auf dem Dach von Papas Häuschen, und das bläuliche Fernsehlicht im Haus 24 und auch im Rest der Stadt, auch in den Dörfern ringsherum, in Ochtmissen und in Vögelsen, in Radbruch und in Heiligenthal, Fernsehlichter, überall die Fernsehlichter.

Mit einem Ruck wandte Georg sich um. Sämtliche Fahrgäste, auch die drei birnenförmigen Tanten, in deren Deckung er sich hineingeschmuggelt hatte, waren wieder ausgestiegen und er befand sich jetzt allein im Bus. Schräg über der Kabine, in einem gewölbten Spiegel, entdeckte er das Gesicht des Fahrers, ein bleicher, böse glotzender Kloß, der unter den Stößen des Motors bibberte wie Götterspeise. Bevor dieses Ungeheuer an der nächsten Haltestelle durch den Gang stampfen und dann ihn, Georg, den ersten und vermutlich letzten Lehrling von Oskar Spick, aus dem Sitz reißen und hinaustreten würde in die Nacht, stand er lieber auf und stellte sich, wenn auch ohne das Knöpfchen zu drücken, so doch sichtbar ausstiegswillig, vor den hinteren Ausgang. In der vibrierenden Scheibe betrachtete er seine Visage, die frisch aufgeplatzte, dunkel verkrustete Stirn, diese widerlichen Haare, die seinen Kopf umzottelten wie klebrige Würste, sein befleckter, zerrissener, mit einem Pennerschal umwickelter Hosenfetzen. Er drückte den Rücken durch. Es war allerhöchste Zeit, dass er in geordnete Verhältnisse zurückkehrte, vielleicht ja wirklich, wie Marlies immer geträumt hatte, in einem Hotel, in irgend so einem tollen, gewaltsam ans Meer geklotzten Kasten, in Portugal vielleicht, mit dreißig Stockwerken, durch die der Fahrstuhl schwebt, leise summend in die Tiefe und leise summend wieder herauf, und jedes Mal, bevor die Türen auseinandergleiten, ertönt ein metallisches Geräusch von der Decke, und der Liftboy in seiner roten Uniform mit den goldenen, täglich auf Hochglanz zu putzenden Knöpfen, er begrüßt die Gäste und wünscht ihnen viel Vergnügen in der Sonne und einen herrlichen Tag auf unserem Planeten. Ein gutes neues Leben würde das werden, nur allein wollte er nicht sein.

Den Koffer in der Hand, stolperte er fünfzig Meter über den nachtschwarzen Acker. Schließlich sah er sich um, blickte dem leuchtenden leeren Kasten hinterher, der sich brummend ins Dunkel entfernte. Als alles wieder still war und er verloren auf der schwarzen Fläche stand, verließ ihn kurz die Kraft und es hätte nicht viel gefehlt und er wäre einfach niedergesunken in eine der feuchten kalten Furchen. Aber er war ja bloß eine Haltestelle zu früh ausgestiegen und dort hinten leuchteten bereits die Lichter von Bieskamp. Langsam stapfte er zurück auf den Asphalt. Wenn der Fahrer, der sich seine Erscheinung sicher millimetergenau eingeprägt hatte, später befragt werden würde, sei es vom Heideblitz oder von Herrn Spick oder beiden, so müsste er aussagen, dass sein letzter Fahrgast, ein junger Waldschrat, an einem Landstraßenhalt aus dem Bus gesprungen und mit unbekanntem Ziel über die Felder davongejagt sei.

Als ihn das Licht der ersten Straßenlaterne erfasste, schulterte er den Koffer, um sein Gesicht zu verdecken, das sicher auch in Bieskamp längst in jede Wohnstube hineingestrahlt und mit den irrsinnigsten Schlagzeilen unterlegt worden war. Vielleicht sollte er sich heranschleichen und ihr heimlich von hinten eine Hand auf den Mund drücken, für den Fall, dass sie vor Freude laut aufschrie, sobald sie ihn sah. Sonst wäre alles beendet, bevor es begonnen hätte. Zunächst aber musste er in diesen verdammten Höllenhof hineinkommen. Oder sollte er einfach von hinten ans Küchenfenster klopfen, ja genau, und wenn sie dann herauskäme, aber nein, da war ja der Hund, dieser dämliche Hund! Wenn man eine Waffe hätte, am besten eine schallgedämpfte Pistole, die bloß einmal erstickt puff macht, wenn man abdrückt, dann wäre dieser Weg jetzt frei gewesen. Gott noch mal, ihr würden die Augen aus dem Kopf springen, wenn er plötzlich vor ihr stünde. Zumal er am Freitag lieber in der Wanne gelegen hätte, statt mit ihr davonzurennen. Und wenn sie gar nicht wollte? Er duckte sich hinter die Hecke einer Garageneinfahrt, um die Lage zu sondieren. Aber wieso sollte sie nicht wollen, es war doch ihre Idee gewesen. Jetzt wurde die Tür aufgestoßen und ein Mann trat taumelnd aus dem Ginsterhof. Obwohl er heute einen Anzug trug, einen neu wirkenden, eleganten, schwarzen Einreiher, auf den man neidisch werden konnte, erkannte Georg ihn gleich, es war der angeschossene Kahlkopf.

»Achtung!«, erklärte er mit militärisch betontem t und machte einen Handkantenschlag in die Luft. Dabei schwang das Jackett auf und der weiße Verband kam zum Vorschein, den er anstelle eines Hemdes darunter trug. Dann begann er mit schlingernder Stimme mehr zu rufen als zu singen:

»Nein, nein, nichts, mein Junge, geht verloren,
Nicht in der Erde, in der Nacht,
Denn immerzu klingt in den Ohren
Was du gesagt und wie gelacht.

Ach, auch ich, mein Junge, werde geben,
auf deinem Grabe hier,
nur für dich, mein Junge, mein armes Leben,
gleich sinke ich zu dir.«

Kaum dass er geendet hatte und hustend die Treppe herunter- und in eine Seitengasse davongestolpert war, da schwang die Tür wieder auf. Wie der Kahlkopf trugen auch die jetzt auf die Straße strömenden Bieskämper, statt der Arbeitsjacken und Schwitzhemden vom Freitagabend, dunkle Anzüge und Kleider. Vielleicht war heute Morgen plötzlich ein Bauer tot vom Trecker gekippt, sodass sich heute Abend alle fein anziehen durften, auf jeden Fall schien eine Trauerfeier im Gang zu sein, und die Frau, die als Letzte aus der Tür trat, hatte sich sogar ein dunkles Glitzertuch um den Kopf gewickelt und sah damit aus wie eine Schauspielerin aus einem Schwarzweißfilm. Georg erkannte niemanden, auch Nore war nicht dabei. Aber nach dem Freitagabend hatte sie vermutlich bis ans Lebensende Stubenarrest. Als jetzt eine Glocke zu schlagen begann, sank die Frau mit dem Tuch schluchzend in die Knie und wäre fast die Treppe heruntergestürzt, wenn nicht zwei flugs herbeigesprungene Schränke sie gestützt und behutsam die Stufen hinuntergesteuert hätten, mitten hinein in die Menge, die sich augenblicklich zerteilte und einen Korridor bildete für diese Frau, die vielleicht die hinterbliebene Ehefrau war und die sich offenbar dermaßen wüst zugesoffen hatte, dass sie nun an Armen und Beinen gepackt und getragen werden musste. Der Rest der Mannschaft, ein gleichmäßig stapfender Pulk, aus dem hin und wieder ein betrunkenes Schäfchen hervortaumelte und gleich wieder eingefangen wurde, folgte ihr in Richtung der kleinen, am anderen Ende von Bieskamp kalt und laut läutenden Kapelle.

Als die Straße wieder leer und still war, verstaute Georg seinen Koffer in der Hecke, löste sich behutsam aus der Deckung und schlich zum Ginsterhof hinüber und auf Zehenspitzen die Treppe hoch. Er spähte durch das Fensterchen und musste feststellen, dass ihm der Gastraum leider nicht, wie erhofft, menschenleer entgegengähnte. Aber zum Glück waren es weder der Wirt noch sein Freund, der Schnurrbart, oder gar der notgeile Dietmar, die damit beschäftigt waren, alle Tische in eine Reihe zu rücken, sondern zwei spindelarmige, uralte Frauen. Als sie ein riesiges, in der Luft sich laut flatternd entrollendes, pechschwarzes Tuch über die Tafel warfen und beide für einen Augenblick dahinter verschwanden, huschte Georg hinein, am Tresen vorbei und hinaus ins Treppenhaus. Hektisch presste er das Ohr ans Holz, kam jemand hinterher? Aber nein, es blieb ruhig. Er rannte die Treppen hinauf, nahm drei Stufen auf einmal, raste den Gang hinab und schlüpfte, ohne anzuklopfen, in Nores Zimmer.

Warme Luft drängte in seine Lungen. Zerwühlte Laken hingen vom Bett. Auf dem Kissen lagen Kopfschmerztabletten, er drückte sich zwei, drei, nein, vier oder lieber fünf Stück in den Mund und mümmelte sie langsam klein, denn durch das Treppenhochgehetze dröhnte und brauste der Kopfschmerz, die Nachwirkung des Stirnschlags an die Schaufensterscheibe, die während der Busfahrt und in der kühlen Luft über den Feldern fast verklungen war, erneut grell in ihm auf. Aber Nore, wo war sie nur? Sicher doch in der Küche. Er trat ins Bad, um sich zu waschen, bevor sie hochkäme, das Gesicht und die Finger, vor allem die Zähne müsste er schrubben, wenn er sie mit seinem Zombieatem nicht gleich zu Boden strecken wollte, doch kaum ins Bad getreten, sprang er wieder zurück und riss erschrocken das Falttürchen zu.

»Da bist du ja«, rief er und schob ein Auge an den Türschlitz, sie lag in der Wanne unter Bergen von Schaum und starrte steif zur Decke hoch, »sag mal, hast du vielleicht Verdünnungsmittel?«, fragte er, um ihren Schrecken schnell mit einem Alltagsthema zu zerstreuen, »oder zumindest eine Nagelschere, guck mal«, sagte er und streckte zur Aufheiterung seine schwarz gefärbten Krallen durch den Spalt und keuchte dazu, als würde er sie gleich nackt in einen gruseligen Wald verschleppen. Doch Nore, sie schwieg. Na gut, sie war erschrocken, auch er hatte sich ja ganz schön verjagt, aber irgendeine Regung, ein kleines Wort der Freude, das wäre doch schön gewesen. Aber vielleicht geisterte sie ja wieder durch einen dieser Dämmer- und Kratzzustände, die sie am Freitag so beklagt hatte.

»Zieh dich an«, sagte er schließlich, indem er jedes Wort einzeln betonte, »es geht los.«

Aber wieder sagte sie nichts. Oder spielte sie nur? Ja, vielleicht spielte sie nur. Bloß, dass sie diesmal nicht versuchte, ihn mit irgendeiner wahnwitzigen Geschichte über seine bevorstehende Schlachtung und dergleichen Blödsinn mehr an sich heranzulocken, sondern tat, als wollte sie ihn mit einem kalten Schweigen zum Teufel jagen. Viel Zeit war nicht, aber wenn sie ein Spielchen wollte, dann bekam sie eins. Schon hatte er das Papptürchen zur Seite gerafft und trat, als wäre sie gar nicht vorhanden, in den klebrig schwülen Badedampf. Pfeifend seifte er sich die Finger ein und bürstete dann so rabiat daran herum, dass zu fürchten war, unter dem Schaum kämen gleich die Knochen vor. Aber nein, das Klauenschwarz glänzte bloß wie frisch poliert. Er bückte sich nach ihrem Täschchen, um es nach irgendwelchen Ätztinkturen zu durchwühlen, mit denen sie ihre Fingernägel bearbeitete, als mit einem Mal seine Sicht zu flackern begann und er eine ölige Steilklippe hinabzurutschen schien.

»Hier, nimm und jetzt geh«, hörte er ihre Stimme zwanzig Meter über sich. Er zwang die Lider wieder hoch. In die Hocke gesunken, lehnte er an der Wand und erkannte schließlich die Nagelschere, verdammte Saunaluft, sie hielt ihm eine Nagelschere hin. Er kam auf die Beine und biss sich in die Wangentaschen, damit er, wenn er danach griff, vor lauter Schwindel nicht kopfüber auf ihr dunkles, unter den Schaumwolken schaukelndes Dreieck stürzte.

»Ich habe geträumt«, sagte er leise, nachdem er sich die Schere mit schweren Händen ins Jackett gefummelt hatte, »geträumt«, wiederholte er flüsternd, auch wenn er am liebsten geschrien hätte, verdammt noch mal, aber er musste sich zusammenreißen.

»Ich will es nicht hören«, sie umklammerte die Wannenränder, wollte aufstehen und schien darauf zu warten, dass er rausging. Gut, dann ging er eben raus. Auch wenn seine Geduld bald am Ende wäre. Oder hatte sie wirklich alles, was am Freitag geschehen war, vergessen?

»Sag mal, hast du wirklich alles, was am Freitag ...«

»Freitag ist lang her, Georg, unendlich lang her«, er hörte, wie sie in die Höhe kam, Wasser platschte herab.

»Aber du hast doch selbst gesagt, warte mal, kennst du meinen Namen aus dem Fernsehen?«

»Was habe ich selbst gesagt?«

»Na, dass du wartest.«

»Wann soll das gewesen sein?«

»Gestern am Telefon.«

»Das hast du geträumt«, sie kam ins Zimmer, schwarzes Kleid, nasse Haare, nasse Füße.

»Sag ich doch«, er versuchte zu lächeln, so breit und wild und sorgenfrei, dass vielleicht auch ihre Mundwinkel ein

Zentimeterchen in die Höhe hüpften, aber nein, nur die nervöse Presslippenlinie, »ich weiß schon, meine Haare, mein Jackett, meine Schuhe, dazu diese Lügen, dass ich der Mörder bin, der Schläger, der Räuber, der Schrecken, aber weißt du was?«, er holte Luft, anders war sie offenbar nicht umzustimmen, »das spielt alles keine Rolle mehr. Ich habe diesen Koffer meines Chefs und der ist bis zum Rand vollgestopft mit großen, gebündelten Scheinen. Das reicht für zwei, verstehst du? Und wenn wir nicht alles auf einmal verjubeln, können wir eine gute Zeit lang davon leben. Und zur Tarnung gehen wir nebenher irgendeiner ehrlichen und ungefährlichen Arbeit nach, sagen wir, in einem Strandhotel im Süden Europas, weit weg von deinem Ginsterhof.«

»Weit weg«, wiederholte sie leise.

»Und immerzu«, setzte er mit beschwörender Stimme nach, »laufen blaue Wellen die Ufer hoch, und wir ...«

»Nein, das geht nicht«, sie schüttelte den Kopf.

»Aber wenn wir uns vertrauen«, erklärte er, verbissen bemüht, nicht einfach loszukreischen, dass für derlei Mätzchen keine Zeit mehr wäre, dass sie losmüssten, bevor jemand käme, womöglich der Vater, »dann geht alles, einfach alles, weißt du das nicht?«

»Georg, hör zu, was ich am Freitag gesagt habe ...«

»Schluss jetzt«, er stellte sich breitbeinig vor die Zimmertür, »diesmal darf nichts zwischen uns treten«, sagte er und boxte sich, um zu zeigen, dass es ernst war, bei jedem Wort in die Hand, »keine Zweifel, keine Erinnerungen, keine Angst, nichts mehr, hast du mich verstanden?«

Statt einer Antwort stellte sie sich im Bad vor den Spiegel und schwärzte sich schweigend die Wimpern. Gut, gut, sollte sie überlegen, eine Weile konnte er warten, stumm zusehen und warten, dumm dastehen und warten, fünf Sekunden vielleicht, vier, drei, zwei, da sah sie ihn an.

»Nichts mehr«, hauchte sie und ihre Nasenflügel zuckten wie zwei waschechte, ganz und gar wahnsinnige Schmetterlingsflügel.

»Danke«, mehr brachte er nicht heraus, auch wenn er sie am liebsten schreiend überrannt hätte mit der Vorstellung, wie sie zerknautscht und verwüstet aus dem Zug ausstiegen, kein Wort verstanden, niemanden kannten und dann an einem knallweißen, seidenglatten Strand einen ersten mit Mangos und Kiwis zugedonnerten Cocktail in sich hineinschlürften, um Kraft zu tanken für das neue Leben, aber mehr musste er auch nicht herausbringen, zumindest nicht jetzt, schließlich hatte sie ja im letzten Augenblick, nachdem er alles gesagt hatte, was er überhaupt nur hätte sagen können, mehr hatte er nicht auf Lager, doch die Kurve noch gekriegt.

Jetzt wollte er einfach nur erschöpft an der Tür lehnen und zuschauen, wie sie sich die Haare trocknete und zusammenband zu einem hoch auf dem Kopf sitzenden Zopf. Sie setzte sich aufs Bett. Sie stieß die Füße in zwei schwarze, bis zum Knie reichende Stiefel. Gerade wollte er sie fragen, warum sie keine Strümpfe anzog, draußen war es kalt, da trat sie vor ihn hin.

»Wo bist du nur gewesen?«, fragte sie, krallte sanft in seine Hüfte und drehte ihn, als tanzten sie, einmal durch das Zimmer. Vor dem Bad stellte sie ihn ab.

»In Linderstedt, ich war in Linderstedt«, er schnappte nach ihr, »aber weißt du, weiter komme ich nicht, nicht allein, allein bin ich am Ende.«

»Du wartest hier«, spielerisch löste sie seine Finger von ihrem Arm, trug den weißen Abdruck bis zur Tür und steckte den Kopf heraus.

»Das Schwarz steht dir gut«, er federte auf und ab, »wo sind denn überhaupt meine Schuhe und mein, sag mal, ist da wer?«

»Bleib, wo du bist«, flüsterte sie, und noch bevor er durch das Zimmer hechten und die Klinke packen und die Tür wieder aufreißen konnte, war sie hinausgeglitten, hatte zugesperrt. Krachend prallte er gegen das Holz. Sofort sprang er wieder auf. So eine hinterhältige, widerliche, verlogene, oder warte mal, wollte sie nur den Fluchtweg prüfen? Er sperrte seine Ohren auf. Doch statt stehenzubleiben, statt umzukehren, statt aufzusperren und ihn mit einem Ruck aus dem Zimmer zu zerren und dann hinauszujagen in das neue Leben, trappelte sie eilig die Stufen herab, drei leise Schritte noch, dann schlug die Tür ins Schloss, und es war still, im ganzen Haus still, dann schlug die Tür ins Schloss, und es war still, im ganzen Haus, nein, Schluss, aus, er schüttelte, da sein Geist in irgendeinem affigen Wiederholungskreisel gefangen schien, den Kopf, stieß das Fenster auf, starrte an der Wand hinab, Sandro, oder wie die Bestie hieß, knurrte bei den Mülltonnen, sonst nichts, nur der Blitzableiter, aber bevor er sich daran herunterhangelte, könnte er gleich einen Kopfsprung machen und sich im Hof den Schädel zerschmettern, auch wenn sich die Kartoffelkönige sicher gegenseitig dicke Stücke aus ihrem pummeligen Sitzfleisch beißen würden vor lauter Wut, wenn ihnen der Spaß genommen würde, ihm, Georg, den Bolzen zwischen die Augen zu feuern, zumindest, wenn die Geschichte, die ihm Nore am Freitagabend aufgetischt hatte, aber was, wenn sie doch wahr wäre, diese Geschichte, wenn das wirklich der Plan gewesen, ja was, wenn sie ihn in Wahrheit nur hatte retten wollen und er diesen Rettungsplan, bei dem sie ihr eigenes Leben riskierte, nicht erfasst hatte, weil er lieber faul in der Wanne dösen wollte und, aber nein, niemals, wenn sie ihn wirklich hatte retten wollen, dann hätte sie ihn jetzt nicht ins Zimmer gesperrt, oder zur Strafe, ja, genau, vielleicht hatte sie ihn zur Strafe ins Zimmer gesperrt, weil er, statt gleich am Freitagabend mit ihr hinauszustürmen, lieber einen weiteren Fehler auf den Berg von Fehlern, dieses wahnsinnige Fehlergebirge, das er bereits aufgeschaufelt hatte, hinaufhäufen wollte, und dafür bekam er jetzt den Bolzen, zack und aus, oder nein, von wegen, und schon hatte er die oberste Kommodenschublade aufgerissen, ich schieß euch ein Loch, einen faustgroßen Krater, doch von der Pistole keine Spur, natürlich nicht, sicher hatte der Vater sie längst unter sein gelb geschwitztes Kopfkissen gestopft, für den Fall, dass sein durchgeknalltes Töchterlein sich erneut in die Freiheit hinauszuballern gedachte, wieder schlug die Glocke an, klirrendes Metall, fehlte nur noch, dass es blitzte, verdammtes Mordsnest, Bieskamp, er hätte zumindest fragen sollen, wer, zum Teufel, die Fotos geschossen hatte, Freitagnacht, diese behämmerten Bilder, mit denen der Heideblitz ganz Linderstedt gegen ihn aufgehetzt hatte, schon wieder die Glocke, als Nächstes würde der Chefredakteur Dr. Bauschke oder wie diese aufgeblasene Ratte sich nannte, fordern, dass man ihm, Röhrs, dem Robertgörgesdarsteller Georg Röhrs, und zwar auf dem Marktplatz, und zwar vor aller Augen, und zwar mit einem stumpfen, jahrhundertealten, rostig braunen Brennholzbeil, mit dem man immer wieder würde zuschlagen müssen, bis endlich, oder nein, besser noch mit einer von ihm, dem Schrecken von Linderstedt persönlich, scharf geschliffenen Axt, unten im Werkraum, über Stunden an der Werkbank, vor dem Werkschrank, in dem das Juchtenleder hing, und wieder die Glocke, halt doch deine verdammte Schnauze, verdammt noch mal, ich muss nachdenken, aber nein, sie hielt natürlich nicht die Schnauze, sie bimmelte bloß immer weiter, immer lauter, als würde ihm der Schädel nicht längst zusammengezwungen wie von einem Eisenring, so sehr wummerte und donnerte und hämmerte es in seinen Schläfen, wann wirkten denn endlich diese elenden Tabletten, obwohl, wenn draußen die Glocke lärmte, dann konnte es auch im Zimmer lärmen, und wie es das konnte, und mit einem Ruck hatte er die Schublade aus der Kommode gerissen und schwang sie im hohen Bogen über den Kopf und schmetterte sie mit aller Kraft auf die Klinke, wünschte sich, es wäre das feine Schmetterlingsnäschen dieser Schauspielerin, die extra noch mit ihrem Dreieck geschaukelt hatte, eine Wolke von Holzsplittern und Unterhosen wirbelte durch die Luft, doch die Klinke, der verlogene Riechkolben, steckte weiter stolz in der Tür, mein Gott, sie hatte es doch gesagt, nichts, verdammt noch mal, nichts mehr darf zwischen uns treten, gar nichts, er trat zurück, um sich mit Anlauf gegen die Tür zu werfen, ganz egal, ob seine Schulter dabei zerplatzte und am Ende bloß noch der weiße Knochen aus dem Fleisch ragte, da fiel ihm auf, dass er ein Trottel war, Gott verdammt, ein Dämlack, so ein rasend vertrottelter Riesendämlack, in der Tasche, er hatte doch den Schlüssel in der Tasche!

Kaum aufgeschlossen, schlich er über den Gang und die Treppen hinab durch das totenstille Haus, spähte in die Gaststube. Bis auf drei nadelspitz in die Höhe flammende Kerzenlichter war der Raum dunkel, und nicht ein einziger Stuhl an der langen, schwarzen, mit riesigen weißen Schüsseln und Gläsern und Tellern und Besteck fein hergerichteten Tafel war besetzt. Auf Zehenspitzen schlich er zum Eingang, guckte auf die Straße. Auch da war niemand, bloß der Kahlkopf, der mit hochgeworfenen Beinen versuchte, auf dem Mittelstreifen zu balancieren. Damit es keine Überraschung gab, klemmte er einen Stuhl unter die Klinke, dann trat er an die Tafel und riss die Schüsseln auf, um das Wildschwein, das in seinem Magen tobte und grunzte, zu beruhigen, doch all diese gewaltigen Schüsseln offenbarten nichts als leere, blitzeblank gewienerte Porzellangruben ohne den allergeringsten Fleischbatzen, mit dem die augenblicklich im Gotteshaus zusammengerotteten Kartoffelsäcke gleich ihre gärenden

Mägen zustopfen könnten, es sei denn, das alles hier, der ganze verdammte Ginsterhof, mein Gott, wenn das alles eine Falle war, dann wäre er doch die gerade noch lebendig durch das Haus geisternde, aber gleich, aus dem Nichts heraus, blitzartig zu Tode gebrachte Speise, die sie gleich auf den Tisch fesseln würden, oder zurren, mit diesen knallorangen Zurrgurten, die auch Herr Spick in seinem lächerlichen Eisenhandel verhökerte, einen um jede Tischecke geschlungen und strammgezurrt, während ringsherum Platz genommen wurde, sodass er am Ende umringt war von gierig zitternden Gesichtern, diesen Blutsbauern, die das Besteck in den Fäusten hielten und auf das Holz klopften, während der Wirt ihm, Georg, den Bauchraum bis zum Hals auftrennte, mit Karacho die Rippen umbrach, sodass er die Lunge, die Leber, das Herz leichter herausgraben, alles dampfend in die leeren Schüsseln legen konnte, während ringsherum die Mäuler auf und zu klappten und die Zahnreihen aufeinanderschlugen und, nein, bist du still, er hämmerte die Stirn auf die Tafel, um seiner durchgedrehten Vorstellungskraft das Licht auszuschlagen, denn noch war er am Leben, allein, aber am Leben, von seinem Chef und seiner Mutter, seinem Vater, seinen Freunden und Feinden und allen und für immer alleingelassen, aber immer noch am Leben, und niemand würde ihm die Hände und die Füße an die Tischecken zurren, und niemand würde ihm den Bauchraum aufschneiden und die Rippen umbrechen, niemals, und niemand würde ihm den Leib, den er liebte, ja, er liebte seinen Leib, er musste ihn streicheln, den Bauch, auch tiefer, nein, nicht tiefer, nicht jetzt, leerfressen, niemand wird mir den Leib leerfressen, im Gegenteil, meine Freunde, ich, ich selbst werde mich vollstopfen, aber nicht, damit ihr den Gemästeten gleich fröhlich abstechen und anrösten könnt, im Hof, wo der verstunkene Hund schon lüstern seine Zunge ausrollt, nein, nur damit ich frisch und gestärkt hinausmarschieren kann, in die Nacht, Benzin zapfen kann aus euren verrotteten Treckern, um dann, bevor ich in geordnete Verhältnisse zurückkehre, Bieskamp heimzusuchen, wartet nur, ein Haus anzuzünden, abzufackeln, jede Nacht ein neues, eines nach dem anderen, bis euch Pilze, passt mal auf, saftige, grüne Schwämme aus der Hinternrille quellen, im Angstschweiß gezüchtete Ekelgewächse, Strafpilze, darum, allein darum werde ich mich stärken und mit allem, was ich zu packen kriege, vollstopfen, schon hatte er die Küchentür aufgetreten und den Beweis vor Augen, dass der gesamte Ginsterhof ihn für einen irrsinnigen Dummbatz halten musste, vor dem man ein Essen, das bis in den Gastraum würzig hineinduftete, verstecken konnte, aber da stand er, mitten in der Küche, angestrahlt vom Hoflicht, das hell durch das Fenster fiel, ein eiserner Bottich, er riss den Deckel hoch, Dampf fuhr ihm ins Gesicht, so warm und schwer, dass er zunächst gar nicht erkennen konnte, was da schwamm in dieser ockrig gelben Soße, die Organe eines früheren Opfers womöglich, Blödsinn, augengroße Blasen schwollen an und zerpufften, er griff sich eine Gabel und stach mit Schwung hinein, dann ließ er, da er seinen Hunger im Angesicht der ruckartig hochgegabelten, braun und golden glänzenden Hühnerkeule kaum noch beherrschen konnte, einen solchen Pustesturm gegen das Fleisch fahren, dass die Soße quer über die Wand spritzte, Mahlzeit, und ich werde in geordnete Verhältnisse zurückkehren, nein, nicht zurück, aber voran, ja, das werde ich, und zur Feier goss er sich aus einer der vielen, bereits entkorkten Flaschen, die auf dem Tisch standen, schnell ein Glas randvoll mit einem schwärzlich roten, wahrscheinlich wüstentrockenen, vermutlich aber fürstlich teuren Wein, zum Wohl, er nahm einen Schluck und schüttelte sich vor Ekel über das moosig bittere Gesöff, mit dem die Kartoffelbosse ihren Leichenschmaus herunterzuspülen gedachten, dann hackte er die Zähne ins Fleisch und graste rattenschnell den Knochen ab, pfefferte ihn über die Schulter und wollte eben die nächste Keule heraufgabeln, da stockte er, da war doch was, aber was, oder wer, ruckzuck hatte er den Kopf aus der Küche gesteckt, doch in der Gaststube, da gab es keinen Laut, nur die Kerzenflammen flackerten, nur eine Luftbewegung, die durch die angelehnten Fenster floss, da sah er es. Am Ende der Tafel. Fast vom Dunkel verschluckt. Da war ein Foto aufgestellt. Er nahm eine der Kerzen und trat näher, in der anderen Hand die Gabel, als könnte das Bild plötzlich ins Leben finden und, ach, du bist das! Auch wenn er bei ihrer ersten Begegnung einen anderen Eindruck gemacht hatte, trotz des Todes einen attraktiveren, oder wegen des Todes, so erkannte er den protzig in die Brust geworfenen Strahlemann mit den grell blitzenden Gebissreihen doch sofort. *Aus dem Leben gerissen, bevor er den Hafen verließ. Wir gedenken dein, lieber Robert*, stand auf einem Trauerband, das sich im Halbkreis um das Foto wand. Verstehe, verstehe, verstehe, verstehe, verstehe, er holte sein am anderen Ende der Tafel abgestelltes Glas und stülpte es sich mit einem solchen Schwung ins Gesicht, dass ihm der Wein über die Wangen und hinab in den Kragen strömte. Mit einer Serviette tupfte er sich ab, warf sie dann zerknüllt auf den Tisch. Wenn ihn Nore hier schon einsperrte, nur, um vor Trauer um diesen Lackaffen in Tränen zu zerfließen, statt mit ihm, mit Georg Röhrs, ganz genau so loszupreschen, wie sie es vorgeschlagen hatte, vor haargenau zwei Tagen, sie selbst, dann konnte er zumindest, er warf das Glas an die Wand, ihre Tafel verwüsten, oder nicht, aber klar konnte er, und wie, oder nein, Blödsinn, konnte er nicht, er musste ja los, und schon war er zurück in der Küche und gabelte sich fünf Keulen ins Jackett, zwei links, zwei rechts, und eine in die Innentasche, denn wenn er den verfluchten Heidekreis verlassen wollte, und nichts, Hölle noch eins, wollte er mehr, dann musste er sich gründlich stärken für den weiteren Weg, einerlei, wie weit dieser weitere Weg noch wäre, wenn auch sicher nicht hier, meine Freunde, auch wenn euch das so passen würde, nicht wahr, erst den einen mit Geläute in die Erde senken und dann, um die Laune zu beleben, den nächsten im Ginsterhof herumhetzen, kichernd anzupieksen, aus dem Dunkel, immer wieder, immer schneller, bis er als hunderttausendfach durchbohrter Blutbeutel endlich seinen vertrottelten Geist aufgab und, Schnauze, halt die Schnauze, er riss die Fritteuse auf, Pommes, und stopfte sich die Taschen randvoll mit den heißen gelben Klebestengeln, abschließend, damit ihm das Fleisch nicht verdörrte, goss er rechts und links noch einen Schwupps Bratensaft nach, wollte eben noch ein bisschen Spucke in jeden Flaschenhals trichtern, da knarzte was, verdammte Geisterbahn, jetzt Getuschel, geduckt schlich er aus der Küche und hinterm Tresen lang, bis er um die Ecke schauen konnte, und da war sie, Nore, sie hatte ein angelehntes Fenster aufgestoßen und winkte, als hätte sie ihn gesehen, erst mit der rechten, dann mit der linken Hand, vielleicht hatte sie in der Kirche, im Angesicht des Todes, plötzlich doch wieder Verstand, da blitzte es, Sterne tanzten ihm durch die Sicht, und als er wieder gucken konnte, waren sämtliche Fenster mit Gesichtern gefüllt.

»Warte nur, ich kriege dich, euch alle!«, schrie er, dann sprang er hinterm Tresen vor, patschte die Kerzen aus, und noch bevor die Bieskämper Horde auch nur einen Schlag gegen die Tür setzen konnte, hatte er ihnen eine der Schüsseln entgegengeschleudert, und gleich ein Treffer, wie auf dem Rummel, kreischend ging einer zu Boden, doch er ließ keine Sekunde verstreichen und schmiss, was er auf die Schnelle an Gläsern, Messern, Gabeln, Kerzenständern, Salz- und Pfefferstreuern zu fassen bekam, in die anderen Fenster, traf Scheiben, traf Köpfe, Geschrei brach los, und als die Tür aufgesprengt wurde, schmetterte er den Teller, den er zuletzt gegriffen hatte, hoch in das sekundenkurz aufflammende Deckenlicht, warf sich auf den Boden und krabbelte über die dunklen, von Glassplittern übersäten Bohlen in Richtung Tresen, Stiefel trampelten hinein und für den Bruchteil einer Sekunde erhellte ein Blitz den Raum, kalkweiß die Wand, Schatten, die über den Boden zuckten, und er jagte durch die Küche, riss den Schlüssel aus dem Schloss, fummelte ihn, kaum im Freien, wieder hinein und hatte eben abgeschlossen und sich herumgedreht, als das Tier, der Hund, dessen Tatzen über den Erdboden herangefedert waren, ihm lautlos gegen die Brust schnellte, er bog den Hals zurück und stemmte die Hände in das borstige Fell. Der Köter fiel auf den Rücken, trabte eine Runde durch den Hof und kam mit neuem Anlauf auf ihn zu. Von gelben Pommesstäbchen umschwirrt, flog ihm eine Keule entgegen, eine zweite hinterher, noch eine dritte, doch leider umsonst, denn der Hund ließ sich nicht beirren und kam, die Schnauze, die Zähne, der Atem, weiter pfeilgerade auf ihn zugelaufen. In einem Film hatte er mal gesehen, wie die Heldin, die letzte Überlebende einer Gruppe von kichernden Jugendlichen, die eine Nacht in einer wahnwitzig weit abgelegenen Waldhütte verbringen musste, einem ihr entgegenspringenden Höllenhund noch in der Luft geschickt die Vorderläufe gebrochen hatte, eine sehr gute Idee, die er, wenn er sich konzentrierte, er musste sich nur konzentrieren, vielleicht nachahmen konnte, doch er schnappte ins Leere und der Hund prallte hechelnd gegen seine Brust und warf ihn zu Boden.

»Fass, Sandro, fass!«, schrien die Männer hinter der Tür, doch Sandro schien den Moment auskosten zu wollen. Weit öffnete er das Maul und ließ seinen Zungenlappen, den er langsam über seine zentimeterlangen, nagelspitz aufragenden

Zähne schob, fast bis auf Georgs Gesicht herunterhängen. Dann, eine Sekunde, bevor er zuschnappen und ihm die Nase oder eine Wange wegbeißen konnte, rammte Georg ihm eine heimlich aus der Tasche gefummelte Keule mit dem spitzen Knochen geradewegs zwischen die Rippen, rollte sich unter dem schrill aufheulenden Hund zur Seite, holzte ihm, kaum auf den Beinen, noch einmal mit Schmackes gegen den Kopf, rannte dann, so schnell er konnte, über den Hof, strampelte sich an der Mauer hoch und stürzte auf der anderen Seite auf den dunklen Acker und wäre am liebsten liegen geblieben, am liebsten die ganze Nacht, da krachte schon die Tür gegen die Hauswand, schon waren sie im Hof, ein Blitz erhellte das Gewirr der Äste über ihm, doch statt ins Feld zu laufen, nur fort, ins Freie, rannte er die Mauer entlang, an einer Tür vorbei, die, kaum dass er um die Ecke gesprungen war, aufgestoßen wurde. Wieder blitzte es. Verdammter Fototeufel! Er zog die letzte Keule aus der Innentasche und pfefferte sie mit aller Kraft in ein Gebüsch, das am Feldrand kauerte, und während die Männer hektisch dem Geraschel und Geplumpse des Aufschlags folgten, schoss er geduckt durch einen Seitenweg bis zur Hauptstraße vor. Für den Fall, dass ihn gleich jemand sah, zwang er sich, die Straße so langsam zu überqueren wie ein Urlauber in kurzen Hosen, zog den Koffer aus der Hecke und schlenderte den Bürgersteig hinab, vorbei an dem Schaufenster des Nutzwaffenhandels, von dessen Neonschrift jetzt bloß noch einzelne Buchstaben lebensmüde flackerten. Als er sich endlich um eine Hausecke gedrückt hatte, sprintete er vor bis zum Feld, warf sich über den Zaun und jagte weiter über den schmatzenden Boden bis zum Waldrand.

Keuchend sah er sich um. Doch das Feld, der Zaun, die Fenster der Häuser, alles lag leer und dunkel hinter ihm. Vermutlich tobte die gesamte Bieskämper Meute durch den

Ginsterhof und stach sich gegenseitig ab vor Wut. Viel Vergnügen wünschte er und schwang sich, den Koffer voran, in den Wald. Schon nach wenigen Schritten waren seine Schuhe nicht mehr zu sehen, geschweige denn der Boden. Blindlings streckte er die freie Hand ins Dunkel, konnte aber nicht verhindern, dass ihm hin und wieder ein Zweig ins Gesicht peitschte. Jedes Mal befühlte er sich, doch da er seine Finger nicht erkennen konnte, war auch nicht zu unterscheiden, ob Blut daran klebte oder Schweiß. Bevor er sich noch eine weitere Verletzung zuzog, auch wenn es in seinem Gesicht für weitere Verletzungen eigentlich gar keinen Platz mehr gab, ließ er sich auf alle viere nieder und kroch, indem er den Koffer voranschubste und -schob, langsam weiter, nach all dem Gerenne und Gejage im Grunde genommen die einzig vernünftige Art, sich überhaupt noch fortzubewegen. Zwischendurch griff er sich in die Taschen und stopfte sich die restlichen, leider zu einem kalten Brei verklebten, nichtsdestotrotz immer noch schmackhaften Stängel in den Mund, sodass sich mit der Zeit auch der Hunger, der gelegentlich noch leise in ihm knurrte, wieder besänftigte. Dank der Tabletten, die nun endlich ihre volle Wirkung entfaltet hatten, war auch das Pochen in seinen Schläfen herabgemildert zu einem sanften, alles, den ganzen Wald und die ganze Welt umfassenden Summen. Auf seinem Rücken raschelten Blätter, das musste der Farn sein. Er ließ die langen, weit gefächerten Wedel sanft über sein Gesicht streichen, eine Wohltat, genauso wie die weiche Erde an den Händen. Manchmal sank er bis zum Handgelenk ein, manchmal sogar bis zum Ellenbogen, und wenn er den Arm wieder hervorzog, schmatzte es wie von saugenden Lippen. Langsam wurde er müde, und als sich der Boden schließlich zu einer Mulde senkte, war der Moment gekommen, sich einfach auf den Rücken zu rollen, die Füße auf dem Koffer abzulegen, dann still dazuliegen und nur zu spüren, wie der Kopf, auch die Schultern, der Rücken und die Arme, ein Stück weit in den Grund einsanken. Er ruckelte sich zurecht. Dann lauschte er in die Finsternis. Ein Knarren von Stämmen. Eulenrufe. Leichter Wind. Nachdem er eine Weile gelegen, vielleicht sogar kurz eingedämmert, aber nie steingleich abgestürzt war in einen nachtlangen Tiefschlaf, drehte er sich auf den Bauch und tastete nach einem Stöckchen. Als er eines gefunden hatte, strich er den morastigen Boden glatt, einen Meter in der Breite und einen in der Höhe. Zwar konnte er nichts sehen, aber er hörte sehr genau, wie das Stöckchen durch die Fläche fuhr und Buchstaben formte.

Liebe Marlies, schrieb er, keiner begreift es, aber irgendetwas zieht den Täter, wie einen Astronauten zurück auf die Erde, zurück an den Tatort. Sätze dieser Art wirst du bald zu hören bekommen oder hast sie schon gehört. Außerdem wirst du Bilder sehen oder hast sie schon gesehen, Bilder von mir mit zerzausten Locken und schwarzgefärbten Fingern. Das ist der Mörder, der Schrecken von Linderstedt, werden sie erzählen. Er wischte die Fläche wieder glatt und setzte erneut oben an. Doch was sie auch erzählen, schrieb er weiter, in Wahrheit wissen sie nichts. Natürlich habe ich vieles falsch gemacht, im Grunde alles, was ein Mensch als Lehrling falsch machen kann. Er wischte wieder glatt. Zur Strafe habe ich vieles verloren, alles, um genau zu sein, und in der nächsten Zeit, wenn überhaupt im Leben, darf ich nach Linderstedt nicht mehr zurück. Ich weiß nicht einmal, ob meine Eltern mir jemals wieder glauben werden. Aber durch all diese Fehler und Verluste hindurch habe ich, glaube ich, einen Plan verfolgt, und dieser Plan betrifft allein uns zwei. Wieder glättete er den Grund. Sollte er Nore erwähnen? Ach, Blödsinn. Schon bald, schrieb er weiter, werde ich in einem Zug liegen und durch die Nacht gleiten, haargenauso wie wir, du und ich, es besprochen hatten, wenn auch ohne all die Silberuhren,

Goldringe, Diamantohrstecker und Perlencolliers, von denen du und Lars immerzu geredet habt. Am Ende dann, wenige Tage, bevor wir zuschlagen wollten, hatte ich mich in Luft aufgelöst, und weißt du, warum? Weil ich doch lieber anständig sein wollte. Nein, wie feige, das wischte er aus. Weil ich dir und Lars nicht im Wege, so ein Quatsch! Nein, weil ich jetzt etwas Besseres habe als die ganzen Klunker, eine saftige Geldbeute nämlich. Das war zwar nicht logisch, aber trotzdem irgendwie wahr. Er überlegte, wie er weiterschreiben könnte. Du darfst nur nicht glauben, dass ich einen Menschen getötet habe, so brutal bin ich nicht.

Als er wieder erwachte, lag er mit dem Gesicht im Morast und in seinem Brustkorb schien über Nacht ein Eisblock angewachsen zu sein, dessen Spitze bereits in seinen Hals hochragte. Er stemmte sich in die Höhe, griff den Koffer, der seltsam leicht schien, und taumelte durch einen von kristallklarem, grellweißem Licht durchstrahlten Wald. Seine Muskeln waren steif wie tiefgefrorenes Fleisch. Nach eintausendeinhundertdreiundzwanzig Schritten, wie er zur Ablenkung von der Kälte sowie zur generellen Anregung des Verstandes mitgezählt hatte, erreichte er endlich den Waldrand. Er musste das Stürzenholz wohl einmal ganz durchquert haben, denn von Bieskamp, diesem Kannibalenkaff, war ringsherum nichts zu sehen. Stattdessen ragte hinter der Wiese die Böschung auf und hinter der Böschung, wer hätte das gedacht, das Schild, die Haltestelle. Wie spät mochte es sein? Vielleicht halb acht. Also, sechzehnuhrdreißig am Freitag bis sechzehnuhrdreißig am Samstag bis sechzehnuhrdreißig am Sonntag, das waren achtundvierzig Stunden, plus zwölf Stunden bis vieruhrdreißig Sonntagnacht plus drei Stunden bis siebenuhrdreißig Montagfrüh, kurz und gut, vor exakt dreiundsechzig Stunden war er dort drüben aus dem Bus gesprungen. Er ließ den

Kopf in den Nacken kippen und gähnte wie ein Elch. Aus dem nächtlichen Dunkel hervor wölbte sich das Blau in die Höhe und hatte den Weltraum schon wieder ganz verdeckt. Der dumme Weltraum. Der konnte ihm auch nicht mehr helfen. Schon gar nicht, wenn es darum ging, sich mit zitternden Fingern eine getrocknete Morastschicht von einem ehemals blitzsauberen, leuchtend grauen Hemd zu kratzen. Also denn, er setzte den Koffer ab, atmete tief ein und versuchte, alle noch in ihm verbliebene Kraft in seinem Magen zu versammeln, dann plötzlich rannte er mit parallel durch die Luft propellernden Armen über die Wiese, hin und her und rauf und runter, vor und zurück, bis er nicht mehr konnte und sich scharf japsend vornüber auf die Knie stützen musste. Immerhin, die Hände kribbelten schon und überhaupt schien der ganze Kreislauf wieder in Gang zu kommen. Bevor er aber begann, zumindest die gröbsten Brocken aus der Kleidung zu knibbeln, wollte er sich um sein Gesicht kümmern, das bis in die Poren mit Morast verkrustet schien. Da weder ein Bach noch eine Pfütze noch sonst irgendein Wässerchen in Sicht war, blieb ihm nichts anderes übrig, als sich alle Spucke, die noch in seinem Hals zu finden war, hochzukrächzen in den Mund, sich in die Hände zu speien und das Gesicht kräftig damit abzureiben. Nach einer Minute rücksichtslosesten Gerubbels nahm er die Hände wieder herab, erdbraun war die Haut. Gerade wollte er sich wieder räuspern, da fiel ihm ein, was er einmal in einer Modezeitschrift gelesen hatte, wie leicht so ein Räuspern nämlich dazu führen konnte, dass man sich nach jedem Räuspern gleich wieder räuspern wollte und endlich mit dem Räuspern gar nicht mehr aufhören konnte. Doch wer in der Welt wollte neben einem Liftboy stehen, der sich immerzu räusperte wie der reinste Kettenraucher? Nein Danke! Er packte den Griff und stiefelte weiter durch die Wiese. Aber eins war klar, wenn er wieder ordentlich aussehen wollte, dann musste er dieses Gestrüpp von seinem Kopf herunterschneiden, am besten gleich jetzt. Er ließ den Koffer fallen, nahm Nores Nagelschere und fixierte mit zwei Fingern die von seiner Stirn baumelnden, mit Erde, Stöckchen, Blättern und sogar einer Schnecke verklebten Strähnen und setzte zum Schnitt an. Aber Vorsicht, er musste sich bemühen, jeden Schnitt, ganz wie ein richtiger Friseur, an den vorherigen exakt anzupassen, denn ohne klare Scheitelkante, das wusste selbst der struppigste Modeverweigerer, konnte man bei einem Bewerbungsgespräch, noch bevor man überhaupt den Mund geöffnet hatte, gleich wieder zum Fenster herausspringen. Bevor er den nächsten Schnitt ansetzte, ging er drei Schritte weiter, er wollte keine Zeit verlieren. Einmal schneiden, dreimal gehen, ein guter Plan. Als es die Böschung hochging, musste er allerdings für neun Schritte mit dem Schneiden aussetzen. Zum Ausgleich unterbrach er oben das Gehen, um die drei verlorenen Schnitte wieder aufzuholen. Bevor er auch die restlichen Lockenwürste in Angriff nahm, rupfte er ein Büschel Gras von der Böschung, drückte es in die Reste des Bratensafts in seinen Jacketttaschen und stopfte es dann in den Mund. Geduldig kaute er die Gräser klein. Nach einer Weile schien sich der Frühstückshunger, der ihn bereits zwei- oder dreimal gezwickt hatte, zu beruhigen, und er konnte die letzten falschen Haare mit passgenauer Scherenführung von seinem Kopf entfernen. Kaum fertig, musste er aufstoßen. Unglaublich, was für Gerüche man in sich trug. Mit einer Hand fächelte er die bestialische Luft vom Mund, mit der anderen zog er den Kugelschreiber aus dem Jackett und hockte sich vor dem Plakat an der Bushaltestelle auf den Koffer.

Schon bald, schrieb er über die vor lauter Sonne fast vollends verblichenen Hotels, werde ich durch die Stockwerke gleiten, den Blick in die spiegelnden Wände gerichtet und nur die Gäste im Auge. In der schnellen Bewegung hinab lösen sich ihre Gesichter aus der Starre, von der sie seit Jahren befallen sind. Er musste kleiner schreiben, sonst war gleich kein Platz mehr. Den ganzen Tag, schrieb er quer über den Hals des Werbemädchens, habe ich die Düfte ihrer Parfüms in der Nase, die Gerüche der Reise, des Strandes sowie der glücklichsten Stunden der Nacht. Wo, nein, das kann ich dir nicht sagen, noch nicht, aber sobald ich mich neu aufgestellt haben werde, sende ich deinen Eltern die Adresse. Übrigens, was auch immer er dazu sagt, vergiss Lars, er ist ein Pfeifenraucher und will dich täuschen. Dort unten aber, falls du mich besuchen kommst, und nichts wünsche ich mehr, dort unten finden wir vielleicht endlich wirklich zueinander. Er musste aufhören, das Plakat war voll. Dein Georg, kritzelte er in die letzte freie Ecke. Dann richtete er sich auf, nahm den Koffer in die Hand, drückte die Mine zurück ins Gehäuse und steckte den Kugelschreiber in die vordere Hemdtasche. Abschließend befühlte er seine Haare und musste feststellen, dass er, obwohl ja ein blutiger Anfänger, alles richtig gemacht hatte. Trotz des Drecks und der leichten Restwellen konnte er sich schon wieder einen richtigen Scheitel streichen.